MONOGRAPHIE

DE

MUGRON

Depuis sa fondation jusqu'à nos jours

PAR

L'Abbé L.-B. MEYRANX

LAURÉAT DE LA SOCIÉTÉ DES ARCHÉOLOGUES DE FRANCE

Ouvrage orné de plusieurs Illustrations

BORDEAUX

IMPRIMERIE CATHOLIQUE "JEANNE D'ARC"

247, RUE LECOCQ, 247

1911

A mes Compatriotes

Tandis que, sous l'impulsion et l'initiative d'hommes aussi intelligents que dévoués, Mugron se transforme à vue d'œil, et semble, par son développement hardi, vouloir prendre un élan décidé dans le mouvement qui pousse en avant les générations présentes, j'ai voulu, moi aussi, aider à cette marche vers la prospérité.

Le monde étant toujours le même, et la roue tournant sans cesse dans la même ornière, il doit nécessairement arriver que les faits se répètent identiques, sinon dans les mêmes circonstances et sous les mêmes aspects, du moins, toujours, avec des physionomies analogues, eu égard aux mobiles conditions de ceux qui en sont les témoins ou les acteurs : de là, le mot de Michelet : *L'histoire est une résurrection.*

C'est sur cette pensée, qu'après avoir recueilli, pendant quarante ans, tous les documents que l'histoire, la tradition et les souvenirs nous ont présentés, nous avons pris la plume. Notre humble ambition a été exigeante ; elle a donné à notre travail, non seulement les soucis de la curiosité, mais encore ceux qui sont bien plus difficiles à satisfaire, nous voulons parler des soucis de la vérité.

Cette vérité dormait ensevelie dans les volumes épars et peu lus de nos grandes bibliothèques, dans le

MONOGRAPHIE

DE

MUGRON

Depuis sa fondation jusqu'à nos jours

PAR

L'Abbé L.-B. MEYRANX

LAURÉAT DE LA SOCIÉTÉ DES ARCHÉOLOGUES DE FRANCE
DE LA SOCIÉTÉ DES AGRICULTEURS DE FRANCE
ET DE L'ACADÉMIE DE BORDEAUX

Ouvrage orné de plusieurs Illustrations

BORDEAUX
IMPRIMERIE CATHOLIQUE "JEANNE D'ARC"
247, RUE LECOCQ, 247

1911

MONOGRAPHIE

DE

MUGRON

fouillis poudreux de leurs archives, dans les cartons scellés de nos antiques tabellions, dans les greffes obscurs de nos tribunaux, dans les chartiers de nos vieilles familles.

Il s'est agi de compulser tous ces livres, de dépouiller toutes ces liasses.

Quelque avides qu'aient été nos yeux, jamais ils n'eussent suffi à poursuivre, seuls, un semblable travail.

Nous avons trouvé des collaborateurs aussi intelligents que dévoués.

M. l'abbé Foix, dont la réputation, quelque grande et méritée qu'elle soit, n'égalera jamais ni le savoir ni les aptitudes, a mis à notre disposition tout ce que ses recherches ont pu lui procurer d'intéressant et d'exact sur la matière.

D'un autre côté, entrant parfaitement dans nos vues, la Mairie de Mugron nous a livré avec une confiance toute patriotique, dont nous ne saurions assez la remercier, tous les trésors de ses riches archives.

Et c'est avec tous ces volumes, tous ces manuscrits, tous ces procès-verbaux de ventes, de partages et d'aliénations, tous ces rapports de police, tous ces actes de justice dans lesquels est consignée la vie non seulement d'une commune, mais encore celle des diverses générations qui l'ont formée, que nous sommes parvenus à réaliser notre dessein.

Faut-il le dire ? Le mur de la vie privée s'est dressé quelquefois devant notre plume, lui barrant le passage dans ses excursions à travers notre campagne ; fallait-il le franchir ?

Amicus Plato, magis amica veritas.

C'est la parole du Sage.

N'eût-elle que son chaste pagne, que sa verte feuille de vigne, la Vérité ne doit jamais rougir de sa nudité, quand il s'agit de se montrer aux regards de ceux qui veulent profiter de ses leçons. Et, coûte que coûte, les pièces en main, nous avons courageusement rédigé notre travail.

Ce travail, quelque imparfait qu'il soit, nous vous le dédions, chers Mugronais. Puissiez-vous, en le lisant, y trouver une satisfaction à votre légitime curiosité, vous attacher de plus en plus à votre sol natal et porter au développement moral, intellectuel et social de votre Commune toute l'ardeur et tout le dévoûment que nous avons mis nous-même à en retracer l'histoire.

Cazères-sur-l'Adour, le 1ᵉʳ Janvier 1911.

L.-B. MEYRANX.

Monographie de Mugron

PREMIÈRE PARTIE

Partie Civile

CHAPITRE PREMIER

**Genèse de Mugron. — Auriol le Chevaucheur.
Étymologie de Mugron. — Son Donjon.**

Nous sommes au XI⁰ siècle.

Les tombeaux des apôtres Chalossais sont déjà des tombeaux
glorieux. Saint Girons et Saint Sever ont leur église et, autour
d'elles, des gardiens sacrés qui veillent sur leurs précieuses
reliques.

Mais les temps barbares ont porté leurs dévastations dans le
pays. Battu par la tempête, l'oppidum de Saint-Sever a vu son
monastère détruit, ses pierres et ses moines dispersés.

A l'époque où nous commençons cette histoire (1), deux soldats
heureux étaient devenus, par la force des armes, les tranquilles
possesseurs de ces ruines sacrées et les maîtres de toutes les
terres que la générosité des peuples avaient affectées à la grande
mémoire du martyr (2).

---

(1) 963 ?

(2) Ces deux soldats se nommaient Sanche Bergognius et Agenarius Elzi.
(Du Buisson, vol. I, page 149).

Poussé par un sentiment de véritable dévotion, et désirant surtout attirer sur lui et sur toute sa famille la puissante protection
de Saint Sever, le comte Guillaume Sanche consacra une partie
de sa fortune au rachat de tous ces biens et, par un acte aussi
solennel que magnifique, il les redonna à l'Église.

C'est dans la Charte, que son fils, Bernard Guillaume, rédigea
pour confirmer ce présent généreux, que nous trouvons cité pour
la première fois le nom de Mugron (1).

Auriol de Mugron signe l'acte de Bernard et appose son sceau
de vassal sur le parchemin destiné à perpétuer le souvenir du
cadeau comtal.

Quel était ce personnage ?

La lecture attentive des premières pages de l'histoire de l'Abbaye de Saint-Sever va nous édifier sur le rôle qu'il jouait dans
la contrée.

Un des buts principaux qu'avait eu en vue le comte Guillaume
Sanche, en opérant le rachat des terres consacrées primitivement au culte du martyr Palestrionais, avait été de se prému-
nir contre les attaques par trop souvent répétées des barbares du
Nord (2).

Nous les avons vus, ces étrangers rapaces (3), ravageant les
profondes rives du Lous, pénétrer jusqu'aux possessions de
Saint-Girons. Comment les bords moins reculés de l'Adour n'auraient-ils pas attiré leur insatiable avidité ?

Aux grands moyens que la Foi lui inspirait, Guillaume crut opportun d'ajouter ceux qu'une bonne prudence lui dictait. Son œil
vigilant chercha, dans toutes les terres, les lieux les plus favorables à la défense et, s'inspirant de l'exemple des conquérants,
ses prédécesseurs, il colloqua des garnisons armées dans toutes
les citadelles que leur génie avait déjà fortifiées.

Ces citadelles que la nature et la main de l'homme avaient élevées un peu partout, dans le pays, portaient un nom que l'his-

____

(1) Du Buisson, vol. I, page 143.

(2) « *Ut autem me Deus eriperet a sceleratissimorum hominum manibus.* »
(Du Buisson, vol. I, page 152).

(3) *Histoire de Saint Girons*, page 53.

toire nous a conservé. On les appelait en langue romane *Gardans...*

Voici comment M. Dompnier s'exprime au sujet des *gardans*, dont la Chalosse est parsemée.

« La situation qui paraît avoir été la plus recherchée est celle
» d'un promontoire élevé au-dessus d'un cours d'eau, qui en
» contourne une partie, ou baigne simplement la base d'une de
» ses faces. Les talus des remparts étaient revêtus de gazons
» pour éviter les éboulements, et leur crête présentait une pa-
» lissade formée de troncs d'arbre fichés en terre par des bran-
» ches entrecroisées ; quelqu'un ou plusieurs fortins artificiels
» figuraient des tours. »

Celui qui, parcourant les alentours et le site pittoresque de Mugron, les étudie au point de vue de la castramétation romaine, reconnaîtra bien vite que cette situation répond parfaitement bien aux conditions indiquées par le savant auteur Dacquois.

Mugron était donc, à l'époque du rachat des anciens domaines du monastère Bénédictin, une place forte occupée par un ou plusieurs gardiens à la solde et au service des religieux, dont la fonction était de chevaucher dans le pays pour y protéger les terres dont ils avaient la défense (1).

Voyez d'ici Auriol, le hardi vassal, tantôt debout sur les créneaux de son donjon de pierre, tantôt dressé sur les arçons de son vigoureux destrier, tenant en respect les ennemis du dehors et toujours en échec ceux du dedans (2).

Il vient apposer sa signature au contrat de ratification de son suzerain, décidé qu'il est à faire, pour ces nouveaux maîtres, ce qu'il a fait jusque-là pour les anciens.

Pourquoi ne rétablirions-nous pas, ici, une tradition admise jadis dans la contrée, au récit de laquelle aurait existé aux temps passés, sur le territoire de Gardans, une garnison plus ou moins laïque composée d'hommes liges tout dévoués aux intérêts de la grande communauté de Saint-Sever (3)?

---

(1) Du Buisson, II, 327.
(2) Pièces justificatives, *ad calcem.*
(3) *Mémoires de Saintourin.*

Au sud du cimetière de Mugron se trouve un enfoncement de
terrain devenu depuis longtemps le charnier de la ville. Ce
terrain porte encore aujourd'hui le nom significatif de « *Hosse
dous frays* » — cimetière des frères. — Ces frères, dont les cendres reposent dans ces lieux profanés, ne seraient-ils pas d'anciens religieux, soldats à leurs heures, attachés au service du
monastère pour la garde de ses fiefs ?

Cette supposition n'est nullement gratuite ; elle perd, au contraire, son caractère hypothétique devant l'affirmation formelle
que nous livrent à ce sujet les archives communales (1).

Jusqu'en 1792, en effet, la jurade de Mugron a toujours inscrit,
dans le budget de ses dépenses, la somme destinée à payer la
redevance d'un flambeau de cire d'une livre et demie, due au
seigneur de Mugron pour la jouissance d'une terre sise au midi
de la ville, appelée *à la Lande*. Cette terre, quasi privilégiée par
les souvenirs que les suzerains y avaient toujours attachés, comprend dans ses limites la fameuse *Hosse,* dont il s'agit.

Pourquoi cette réserve faite par le seigneur du lieu, sinon
pour entourer de respect ce local sacré ayant servi jadis de sépulture aux hommes liges dont il est question ?

Quoiqu'il en soit, il existait au XIe siècle, écrit l'abbé Foix,
dans ses savantes notes sur la matière, un baron quelconque de
Mugron appelé Auriol. Le titre de *Monte Severi,* accolé à son
nom, nous indique clairement sa dépendance, et celui de Mugron
qui le suit, nous fait connaitre le lieu où ce baron exerçait ses
batailleuses fonctions. Ce vassal, établi sur le mamelon Mugronais par le Moustier, pour en défendre le site, était-il le véritable
seigneur du lieu ?

A cette question qui touche à la fondation même de Mugron,
nous répondons en citant un document des plus importants pour
notre histoire que nous devons aux sagaces recherches de
M. l'abbé Degert, faites aux archives nationales (2).

Il s'agit, dans cette pièce, de l'acte même de fondation de
Mugron comme château fort.

D'après l'étude du savant professeur de l'Institut catholique de

---

(1) Arch. com. État des revenus en 1791.
(2) N° 8393, Bib. nat.

Toulouse, ce document ne serait que le résumé *notice* de trois autres documents que le rédacteur aurait réuni en une seule pièce, vers le milieu du XIIIᵉ siècle. C'est, du moins, la date que révèle l'écriture du parchemin.

Voici le document (1) :

« *In nomine Domini. Amen.* Ici est contenu le devoir que le
» Seigneur de Mugron est tenu de rendre au monastère de Saint-
» Sever et à l'abbé du même lieu pour le *Castrum* (château fort)
» de Mugron, lequel castrum est tenu en fiefs du susdit monas-
» tère et de l'abbé ; comme il est dit ci-après..... Comme la géné-
» ration passe et se renouvelle et que la mémoire des hommes
» disparaît vite, voilà pourquoi nous faisons savoir que Ray-
» mond, père de Bernard, qui fut moine de Saint-Sever et puis
» évêque de Dax, reçut de l'abbé de Saint-Sever, nommé Ar-
» naud Raymond d'Estios, le lieu où il bâtit le Castrum. *Et de*
» *fait Pierre de Mugron construisit là avec le temps* le cas-
» trum qui est appelé Mugron, plus (établit) neuf paysans avec
» le droit d'*ost (militiæ),* dans la terre appelée Corse, et (leur
» donna) le droit du marché de Laloubère, à la condition que le
» susdit Raymond et ses successeurs, en souvenir de ces dona-
» tions, abandonnassent une fois l'an le Castrum (2) à l'abbé
» et à ses successeurs, si ceux-ci l'exigeaient.

» Il a été encore arrêté et réglé par un pacte que si quelque
» personne troublait, dévastait les terres, les biens ou les reve-
» nus de Saint-Sever, le Seigneur du dit Castrum de Mugron les
» défendrait comme un vassal fidèle, sans feinte, ni félonie. Et
» pour lui et ses successeurs, Raymond a juré et promis sur les
» Saints Évangiles de Dieu de les défendre et protéger à jamais.

» En outre, si quelqu'un se soulève contre l'Abbé et le monas-
» tère, leur enlevant leurs terres, leurs biens ou leur faisant
» quelqu'autre tort, il portera aide avec le dit Castrum, et ses
» soldats et tout ce qu'il aura sous la main, au susdit Monastère
» et à l'Abbé, excepté le cas où son père ou son frère seraient en
» guerre avec l'Abbé.

» Si le susdit Seigneur de Mugron se refusait à secourir l'Abbé,

____

(1) Texte latin *ad calcem.*
(2) Acte renouvelé le 30 Août 1619.

» il lui livrera le Castrum, ses habitants, toutes ses armes et ses
» provisions en vivres et en boisson. Et la guerre finie, l'Abbé
» doit lui rendre tout ce qu'il en a reçu.

» Il a été encore statué et réglé entr'eux que, lorsque l'Abbé
» rendrait l'ost au comte de Gascogne, le même seigneur de
» Mugron porterait sa bannière quand l'Abbé le lui aurait com-
» mandé, et pour porter cette bannière, l'Abbé doit lui préparer
» un cheval de la valeur de soixante-dix sous morlans. Si le
» seigneur perdait ce cheval en rase campagne ou en défendant
» l'entrée du Castrum, ou de quelqu'autre de ses terres, l'Abbé
» lui en restituerait un autre du même prix. Si, au contraire, il
» pert son cheval par sa négligence, l'Abbé ne sera pas tenu à lui
» réparer la perte. De même le Seigneur, jusqu'à son retour, doit
» manger à la table de l'Abbé avec son compagnon et son
» écuyer.

» Mais, si l'Abbé vient à demander au Seigneur ou à son Bayle
» le service militaire (l'ost) et que ceux-ci le lui refusent ou
» méprisent ses ordres, il devra payer une amende de DCC sous
» morlans et, néanmoins, il est tenu de lui livrer le Castrum. »

La partie qui suit a été ajoutée au document, après que Suavius eût ouvert le marché de Laloubère.

« Pour ceux qui vont au marché de Laloubère ou qui en
» reviennent, le Seigneur de Mugron est tenu et obligé de les
» protéger pour qu'ils ne soient ni arrêtés ni spoliés sur le che-
» min, et c'est pour celà qu'il a droit de lever cet impôt ou devoir;
» il prendra donc XX deniers morlans de celui qui aura commis
» quelque fraude dans le marché et une poignée de sel de tous
» ceux qui en vendront et de ceux qui vendent des cruches et
» des écuelles, une cruche et une écuelle. Et, si quelqu'un porte
» du fer sur le marché et qu'il le dépose de dessus ses épaules et
» qu'il le vende ou non, il paiera une obole pour le ferrage de
» son cheval.

» Il a été arrêté que, si l'Abbé portait quelque tort au Seigneur
» du Castrum, ou le Seigneur à l'Abbé, ils auraient un emplace-
» ment commun où ils se rendraient, c'est-à-dire à la Taste(1) de

____

(1) Tuc ou motte.

» Saurens, et là, suivant la sentence arbitrale des chevaliers et
» des notables du même pays (1), ils donneraient satisfaction
» l'un à l'autre en toute sincérité.

» Si les gens de l'Abbé commettaient un dommage ou un tort
» contre les gens du Seigneur du Castrum, ou contre d'autres,
» plainte sera portée devant l'Abbé et les coupables de chaque
» partie devront se soumettre à la sentence justement pronon-
» cée.

» De ces choses, et de toutes celles traitées, le dit Seigneur de
» Mugron promit hommage et fidélité à Arnaud Raymond, Abbé
» de Saint-Sever.

» Et, les saintes reliques du bienheureux martyr Saint Sever
» touchées sur son autel, le dit vassal a juré, pour lui et ses suc-
» cesseurs, d'agir pour la défense de l'Abbé du monastère et de
» tous leurs biens.

» Le Seigneur du Castrum a énergiquement promis d'en agir
» ainsi.

» Il a été encore stipulé qu'une fois que l'hommage aurait été
» rendu à l'Abbé de Saint-Sever, par le dit Castrum et autres
» fiefs, et que le serment aurait été prêté dans les formes indi-
» quées, le dit Abbé gratifierait le Seigneur du dit Castrum d'une
» somme de LXX sous morlans pour honorer le dit Seigneur et
» garder le souvenir de l'hommage fait et reçu.

» Ces choses furent garanties par serment l'an MLXXIII de
» l'Incarnation du Seigneur.

» Le susnommé Raymond a reçu le dit Castrum, avec ses dé-
» pendances, et ce qui a été mentionné plus haut, par lui et ses
» successeurs.

» Quelque temps après la mort du susdit Abbé et du Révérend
» Seigneur du dit Castrum, Pierre de Mugron a fait le même
» serment de fidélité, et rendu le même hommage à l'Abbé
» Grégoire, quand il en a reçu le susnommé oppidum et Guar-
» dères avec toutes ses dépendances. Et alors il a été décidé et
» arrêté par un pacte des plus fermes que l'Abbé de Saint-Sever
» percevrait à tout jamais la moitié de toutes les lesnes (2), et de
» tous les péages. »

----

(1) Prud'hommes.
(2) Droits d'entrée, octroi.

Voilà donc établie et bien reconnue, dans cette pièce, la vassalité du Seigneur Mugronais. Les attributions, qu'elle lui reconnaît, sont des plus sérieuses. Nous avons eu raison de l'appeler le « chevaucheur » du monastère.

A lui la charge de veiller à la sécurité des chemins, de fournir à l'Abbé l'ost nécessaire, ou le contingent des troupes que son indépendance réclame, et de porter à ses côtés la bannière dans les combats.

Cette vassalité n'est pas ordinaire ; des honneurs tout particuliers lui sont attachés. Le chevaucheur a son logement au monastère, il mange à la table de l'Abbé, quand son service exige sa présence auprès de lui, une escorte armée l'accompagne, quand il répond à son appel, et l'écuyer est toujours à ses côtés.

Le Seigneur du castrum nous apparaît, dès cette époque, comme un personnage des plus importants du pays, vis-à-vis duquel le monastère a des ménagements tout particuliers.

Investi de la confiance de l'abbaye, il reçoit, quelques temps après son institution, comme défenseur des intérêts de la communauté, la grave et dangereuse mission d'en maintenir l'autorité.

Suavius, cinquième Abbé du monastère (1092-1107), établit un grand marché aux portes même de Saint-Sever, au lieu dit *la Loubère* ; c'est au Mugronais-chevaucheur qu'il s'adresse pour y maintenir l'ordre et la justice, lui permettant, en compensation des services demandés, de se rédimer de ses peines par le prélèvement de certaines denrées et marchandises sur toutes celles qu'on apporte sur le marché.

Ce droit ancien de prélèvement équivaut à celui que nous appelons aujourd'hui droit de plaçage ; il existait naguère dans nos marchés. Nous avons encore dans l'oreille les discussions peu courtoises et, parfois, belliqueuses que suscitaient, sur ce point, dans notre voisinage, les préposés à ce singulier tribut. Le verre de sel était exigé, à Mugron, par les gabelous attitrés de la ville, de tous les marchands que Salis et Briscous nous envoyaient.

Le castrum romain, Guardans, était devenu, à la suite des invasions barbares et normandes, une véritable demeure féodale que nos vieilles chartes désignent sous le nom de château.

Ces châteaux, dont la construction remonte aux premiers âges

de notre histoire, ont été, pour la plupart, le berceau de nos petites bastilles rurales : Montfort, Montaut, Souprosse, Doazit, pour
ne parler que de celles qui nous avoisinent. Toutes ces bourga-
des, fermées par des portes et des travaux plus ou moins dissi-
mulés, tirent, comme Mugron, leur origine du donjon qui dominait leur position.

Les vieux fossés appelés : *Arrédious* (Dessin de H. M.).

L'étude des lieux tels qu'ils étaient, il y a un siècle à peine, et
l'examen des restes de fortifications que nous avons vus nous-
mêmes, avant le remaniement des rues et des places, qui constituent aujourd'hui la ville de Mugron, et lui donnent l'aspect

pittoresque qui la distingue de ses voisines, peuvent facilement nous donner une idée de ce qu'était le castrum, il y a neuf cents ans.

Le donjon principal se trouvait bâti sur l'emplacement de l'ancienne maison *Bastiat,* dont une partie est devenue aujourd'hui l'école communale (1).

Lorsqu'en 1878 on transforma ces lieux, conformément aux plans et sous la direction d'un homme aussi dévoué aux intérêts de la ville que hardi dans son initiative (2), ses ouvriers mirent à découvert une ancienne citerne, qui présentait tous les caractères d'une citerne (3) de forteresse, en même temps qu'elle constatait, dans ces lieux, l'existence de cette même forteresse.

Des fossés profonds, formant un parallélogramme allongé, délimitaient la forme de la place qu'elle occupait (4).

L'époque n'est pas encore très reculée, où l'œil investigateur de l'archéologue en aurait pu suivre exactement les sinuosités et mesurer la profondeur.

Les *Arredious* (5) contournaient la partie nord et est de la ville, indiquant dans quel sens le donjon était orienté. On reconnaissait dans le massif d'une tour carrée, dressée à l'est, l'entrée principale du Castellum. La partie, dont nous nous rappelons la forme surbaissée, montrait encore les larges rainures dans lesquelles glissait, lourde et ferrée, la herse féodale et les assises en encorbellement sur lesquelles le tablier du pont-levis faisait reposer les longrines qui le supportaient.

Une rue assez étroite, formée par la juxtaposition des constructions diverses adossées au château, servait comme de chemin de service à la place et allait se terminer, à l'ouest, par une seconde porte, dont les grosses ferrures ont longtemps exercé les jeunes muscles de la génération dont nous sommes.

---

(1) Voir plan, *ad calcem.*

(2) Tiburce Meyranx.

(3) Puits de l'école communale.

(4) Consulter l'acte de permutation rendu en faveur du curé de Nerbis, Mossen de Farbost, par Louis de Poyanne, abbé de Pontaret, le 30 Août 1619. Cet acte mentionne l'existence de ces fossés.

(5) *Ar,* préfixe augmentatif de radioux, radices, racines, *fossés.*

Le château n'avait pas d'église dans ses murs. Une simple chapelle à une nef, précédée d'une place assez restreinte, permettait aux habitants des faubourgs et de la campagne, l'assistance aux offices, alors que la prudence ou le danger obligeaient les gardiens du donjon à en abaisser les portes.

Tel était le castrum Guardans au XIe et XIIe siècle.

Comment, devenu tout à fait féodal par la destination que ses suzerains lui donnèrent à la fin de cette époque, changea-t-il son nom en celui de Mugron ?

Le nom de Guardans ou Guarders, écrit dans nos vieilles chartes, n'était précisément pas un nom particulier affecté au château qu'occupait Auriol, en 1008, et dans lequel nous trouvons encore, en 1073, le dénommé Raymond, qui conclut avec l'Abbé le traité que nous avons cité plus haut. Cette dénomination, d'après M. Dompnier, semble avoir été commune à plusieurs autres places fortes, bâties à la même époque et dans le même but.

Aussi, les moines de Saint-Sever se hâtèrent-ils de désigner celle-ci par une appellation plus spéciale, qu'ils prirent dans la nature même des productions de la localité.

On le sait, les fils de Saint-Benoît ont fait le sol français. « Qui pourrait croire dans l'avenir, écrit M. de Montalembert (1), que le peuple français a laissé ignominieusement chasser, voler, et proscrire en son nom les hommes et les institutions, auxquelles les trois huitièmes des villes et des bourgs de notre pays doivent leur existence ? »

A peine solidement installés dans leurs monastères, maîtres par droit de donation de tout le pays environnant, les Bénédictins de Saint-Sever mirent leurs soins et leur habileté à en fertiliser les diverses contrées.

Chaque fief reçut la culture qui lui convenait ; de là, les diverses redevances que ces fiefs payaient à la sainte maison.

Les côteaux silico-argileux du Guardans romain n'offraient à l'agriculture qu'une seule ressource. Cette ressource fut habilement exploitée par les vaillants colons du grand monastère.

____

(1) *Moines d'Occident*, T. I, Introd. LXIX.

Leurs relations avec l'Espagne leur procurèrent bien vite les moyens d'utiliser ces terrains aussi ingrats que rebelles aux céréales des plaines adouriennes (1).

La vigne fut implantée sur ces pentes rocailleuses, et le cépage apporté de delà les Pyrénées donna aux collines du castrum le nom du lieu qui les domine. Ouvrons le premier dictionnaire Espagnol qui nous tombera sous la main, et nous lirons à la colonne indiquée par le mot cherché : *Mugron,* Cep de vigne (2).

Nous le déclarons, l'imagination des oisifs de l'époque avait, sur ce mot, un vaste champ à explorer; leur petit savoir d'Académicien de province pouvait se prendre au sérieux dans la solution d'un pareil problème.

Nous avons préféré saisir la difficulté par les cornes. Les bons clairets de Mugron plaidant en faveur de notre opinion et l'histoire de Saint-Sever venant à la rescousse, nous nous sommes arrêté à l'étymologie espagnole.

----

(1) *Histoire de Saint-Sever*, p. 93 et suiv.

(2) « Jadis (1815), tandis que la petite ville de Mugron jouissait de son acadé-
» mie, les membres de la savante assemblée discutaient souvent sur cette question.
» Ne reculant devant aucune difficulté, leur chauvinisme, toujours de bon aloi
» d'ailleurs, chercha l'étymologie de Mugron dans tous les mots que pouvaient
» en donner une simple consonnance. Les uns, à cheval sur le docte idiome de
» Lhomond, affirmaient, sans rire, que Mugron venait simplement du mot latin
» *Mucro*, lance, pointe, épée. Cette belle et charmante colline, sur laquelle se
» dressait la ville, n'était-elle pas, en effet, par sa position, comme une pointe
» acérée qui défendait l'entrée du passage de la Chalosse ?... C'était évidemment le
» vieux mot *Gardans* traduit en la belle langue de Cicéron. Leurs pères d'ailleurs,
» en avaient jugé ainsi, car, le 27 janvier 1790, les édiles de Mugron, réunis en
» conseil pour arrêter la composition du sceau communal, avaient décidé que ce
» sceau porterait deux lances posées en croix, dont la signification indiquerait
» l'étymologie du nom de Mugron.
     » Les autres, plus enfoncés, croyaient-ils, dans les arcanes de la haute science,
» trouvaient l'étymologie désirée dans l'accouplement de deux mots romans
» *Mult-granum*, Mu-grrun, beaucoup de grain, par extension, terre fertile.....»
(Notes de l'Abbé Darbo, Barnabite.)

CHAPITRE II

Depuis quand le monastère de Saint-Sever était-il possesseur du territoire Mugronais ? — Barons de Mugron. — Arnaud de Cauna, premier baron de Mugron. — Droits seigneuriaux des Barons.

Le diplôme rédigé *ad perpetuam memoriam* de la dotation, faite par Guillaume Sanche, en 963 (1), nous édifie pleinement sur cette question.

Pouvant disposer d'une immense domaine qu'il tenait de ses pères, domaines dont la limite touchait aux monts pyrénéens et aux rives de la Garonne, le noble comte affecta au monastère qu'il dotait toutes les terres renfermées entre le Gabas et l'Adour. *Omnia concedo quæ sunt inter duos fluvios* (2), dit-il dans cet acte aussi généreux que solennel. Je donne tout ce qui se trouve entre les deux fleuves. Or, le grand *affarium* de Mugron était dans ces limites, nous en avons la preuve dans ces mots, écrits en toutes lettres sur l'antique parchemin (3).

Lorsque, trois cents ans plus tard, en 1273, le Seigneur de Cauna, Arnaud de Marsan, fit hommage au roi d'Angleterre, Édouard Ier, de toutes ses possessions, il excepta nommément de cet hommage le château de Mugron et le territoire dit de Gardans, sur lequel il était bâti. *Excepto castro de Mugron et tenemento de Gardans, ubi modo est castrum de Mugron* (4). Ce

---

(1) Du Buisson, II, 57.

(2) Du Buisson, II, 252.

(3) *Senivratus et Caverios de Mugron*, id., II, 259.

(4) Id., p. 327. *Datum fuit castrum de Mugron ab abbate domino de Calnario sub homagio abbati reddendo, uno cum onore caballiendi cum ipso.* (Du Buisson, I, 32).

territoire, il le tenait directement de l'Abbé, et ce n'était qu'à l'Abbé seul qu'il en devait l'hommage.

Arnaud fit cette déclaration sous le pouvoir abbatial de Garcias, dix-huitième Supérieur du monastère.

Il nous plait de transcrire ici les noms de ces Supérieurs, afin que la noble série des suzerains de Mugron soit au complet dans cette Histoire.

ABBÉS DE SAINT-SEVER. SEIGNEURS DE MUGRON

1°	Sauveur . . . de	963 à 1008.
2°	Sanche	1008 — 1028.
3°	Grégoire. . . .	1028 — 1072 (1).
4°	Arnauld Ier . . .	1072 — 1092.
5°	Suave.	1092 — 1107.
6°	Raymond Ier . .	1107 — 1128 (2).
7°	Pierre de Gouts .	1128 — 1130.
8°	Robert	1130 — 1136.
9°	Arnauld II . . .	1136 — 1140.
10°	Raymond II . .	1140 — 1141.
11°	Raymond III . .	1141 — 1145 (3).
12°	Fortis.	1145 — 1150.
13°	Raymond IV . .	1150 — 1175.
14°	Bernard de Born .	1175 — 1200.
15°	Arsius.	1200 — 1213 (4).
16°	Amandus . . .	1213 — 1248 (5).
17°	Arnaud III . . .	1248 — 1268 (6).
18°	Garcias	1268 — 1273.

En 1273, l'Abbé Garcias se démit du fief de Mugron en faveur d'Arnaud de Cauna.

Quel fut le motif de cette cession ?

----

(1) Grégoire fut, aussi, Abbé de Sordes et évèque de Lescar et de Dax.
(2) Évèque d'Agen.
(3) Évèque d'Agen.
(4) Evèque de Lescar.
(5) Evèque d'Agen.
(6) Evèque d'Agen.

Les hardiesses du Léopard anglais, importé dans la Guyenne à la suite du mariage d'Eléonore d'Aquitaine avec Henri Plantagenet, donnaient de sérieux soucis aux seigneurs de la contrée. Les fiefs chalossais surtout tentaient, par leurs richesses et leurs revenus, les convoitises du rapace félin. Nous savons que ses bonds, par trop hardis, tenaient continuellement en éveil les inquiétudes des vieux barons.

C'est donc dans la nécessité de défendre leurs intérêts, continuellement menacés, que nous trouvons l'explication du fait dont il s'agit.

Garcias veut à tout prix soustraire Mugron aux visées envahissantes de la puissance anglaise; et, pour atteindre ce but, il choisit un des principaux seigneurs de la contrée.

Bernard, en effet, n'est pas le premier venu parmi les feudataires de la riche abbaye. On l'a vu dans le nombre des députés accompagnant l'Abbé à la grande réunion d'Orthez. Les *Rôles Gascons* (1) nous le montrent en relation avec Henri III (1242), et nous savons que ce fut en qualité de vassal du roi d'Angleterre qu'il reçut d'Edouard Ier la mission de porter à Gaston de Béarn la sommation d'avoir à comparaître en cour plénière de Saint-Sever.

En recevant du suzerain d'outre-mer le château de Cauna, Arnaud de Marsan embrassait, il est vrai, le parti des Anglais; mais, il n'enchaînait pas sa liberté au point de vue de la confiance que le monastère lui avait donnée : il déclarait, en termes exprès, que son dévouement restait intact vis-à-vis de lui ; et, quant au fief de Mugron, dont il avait la garde, il le défendrait *mordicus, quod jus et legem.*

En acceptant cette mission aussi délicate qu'honorable, le noble baron devint, pour ainsi dire, *véritable* chevalier de l'Église.

Nous le voyons, le heaume en tête, la lance au poing, sortir bardé de fer de son puissant donjon, et, fidèle à son serment, chevaucher pour le compte de son bienfaiteur, s'opposant *per fas et nefas* à tous les empiètements que le parti anglais pouvait entreprendre contre lui.

____

(1) *Rol. Gasc.*, I, 23.

En écrivant ces lignes historiques, nous sentons un sentiment de véritable patriotisme battre dans notre poitrine; car, nous aussi, nous pouvons, à bon escient, chanter avec fierté l'antique refrain de l'indépendance nationale :

> Non, non, jamais l'Anglais
> N'a régné dans Mugron.

Avant de poursuivre notre étude sur les barons de Mugron, il nous importe de connaître et de préciser quels furent les droits dont jouirent ces seigneurs vis-à-vis de la communauté.

Ce n'est point une Bastide, aux allures aussi jalouses qu'indépendantes, que nous avons à examiner dans cette étude.

Mugron ne fut point une fille du grand affranchissement communal que le XIII⁺ et le XIV⁺ siècles virent naître dans le midi, au souffle vivant des libertés qui agitèrent, à cette époque, la France entière.

Bâtie à l'ombre du donjon féodal qui la dominait, la bourgade s'était développée peu à peu, comme se développent naturellement les populations qui sentent le besoin d'être défendues et protégées.

Nous avons cité, plus haut, l'acte de fondation du château de défense et de protection, sis dans la terre de Corse, nommée plus tard Mugron. Nous ne relevons, dans cet acte, d'autres privilèges que ceux attribués, par le fondateur, au tenant de la place. Seul maître de la position des Guardans, le seigneur che_valier, qui en est constitué le défenseur, ne fait à ceux qui viendront se grouper autour de son donjon, aucune de ces concessions que les bâtisseurs de Bastides ont coutume d'offrir à leurs protégés. Indépendant et libre dans sa maison de pierres, il accueille bénévolément les faibles, que l'espoir et l'assurance de la sécurité amènent aux pieds de ses remparts. Mais il ne se démet, en leur faveur, d'aucune de ses prérogatives. Il vend quelques-unes de ses terres; mais, ce faisant, il se conforme aux fors que lui a concédés son suzerain (1).

---

(1) *Peyrot de Casse, dict de Thomyn bezin de Lorquen, a bénut segon los fors*

Ces prérogatives, dont le baron de Mugron se montre toujours
jaloux, les archives de la ville nous les ont conservées en partie.
Nous ne les possédons pas, il est vrai, en un code spécial paraphé par celui qui les a accordées ; mais, ce que nous livrent nos
précieux parchemins nous suffit pour satisfaire notre curiosité.

Les voici telles que la communauté les reconnut, le 27 janvier
1778, en faveur du Maréchal duc de Biron, notre dernier Baron (1).

« Le dict Seigneur et baron, Seigneur direct et *fontier* du dit
» lieu de Mugron, où il a la haute, moyenne et basse justice,
» pour l'administration et l'exercice de laquelle il peut avoir un
» juge, lieutenant de juge, procureur juridictionnel, greffier,
» bayle et sergent ordinaire seulement, et ne peuvent les habi-
» tants, pour quelque cause que ce soit, agir ni former action en
» première instance, tant civile que criminelle, que par devant le
» dit juge et officiers susdits. Aussy, au Seigneur appartiennent
» tous les revenus et émoluments du Marché (2) du dit lieu de
» Mugron, comme sont : droits de *plaçages*, péages et féaux
» péages, tant par eau que par terre, plus le bois de la forêt, le
» gravier proche la rivière de l'Adour et autres bois et lande ap-
» pelée au *Clauson*.

» D'avantage reconnaissent que la dite communauté tient en
» affièvement du dit Seigneur, la lande appelée communément :
» La lande de Mugron, pour raison de quoy la dite communauté
» a accoutumé de payer annuellement aud. Seigneur, à la fête
» de Noël, une torche ou flambeau de cire du poids de *une livre*
» *et demy* (3).

» De plus, disent que tous les fossés qui sont autour du bourg
» appartiennent aud. Seigneur, desquels il peut disposer à sa
» volonté, comme aussy les droits de port, ponts, passages, riva-
» ges, rodages, durant la juridiction et étendue dud. Mugron et

---

*et costumes de Mugron à noble senhor de Poy et deus biers, Baron de Pontons
tote aquère terre.* (Arch. de M. Destouesse).

(1) Mugron fut érigé en Baronie au XVᵉ siècle. (Arch. com.).

(2) Le marché fut créé par la Régente à la requête de Martin de Cauna. Octobre 1525. (Arch. com.).

(3) Ce droit d'affièvement, perçu par le Seigneur de Mugron, était encore payé
en 1791. Nous en avons trouvé les quittances, signées de Biron. La lande et la
prairie affiévée donnaient un revenu de 125 livres. (Arch. com.).

» sans que personne y puisse construire aucune *nace*, n'y pécher
» avec les filets attachés à la main, ny autrement qu'avec la li-
» gne et petits filets, ny même chasser à aucune sorte de chasse,
» bâtir pigeonniers.....

» Ils déclarent, qu'en la juridiction, terroir et dimaire dud. lieu,
» le Seigneur a droit de prendre les *lots* et *ventes* de toutes et
». chacunes, les ventes et aliénations qui se font des biens im-
» meubles à raison du denier treize, excepté les maisons et *plas-*
» *ses* situées dans le bourg qui en sont *exents*, suivant la coutu-
» me de Saint-Sever, et a aussy led. seigneur le droit de préla-
» tion de toutes les ventes et aliénations qui s'y feront desd.
» biens, comme aussy les droits d'entrée et issues qui est le
» double fief, lors des ventes seulement.

· » Déclarent aussy que les droits de boucherie de Mugron ap-
» partiennent aussi aud. Seigneur, comme aussi disent que, de
» toute ancienneté, led. Seigneur a reçu son droit de *dixmes*
» appelé Sison de St-Crépary au terroir du dit lieu et quartier
» appelé d'*Ayents*.

» Aussy ont dit et déclaré que pour la vente et *débite* du vin
» que led. Seigneur lèvera aud. Mugron : il peut faire cesser
» tous taverniers et autres jusqu'à ce que la vente de son dit vin
» en sera entièrement faite ; et quant à l'autre vin, en cas que
» led. Seigneur en fasse porter, il pourra le débiter conformé-
» ment à la sentence donnée entre feue Mlle de Bénac et les ha-
» bitants.

» Déclarent aussi que de chaque journade de terre, soit labou-
» rable, *pred*, vigne, taillis inculte, chaque propriétaire est tenu
» de payer annuellement de fief aud. Seigneur un sol tournois
» suivant l'usage, suivant l'accord de 1650. Seront aussy tenus
» les habitants, en cas que le dit Seigneur fasse bâtir aucun mou-
» lin banier en la dite terre, d'y aller moudre leurs grains et non
» ailleurs, que aux moulins de toutes les terres, chacun a sa
» commodité ; en cas qu'il ne pourrait moudre aud. moulin dud.
» Mugron, et seront les habitants préférés à la mouture avant
» tous les autres étrangers, et cependant et jusqu'alors il leur
» sera loisible d'aller moudre leurs grains ou bon leur semblera.

» Disent que le terroir dimaire dud. lieu confronte d'Orient à
» terroir de Nerbis, Mirémont, Montaut et Toulouzette — de midi
» à un ruisseau ou petite rivière appelée du Lous — d'occident

» au prébanc de Lourquen et Laurède et septentrion avec la ri-
» vière de l'Adour » (1).

Certes, il ne nous en coûte point, après la lecture de ces prérogatives dites seigneuriales, de déclarer que la part du lion
était bien prononcée. Mais, si tant elles nous paraissent exagérées, pourquoi ne les comparerions-nous point aux prétendus
droits d'État que nos gouvernants, n'importe le qualificatif donné
à leur institution, exercent aujourd'hui sur la société qu'ils pro-
tègent ?

Cette comparaison, peut-être, ne serait pas tout à fait au détriment de l'ancien régime appelé : régime féodal.

L'homme a toujours abusé de sa puissance. Mais, quand
l'homme s'appelle l'État, l'abus fût-il décoré du nom plus ou
moins euphémique de *Loi*, n'en est que plus prononcé et plus
vexatoire.

Le Seigneur de Mugron exerçait un droit direct et foncier sur
toutes les terres de sa juridiction. Qu'est-ce à dire ? Sinon que,
devenu maître de toutes ces terres ou par droit de conquête ou
par ce droit naturel que donne toujours la première mise en
culture des terres abandonnées, il s'en regardait comme le patron inquiet et jaloux.

Lorsque, poussé par une initiative généreuse, qu'amis et adversaires ont admirée, Napoléon III entreprit de fertiliser nos
landes arides, l'acquisition de ces landes, faite par voie de vente
quasi forcée, il les confia à des mains colonisantes. Mais, tout
en les donnant aux vaillants accourus pour les travailler, il se
réserva le droit, non seulement de veiller sur leur bonne exploi-
tation, mais encore de prélever sur elles certaines redevances
qui en marquaient l'origine (2).

Nos mœurs, dites si libérales et si affranchies, n'ont jamais pro-
testé contre cet ordre de choses.

Les droits fonciers ressortent de la nature même de la propriété. Que cette propriété soit grande ou petite, morcelée ou

---

(1) Arch. com.
(2) Les propriétaires feudataires de Sollérino en savent quelque chose.

d'une étendue considérable, nul n'est forcé d'abandonner gratuitement la totalité des fruits qu'elle produit à son avantage.

La proclamation des Droits de l'homme, faite avec tous les fracas que peut inspirer une assemblée en ébullition, n'a pas empêché le peuple Mugronais, pas plus que celui des autres localités de se heurter, au lendemain de cette proclamation, contre la rigueur des mêmes droits exercés par des seigneurs, collectifs, il est vrai, mais tout aussi exigeants.

Nous laissons aux juges sévères de l'époque critiquée le soin de déclarer si le *sol tournois*, prélevé, avant 1792, sur le journal de la communauté par le baron de Mugron, n'est pas dépassé, et de beaucoup, par les francs et centimes que l'impôt foncier demande aujourd'hui.

Les réflexions que nous faisons à propos des redevances foncières d'antan, nous les appliquons encore aux tarifs des droits de plaçage et de halage, exigés jadis par nos anciens barons. Ces droits n'ont été en réalité jamais supprimés. Aujourd'hui, le Seigneur s'appelle *Ville*, *Département*, *État*, et ce seigneur, n'importe sa dénomination, est toujours là, demandant au commerçant, au marchand, sa patente ; au bâtelier, le denier que son titre de passeur lui procure ; à l'éclusier, la partie du salaire que son monopole réclame à la barque qui heurte à son poste.

Il n'y a pas encore bien longtemps, les ponts, jetés sur nos rivières par des mains particulières, réclamaient avec autant de justice que de ténacité le péage dû à leur construction. Le permis de chasse, comme le permis de pêche, se vendent et s'achètent à prix d'argent, aujourd'hui, tout comme au temps passé.

Faut-il nous arrêter aux droits de lots de vente et d'aliénations sur lesquels on ne cesse de revenir ? Les bureaux des contributions directes et du receveur des domaines nous exhibent des tarifs bien plus élevés que ceux qu'ont jamais prélevés les anciens Seigneurs, quelles que fussent leurs vexations en cette matière(1).

Les droits antiques de prélation ont leur équivalent jusques dans les candidatures officielles, exercées sans vergogne et avec

____

(1) Ces coutumes n'existaient pas pour Mugron. Voyez la coutume de Saint-Sever, fol. XI.

une autorité jalouse par tous les gouvernements qui tiennent à leur conservation.

L'octroi s'exerce toujours sur les droits d'entrée des matières alimentaires. Si la boucherie n'est plus un monopole, elle n'en est pas moins soumise à un tarif d'abatage et d'inspection qui en rendent l'exercice on ne peut plus coûteux. Les contributions indirectes ne sont pas moins tendres pour les aubergistes que ne l'étaient les anciens barons vis-à-vis des taverniers.

Si le droit de mouture n'est plus exclusif, comme il l'était autrefois en faveur du Seigneur, le simple meunier trouve une telle concurence dans le privilège de l'outillage moderne, que force lui est faite de recourir à des cylindres perfectionnés, au détriment de son antique cailloux. Sur ce point encore, la liberté de la mouture est un véritable leurre.

Concluons. De loin, les anciens droits féodaux peuvent effaroucher l'ensemble de nos idées faites aux tournures menteuses de notre langage. Mais l'esprit impartial, qui juge par comparaison, se trouve bien embarrassé pour jeter son blâme ou exprimer sa critique sur des mœurs d'autrefois, que celles d'aujourd'hui n'ont pas encore trouvé en défaut.

CHAPITRE III

___

Organisation de la Communauté. — Bourg de Mugron au XIIᵉ siècle. — Communautés de Mugron.

Mugron a son Seigneur. Déjà. en 1391, ce Seigneur, de haut et bon lignage, est qualifié de *moult, noble* et *puissant* (1).

Sous sa protection, aussi active que bienveillante, le bourg s'agrandit, la communauté s'organise.

Le donjon, il est vrai, se dresse encore isolé derrière des portes massives et des bastions escarpés dominant les fortins Dané et Pé-de-Peyran. Mais, les constructions, nécessitées par l'arrivée des industriels, des marchands et des hommes de travail à la journée, viennent s'adosser les unes contre les autres, autour du château central, les concessions de terrain se multipliant sur les fossés et les escarpes de la place (2).

Peu à peu, le chemin de ronde se transforme, au midi, en une rue longue et étroite qui court de l'est à l'ouest.

L'éloignement de l'église, d'où relève le territoire du bastion, située à Nerbis-Castets, nécessite bientôt la construction d'une petite chapelle aux abords de la place, et, plus tard, la construction d'un cimetière qui lui sera contigu (3).

Un espace libre, mais assez restreint, est ménagé, devant cette chapelle, pour servir de forum commercial à la nouvelle population ; les affaires communales se traiteront sous l'œil même du Seigneur. Un local spécial est aménagé pour cela *intra muros*. Ce local deviendra, plus tard, la halle communale, et un acte de

___

(1) *Arm. Land.*, II, 293.

(2) A consulter sur ce point les arch. Lamoli, not. royal.

(3) Le cimetière du Bourg fut créé en 1642.

vente sera nécessaire pour que, cinq cents ans après, ce local demeuré seigneurial jusqu'à la Révolution, puisse devenir propriété particulière (1).

Nous avons pris tous ces renseignements dans une foule d'actes que les études Lamoli et Dartigoeyte nous ont conservés, et dont il aurait été fastidieux de citer les liasses.

Et maintenant, transportons-nous par la pensée dans ce milieu tout empreint de cet esprit de féodalité que l'on a prétendu être, à toute force, un esprit de plate servitude, et voyons la manière dont l'ordre et l'administration y sont organisés.

La justice haute, moyenne et basse appartiennent au Seigneur.

Un juge, un lieutenant de juge, un procureur juridictionnel, un greffier, un baylo et un sergent, exerçant leurs fonctions en son nom, y connaissent de tous les délits, tant civils que criminels. A côté de cette organisation essentiellement seigneuriale apparaît celle de la communauté, composée primitivement de trois jurats, d'un procureur et de quatre prud'hommes ou collecteurs.

La juridiction seigneuriale de Mugron présente une physionomie particulière que nous n'avons pas su trouver dans les autres juridictions bastidiales de la contrée, dont nous avons étudié les constitutions.

Les archives communales nous révèlent l'existence de plusieurs petites seigneuries ou communautés diminuées, jouissant, chacune, d'une certaine autonomie, qui les rendait on ne peut plus jalouses de leur petite indépendance. Ainsi, les communautés de *Ségas,* de *Labarthe,* de *Malabat,* des *Ayens* avaient, chacune, leur petit Seigneur, dont nous aurons à citer souvent les ombrageuses réclamations. A côté de ces Seigneurs, étaient constitués des jurats avec leurs assesseurs, administrant les affaires en leur propre nom (2).

Près de ces communautés, vivaient à l'ombre, pour ainsi dire,

---

(1) Voir le Chartier de Lataulade.

(2) Leurs actes portent tous la mention : « *ratifié et rendu exécutoire de leurs périls et fortunes* ». (Arch. com.).

de celle du château, un grand nombre de caveries, dont les noms excitent encore une certaine curiosité : telles que celles de *Pé-de-Peyran, Tingon, Boucosse, Labarthe, Ségas,* et des maisons titrées comme *Estoupignan, Soube* et *Cazalieu.*

PÉ-DE-PEYRAN. — A l'ouest de la ville de Mugron, se dresse un promontoire avancé, surplomblant l'Adour et commandant la plaine.

Le site est des plus pittoresques. Son horizon n'est borné, à l'ouest, que par la grande bande noire des pignadars du Marencin et du pays de Born ; au nord, par les étendues brumeuses de Brassenx et du Marsan, l'est lui découvre, dans les hauteurs de Saint-Sever, les premières assises des collines Chalossaises. De vieilles ruines, semées çà et là, sur le sommet du plateau qui le couronnent, nous révèlent l'existence d'anciennes fortifications, restes significatifs du fortin, dont le Chevaucheur mugronais avait la défense. Son nom, tiré des assises rocailleuses qui en constituent l'assiette (*Pé-de-Peyran,* pied-de-pierre), nous dit quel avait été son rôle primitif.

A quand remonte l'origine de cette demeure féodale? Les documents que nous possédons se taisent sur ce point. Il nous faut arriver à 1593 pour trouver le nom d'un de ses principaux Seigneurs, Jean Darbo, procureur au sénéchal de Saint-Sever.

En 1643, Fortanier Darbo, sieur de Pé-de-Peyran, un de ses descendants, reçut du roi Louis XIV le titre d'écuyer et l'investiture de la seigneurie de Marsan et de Pé-de-Peyran (1).

Darbo, ennobli, prit blason ; il porta d'or à un lion de gueules, écartelé d'argent à un chêne de sinople. Nous reviendrons plus loin à la lignée de cette maison, qui jeta un certain reflet sur l'histoire de la bastille mugronaise.

---

(1) Jean Darbo, grand-père de Fortanier, ne fut pas seigneur de Pé-de-Peyran. La Seigneurie de Pé-de-Peyran qui appartint pendant plusieurs siècles aux barons de Mugron ne fut aliénée par eux que le 20 avril 1641, en faveur de Fortanier Darbo.

ESTOUPIGNAN ET TINGON. — Estoupignan et Tingon, maisons titrées, sont situées sur le dos de la colline qui domine, au sud, celle de Mugron.

La première, à l'ouest, n'est plus aujourd'hui qu'une simple métairie, dont le nom seul rappelle l'ancienne noblesse de la lignée qui l'avait occupée.

La seconde, à l'est, conservait, il y a quelques années à peine, l'aspect d'une demeure assez confortable.

L'histoire (1) et la tradition nous affirment que les murs qui défendaient jadis cette ancienne caverie, avaient été bâtis, au XIIIᵉ siècle (1272), par un certain chevalier, nommé Armand Durisse (2).

Henri IV, dont les hardies chevauchées à travers les verdoyants bocages du pays réclamaient une certaine liberté qu'entravait, parfois, l'autorité paternellement ombrageuse des hauts barons de la contrée, fit raser ces murailles, dressées par trop malencontreusement sur son passage.

Les d'Estoupignan portaient d'azur à trois pommes de pin.

Les Tingon, représentés par les Tuquoy, avaient : d'azur à un pélican d'or, dans un nid d'argent.

BOUCOSSE. — Le château de Boucosse fait partie du domaine d'Antin.

---

(1) Pap. de fam.

(2) Messire P. Gaston du Lyon, chevalier, seigneur marquis de Campet et d'autres lieux, demeurant à Bordeaux en son hôtel, rue Carmélites, acquit par contrat, en date du 13 septembre 1767, de Messire Nicolas P. de Richard, baron de Saucats, conseiller du roi, président de Mortier au Parlement de Bordeaux, y habitant, rue du Mirail, la dite seigneurie et caverie de Tingon « justice basse et moyenne, droits et fiefs, lots et ventes, droits de prélation de Carnal et d'autres droits seigneuriaux... ensemble les fonds nobles et ruraux dépendants, consistant en divers bâtiments « n'en ayant qu'un très médiocre pour le seigneur », en métairies, domaines, bois, terre, vignes et pacages, meubles et immeubles pour la somme de 70.000 fr. Sur les immeubles pour 62.000 fr. et les autres objets mobiliers pour 8.000. 1º Maison d'habitation ; 2º la métairie de Tingon ; 3º Maissonnave ; 4º Couperet ; 5º Marimpoy ; 6º Matelin ; 7º Peülelèhe ; 8º Sacoua ; 9º Mousseron ; 10º Mailloc ; 11º Le bois de Tingon et de Logouarrique ; 12º Bordes ; 13º Tristan ; 14º Menjoulet ou Crousquilloun ; 15º Barbary ; 16º Sega ; 17º Taujia ; 18º Pridet.

Le voyageur que la locomotive emporte, rapide, de Mugron à Monfort, le découvre, à sa droite, presque au sortir de la ville.

Cette demeure, jadis seigneuriale, ne dresse plus qu'un humble pigeonnier au-dessus de quelques constructions plus humbles encore, qui l'entourent. Elle a son histoire dans laquelle, de toutes ses gloires passées, elle ne dit plus que le bon goût des caviers, qui en avaient choisi l'assiette. Le tragique y tient une telle place, que nous manquerions à notre devoir d'historien, si nous n'en disions deux mots.

Le premier seigneur de Boucosse fut un certain Arnaud Darbo, dont le nom a laissé dans l'histoire une trace un peu maculée par certains méfaits relevant de la justice criminelle.

Cousin du trop fameux Jean Darbo, Seigneur de Maurane, en Laurède, qui, d'après la déposition d'une Françoise de Gamardès, femme du sieur Jehan Larrivière, Seigneur de Lorreyte, « estait » un personnage de très mauvaise vie, mal famé et renommé en » toute la sénéchaussée des Lannes, voleur, larron, tensé du cry- » me de l'Ese Maiesté, d'estre faux monnayeur et sacrilège, » dérobant les croix, les calices, autels et autres ornements » d'église, et meurtrier, guettant et tuant ceux qui passaient en » chemin ».

Il lui acheta, pour le soustraire à la saisie de la justice, ce lieu, dont il était le Seigneur, pour 2.000 livres (acte du 22 juillet 1547).

Tombé entre les mains du *maistre des hautes œuvres*, Jean fut exécuté et mis à mort avec un de ses complices de la seigneurie de Boucosse, tandis que deux autres cousins prenaient la fuite.

Dans quelle mesure Arnaud prit-il part à toutes ces équipées?

S'il faut l'en croire, il a tout ignoré, sauf pourtant la prison qu'il fit au château de Saint-Sever, où on le retint « sept ou huit mois à grand *inhominie* de sa personne maltraictement d'icelle et gros domaiges et intérêts », si bien, dit M. Foix, que, dans sa juste indignation, il deshérita son fils, coupable de la plus noire ingratitude, de la donation qu'il lui avait faite de tous ses biens, à charge de doter le reste de sa famille, et la transporta à sa petite fille.

Tout est bien qui finit bien, dit le proverbe. Arnaud semble vouloir réparer une réputation qu'il croyait compromise en ajoutant à son testament un codicile de réparation. Le Seigneur de Boucosse mourant laissa, le 25 juin 1553, 50 francs bourdalais pour messes ; il était au nombre des membres des confréries « du corps de Dieu, de Notre-Dame, de Saint Barbe, de saint Jac- » ques, fondées en l'église de Mugron (1). L'hôpital de Mugron » reçoit 10 francs bourdalais pour la réparation d'iceluy » :

Son gendre fut son héritier (Bertrand de la Vigne), auquel il laissa une arquebuse, une *cothe* de maille et un cheval.

Il mourut dans le mois de septembre 1553.

Arnaud laissa trois filles, Marguerite, l'aînée, qui se maria en premières noces avec Bertrand de Chambre, Seigneur de Bou- cosse et, en secondes noces, avec noble Nicolas d'Antin (2).

D'après le dénombrement, qui se fit le 20 novembre 1584, Nico- las d'Antin prêta foi et hommage à Henri, roi de Navarre et duc d'Albret, pour la maison noble de Maurane.

Les cartulaires du pays nous révèlent, à plusieurs reprises, le nom des divers membres de la grande et noble famille, qui a occupé ce domaine depuis le XVIe siècle. Nous aurons occasion de revenir sur son histoire.

Qu'il nous suffise d'indiquer en passant, que les d'Antin, qui font remonter leur origine au Comte Baron d'Antin, damoi- seau (1231), devinrent propriétaires du domaine de Boucosse, par le mariage de Nicolas d'Antin avec Marguerite de Boucosse, veuve de Bertrand de Chambre (3).

Les d'Antin portent : Ecartelé au 1 et 4 de gueules à 3 lions naissants d'argent ; au 2 et 3, d'argent à 3 tourteaux de gueules, sur le tout, d'or à la clef en pal, couronnée de sable, qui est d'Antin de St Péc.

Les autres demeures seigneuriales, dont la campagne de Mu- gron est émaillée, et dont il sera fait souvent mention, dans le cours de ce travail, sont : Labarthe, Soube, Cazalieu, Ségas, La Salle, Biellé.

Le terrier de Mugron indique comme maisons nobles et exemp-

---

(1) Extrait du codicile du noble Arnaud de Boucosse, 25 juin 1553.
(2) Notes de l'abbé Foix.
(3) Notes de l'abbé Foix.

tes d'impôts : Marsan et Pé-de-Peyran et leurs dépendances ; Tingon et ses dépendances ; Labarthe et ses dépendances ; Boucosse et ses dépendances ; Ségas ; La Salle ou Sallemen.

LABARTHE domine Mugron, au nord, et la riche vallé du Lous, au midi.

Ce château, jadis résidence d'un cavier quasi indépendant, daterait du milieu du XIIIe siècle. C'est à cette époque, en effet (1273), que nous trouvons, pour la première fois, le nom d'un nommé Pierre de Labarthe, figurant parmi ceux des divers Seigneurs de la contrée. Un donjon bas et trapu, au toit en poivrière, indique encore aujourd'hui que cette maison ne fut pas jadis sans une certaine importance.

D'après les archives communales, Labarthe fut, jusqu'à la Révolution de 1792, le centre d'une communauté autonome dont les libertés et les franchises s'exerçaient sur les quartiers de Ségas et de Malabat (1).

Le quartier de Labarthe avait sa justice moyenne et basse, indépendante de celle de Mugron (bourg). L'étude de M. Pussac nous livre, en effet, une pièce on ne peut plus concluante sur cette question. C'est une déclaration notariée, par laquelle noble J.-J. de Melet, Seigneur de Labarthe et capitaine d'une compagnie de chevaux légers, au régiment de Poyanne, donne à M. Jean Lamoli, notaire, « l'estat et office de greffier du dit lieu de Labarthe, » exercé jusque là par feu son père André Lamoli, « pour en jouir sa vie durant et en récompense des agréables services que j'ai reçu de lui », dit l'acte (1656).

La nomination aux charges du quartier appartenait ainsi à son propre Seigneur. Ce quartier avait aussi ses communaux, sur lesquels se prélevaient les frais de son administration. Une partie de ces biens lui fut octroyée à titre de fiefs, en 1626, par le Seigneur du dit quartier, pour une rente annuelle d'une mesure d'avoine, que chaque feu devait payer aux descendants du dit Seigneur. Ces feux étaient, à cette date, au nombre de 31, ainsi que le certifie une déclaration des habitants, faite au collec-

---

(1) Maü-labat, quartier souvent inondé par le Lous.

teur du dit quartier, à propos d'une amende à laquelle le quartier
fut condamné pour un homicide, commis par un de ses habitants
sur la personne de Bernard de Lamoli. La sentence, portée par le
juge de la baronnie de Lagraulet, attribuait une soulte de 1.260 fr.
à la famille de la victime. Le coupable étant insolvable, la
communauté, sur le terrain de laquelle s'était commis le crime,
fut taxée. Hélas! comment arriver à prélever une pareille somme
dans un quartier qui n'avait, pour tout revenu, qu'une propriété
de 15 arpents, composée de terrains ingrats. Là où il n'y a rien,
dit le proverbe, le roi perd ses droits. Cet axiome fut mis en
avant, dans les circontances, par les collecteurs, et l'homicide n'eut point de compensation pécuniaire à donner (21 juillet 1690) (1).

Suivant une transaction, conforme à un règlement de 1642,
approuvé par l'élection des Lannes, le quartier de Labarthe devait supporter la 29e partie de la taille imposée par le roi à
la juridiction.

Au midi du quartier de Labarthe, se trouve le moulin dit du
Clauson (Clausum). Bâti sur le Lous, il appartenait, en 1662, à
Madame la duchesse de Ventadour. Cette même année, il passa
dans les mains du maréchal de Grammont. C'était, au rapport
d'un acte, retenu dans l'étude de feu M. Pussac, ancienne étude
Lamoli « le meilleur moulin à *reveneus à moulande,* de toute
la contrée ». Or, le 3 mars 1662, une inondation des plus désastreuses en emporta la plus grande partie, à tel point que les
habitants des communes voisines, et ceux de Mugron en particulier, se virent dans l'impossibilité de recourir à sa mouture et se
trouvèrent dans le plus grand embarras.

SOUBE est aujourd'hui une grande construction carrée, rebâtie
il y a peu d'années, sur les ruines d'une ancienne maison titrée.

Les Desclaux en furent jadis les principaux Seigneurs.

Nous trouvons cette famille noblement assise à Soube, dès 1595.

Sa généalogie descend jusqu'en 1740, époque où Dominique
Desclaux, de Mesplès, baron de Navailles, sieur de Nerbis, avo-

---

(1) Etude Lamoli.

cat général et président du Parlement de Navarre, épousa Marie Thérèse Colbert. Le Seigneur de Mugron, Charles Arnaud de Gontaud, duc de Biron, acheta cette demeure pour en faire sa résidence temporaire, quand il viendrait visiter sa baronnie.

Les armes des Desclaux de Soube sont : tiercé en face au 1 d'azur à une cloche d'or, au 2 à une face d'azur, au 3 d'azur à une canne essorant au naturel sur une rivière d'argent.

CAZALIEU était un domaine titré des plus importants de la juri_diction. Sa chapelle, dont nous aurons à parler plus tard, lui donna, pendant longtemps, un tel relief, que nous verrons un Pape l'enrichir de plusieurs Indulgences.

Ses Seigneurs n'étaient pas nobles, au vrai sens du mot, mais autorisés à raison de leur antiquité à porter des armes, ils ont pu montrer aux générations passés des parchemins dont, en 1341, un certain Philippe Labeyrie, sieur de Cazalieu, aurait signé l'authenticité.

SÉGAS. — La communauté de Ségas avait aussi ses jurats et ses collecteurs. C'est à ce titre que figurent dans plusieurs actes. les Bourdot, les Cousteau, les Gensous, les Salle-Vieille, manants du dit quartier. Les biens de cette communauté se composaient de 12 arpents de landes, appelés communément à Ségas, cédés, de mémoire perdue, par le Seigneur de Poyaller à titre de fief, sous la rente annuelle d'une mesure d'avoine payée par chaque feu vif. Cette redevance, évaluée à la somme de 225 livres, se payait le jour de Notre-Dame d'Août. Le quartier se composait de 19 maisons (1).

La seigneurie de Ségas, comprenant deux métairies, fut affermée par noble Thomas de Melet, écuyer lieutenant dans le régiment de Bourbonnais, à Raymond Baffoigné, bourgeois, maître ès-arts, « comprenant, dit l'acte, la terre seigneurie et caverie de Ségas, fiefs, lots et ventes et autres droits et devoirs seigneuriaux attachés aux fonds nobles et roturiers qui en dépendent, pour la somme de 150 livres par an. » L'afferme était pour 9 ans (1765).

____

(1) Étude Lamoli.

Cette caverie seigneuriale fut vendue d'abord après à Sr Raymond Domenger, bourgeois (1). Jean de Labarthe de Piau, jurat collecteur de la communauté et juridiction de Ségas et Arnaud de Balbie dit Bourdot, syndic de la dite communauté, Esteven de Labeyrie de Couslaü et Bernard de Gensous de Lassalle-Vieille, deux des principaux manants, déclarent qu'ils ne possèdent en la communauté que 12 arpents de landes, qui leur est d'usage d'y amener leurs bestiaux à la pâture et d'y couper le soutrage de 7 ans en 7 ans, dont la valeur peut être sur le pied de l'estimation des biens de la dite communauté de 225 livres, à raison de 18 livres, 15 sols, 15 deniers l'arpent, qui produit de rente par an 11 livres 5 sols. C'est le seul bien qu'ils possèdent en commun que « leurs auteurs auront *prins* pendant de longues années o mémoyre perdue du seigneur de Poyaller à titre de fiefs sous la rente annuelle d'une mesure *cibade* chaque feu vif qu'ils payent aud. seigneur ou dame à Notre-Dame d'Août... qui sont, quant à présent, au nombre de 19 feux ». Ainsi, 19 mesures d'avoine données annuellement, tel était le *devoir* dû par le quartier ; ce devoir constituait une rente considérable, eu égard à la modicité de la rente et de la contenance de ses possessions.

LOURQUEN dépendait, comme communauté, de la juridiction de Mugron. Nos barons étaient ses barons. Elle avait, à l'instar de ses sœurs, des jurats, des collecteurs et son syndic. C'est parmi eux que nous trouvons les Dufaigna, les Dupérier, les de Laborde, les de Gaye, les Belbie. Les communaux affectés à ces quartiers lui furent concédés, en 1535, par notre Baron à titre de fief, sous la rente annuelle de 2 flambeaux de cire, du prix de 6 livres, payables au jour de l'an, et d'une poule par an, donnée par chaque feu vif, le jour de la St Martin. Lourquen avait 52 feux.

Les communaux ne comprenaient guère que des terres incultes, marécages remplis d'aubépines, de vergnes et de quelques chênes, appelées communément à la barthe du Nougu. Le moulin du Bosc de Lourquen, ainsi que le bois et les taillis qui l'entourent, en faisaient partie (1691). Les 52 maisons qui formaient cette com-

---

(1) Étude Dartigoeyte.

munauté, trop pressurées par l'impôt que le Seigneur leur réclamait, adressèrent leurs réclamations au Baron. Elles le firent avec
d'autant plus de justice que, contrairement aux privilèges jadis
accordés, le Baron ne se gênait pas pour autoriser les pasteurs
de la montagne à mener, moyennant revenu, leurs brebis paître
pendant les six mois de l'année dans les landes qui leur étaient
déjà affectées.

Cette communauté de Lourquen avait des statuts tout particuliers, un code forestier, qu'il nous plaît de transcrire, comme
preuve des soucis qui tourmentaient nos pères au point de vue
du reboisement des campagnes. Réunis en assemblée majeure,
en 1717, les syndics et jurats de Lourquen statuèrent que « cha-
» cun *maistre* et *maistresse* qui tiendra maison et feu vif en la
» présente paroisse plantera ou fera planter chaque année dans
» les padoens du dit Lourquen un certain nombre (ce nombre est
» effacé dans la pièce que nous copions) de chênes depuis le 1 du
» moys de novembre jusqu'au dernier du moys de janvier... et
» estant plantés, ils y mettront à chacun un *paü-lance* (pieu aigu)
» des brusches d'aubépine qui tiennent ensemble pour les garan-
» tir de n'être pas endommagés par les bestiaux. »

CHAPITRE IV

Les Seigneurs de Mugron. — Les De Cauna.
La Baronne de Poyaller : Jeanne de Cauna.

Mugron, bastille fortifiée, dont l'abbaye de Saint-Sever avait confié la garde au Seigneur de Cauna, Arnaud de Marsan (1270), était devenue, peu à peu, une bourgade assez importante pour qu'une communauté eût pu s'y établir avec une organisation telle que le comportaient les us et coutumes de l'époque.

Dès le XIII⁰ siècle, en effet, Mugron a sa municipalité régulièrement établie. Ses jurats, ses magistrats, ses syndics apparaissent, dès cette époque, gouvernant la juridiction et rendant la justice au nom des successeurs du premier vassal de l'abbaye.

Ouvrons et feuilletons nos poudreuses archives, tournons et retournons leurs pages moisies, voyons quels furent nos hauts et puissants Seigneurs ; leurs noms, leurs faits, leurs gestes modifieront peut-être nos idées trop préconçues sur la valeur de nos Barons d'antan.

Peu avant 1342, Raymond-Arnaud, Seigneur de Coarraze, accepta du roi d'Angleterre les biens et revenus des châteaux de Mugron et de Lorquen avec leurs dépendances. La fille de ce Seigneur, s'étant mariée à Fortanier de Lescun, un des grands personnages de l'époque, reçut en dot les deux châteaux susdits, qui furent, peu après, saisis et remis aux mains du roi d'Angleterre, parce que le Seigneur de Coarraze s'était rangé du côté des Français.

Le 28 juin 1342, Olivier de Ingham, sénéchal, remit Fortanier de Lescun en possession des biens saisis à son beau-père et lui en fit donation au nom de son maître, le roi d'Angleterre (1).

---

(1) Bibl. Nationale ; MOREAU, vol. 650, fol. 18.901.

Nous avons vu qu'Arnaud de Cauna rendit hommage à l'abbaye de la terre de Mugron, en 1273 (1).

A cet Arnaud en succéda un second, que *l'Armorial des Landes* (2), fait apparaître sur la liste de nos Seigneurs, en 1303, et même jusqu'en 1330.

Un troisième figure encore dans le même livre, en 1364. Au titre de Cauna, celui-ci joint le titre de Seigneur de Montaut, Poyaller, Mugron, Lourquen et St Aubin.

Arnaud III de Cauna eut pour fils Robert de Marsan, chevalier et seigneur, qui recouvra les terres de ses aïeux, usurpées par Gaston de Foix (3). Un acte passé au château d'Orthez, le 3 novembre 1390, nous raconte que, pour obtenir cette restitution, le baron Robert dut se mettre à genoux aux pieds de son suzerain et lui jurer fidélité (4).

Robert est le premier Seigneur de Mugron dont le chroniqueur fait sérieusement mention. Il eut plusieurs fils.

L'aîné, Louis de Cauna, qualifié dans l'*Armorial des Landes* (5) de moult et puissant Seigneur de la Chalosse, se maria à Etiennette de Castelnau.

Anglais par la force du droit d'apanage, que Eléonore de Guyenne avait apporté à Henri Plantagnet, Louis fut nommé gouverneur de Tartas, au nom du roi d'Angleterre. Nous avons vu, dans notre *Histoire de Cazères,* comment les circonstances l'obligèrent à rendre à Charles VII en personne (1442) cette ville et des otages, et comment lui-même, heureux de saisir cette occasion, fit au roi de France son serment de fidélité et devint un de ses écuyers dévoués.

La position d'officier d'un souverain étranger, aussi exigeant que l'était Edouard, avait grevé considérablement la fortune du Seigneur mugronais. Un acte du 11 mars 1414 nous avise, en effet, que, pour faire face à ses énormes dépenses, Louis de

____

(1) Cah. 1-12

(2) *Arm. des Landes*, 11, 293.

(3) *Histoire de Cazères*, 33, 35.

(4) « Estant à jouelhe et tenen sas mas juntes en las mas du dit Mosieu le Comte sur les sants évangiles de diu ».

(5) *Les Castel.*, 11, 230.

Cauna avait été obligé d'aliéner en faveur de Raymond de Caupenne, damoiseau, le quart des fiefs de Mugron et de Miramont.
Aussi, ce fut une véritable joie pour le nouveau suzerain de pouvoir compenser cette perte par une libéralité vraiment royale.

Tour de Poyaller : état actuel (Dessin de H. M.).

Les archives nous disent qu'à peine passé dans les rangs de
Charles VII, Louis de Cauna reçut du roi de France en donation
propre, la seigneurie de Poyaller (1).

C'était un vrai castel féodal que cette noble demeure; bâti au
sommet d'un mamelon isolé en forme de piton, il dominait hardiment et les vallons boisés du Lous et les côteaux dont les pentes adoucies vont expirer aux bords du Leuy. Ce que les siècles
nous ont laissé de cet antique manoir, jadis forteresse et *gardan*

____

(1) Etude Lamoli.

romain, nous donne une idée exacte de ce qu'il était, lorsque Louis de Cauna en prit possession.

C'était un grand donjon carré, percé dans le haut de longues et étroites meurtrières, couronné de créneaux aussi lourds que trapus, entrecoupés, aux quatre angles, d'échauguettes découvertes. La partie ouest de ce donjon montre encore un machicoulis posé en encorbellement, à la hauteur du second étage ; des corbeaux de soutènement fixés sur les autres côtés indiquent que tout le carré était muni du même système de défense. Des constructions en contre-bas flanquaient cette tour ; des murs épais en fermaient la circonvallation ; un pont-levis, dont les terrassements n'ont pas encore disparu, en fermait l'entrée ; trois poternes dissimulées dans l'épaisseur des remparts, ouvraient trois issues sur l'escarpement nord, ouest et midi du mamelon.

La tradition légendaire veut qu'un souterrain caché parte des grandes et profondes caves du château, obstruées aujourd'hui par les décombres, que les chercheurs officiels de salpètre y entassèrent en 1792, pour aboutir, par une pente entrecoupée d'escaliers, au moulin de l'Agouangue, bâti à ses pieds (1).

Telle était la demeure que les de Cauna et leurs héritiers devaient conserver pendant trois siècles, comme l'apanage le plus important de la seigneurie de Mugron.

Le chevalier, Bernard de Cauna (2), succéda à son père, l'écuyer de Charles XII. Marié en premières noces à Isabelle de Béarn (1448), bâtarde du Comte de Foix, il convola en secondes avec Jeanne de Beaumont, fille de Philippe, issu, comme le dit avec raison l'abbé Légé, du sang des rois de Navarre (3).

(1) Détails fournis par un témon, Marie Meyranx, née Domenger de Couraü.

(2) Les *Rôles Gascons* nous affirment que Bernard de Cauna était Baron de Mugron.

(3) A cette époque, Mugron était déjà érigé en baronnie. Un acte de 1458, retenu dans l'étude de Me Lamoli, fixant les limites de la caverie de Sengresse et Beyrac, s'exprime ainsi : « *Confrontans ex una parte cum terris de Soprosa et ex alia cum adure et baronia de Mugron* (13 novembre).

» Le 11 mai 1443, Mossen Gaston comte de Béarn et Bernat Senhor de Caunaa » disent qu'il y a eu autrefois des articles de mariage entre Isabel de Béarn, » bastarde deudit senhor comte et lodit senhor de Caunaa et de Poyaler. » Le comte promit 300) florins, et le seigneur de Caunaa « *per tornédot lengut obligar los locxs de Caunar et de Mugroo.* (Archives des Basses Pyrénées, E. 319).

A la mort de Bernard, Ramon de Cauna hérita de la triple seigneurie de Cauna, de Poyaller et de Mugron, et la légua à son tour à son fils Etienne, qui convola à trois mariages successifs. Veuf, une première fois, de Eléonore de Poylohaut, et, une seconde fois, de Françoise de Lur d'Uza, il se maria encore à Jeanne d'Abzac de Ladouse, dont une fille, Claire, épousa Bernard de Melet, de Mugron.

Bernard de Melet est le premier Mugronais que nous trouvons partageant, pour ainsi dire, les honneurs de la seigneurie locale (1525).

Arrivée à cette date, la baronnie tombe en quenouille dans les mains de damoizelle Jeanne de Cauna (1).

On lit dans une liasse de papiers de M. Deslouesse, maire de Gousse, portant la date du 20 décembre 1524, ce qui suit :
« *Peyrot déü Casso dict de Thomyn, besin de Lorquen, a benut*
» *second lo for et costume de Mugron, à noble Estevin, senhor*
» *de Foy et deus Liers, Baron de Ponlenx... tote aquere terre*
» *binhe blanque... en sa beyrie deu Casso en la senhorie de*
» *Lorquen per 47 escudz petits... abis de la noble Martin de*
» *Caunar Baron de Mugron et deudit Lorquen, e jo Bertran*
» *Darbo notaire* ».

Ce texte prouve : 1° que Mugron avait ses fors et coutumes ; 2° qu'en 1524, Martin de Cauna était son Baron et son Seigneur. C'est donc à bon droit que Martin doit avoir son rang, après Ramon, dont d'ailleurs il était le fils.

En 1743, Poyaller était une véritable communauté indépendante, ayant ses jurats et ses syndics. Les assemblées se tenaient dans la maison dite Houdanieu « où les assemblées de Poyaller sont accoutumées de se tenir. » La pièce qui nous révèle l'existence de cette Communauté, dit qu'elle avait des règlements particuliers sur les bois et forêts qu'elle possédait, soit en Malabat, soit sur ceux de Poyaller même. Nous trouvons la confirmation de ces règlements dans les actes de l'Intendant de Serilles (2).

---

(1) Daprès M. l'abbé Foix, Martin de Cauna, le fondateur des marchés de Mugron, apparaîtrait à cette date (1525). Fils de Guilhem Ramon de Cauna (1492), et frère de Etienne, il aurait succédé à ce dernier.

(2) Etude Lamoli.

. Cette noble héritière épousa Bertrand de Gabaston, seigneur de Bassillon et gouverneur de Navarrenx, 1578 (1).

Il nous paraît intéressant de nous étendre un peu sur la vie de cette noble baronne, dont l'existence eut des péripéties, propres à soulever un peu le voile qui nous cache les mœurs singulières de cette époque. Jeanne était la fille aînée de Etienne de Cauna. A quel titre sa sœur cadette, Marguerite, lui fut-elle préférée ? Nous l'ignorons. Mais, les quelques mots que l'histoire de la famille de Cauna nous livre sur ces deux enfants, nous disent que la jeunesse de Jeanne fut sacrifiée aux vues d'intérêt de ses parents, qui, pour avantager leur cadette en faveur du chevalier d'Andoins, son mari, la firent entrer de force dans le couvent de Prouillon.

Or, pendant que Jeanne menait, au couvent, sa vie de recluse forcée, sa sœur ne ménageait guère la sienne, en compagie du galant chevalier, de telles façons que, leurs revenus du Louvigny se faisant de plus en plus précaires, le joyeux couple fut obligé de mettre en vente ses terres de Mugron et de Lourquen, pour la somme de 8000 livres (2).

Ce fut du mariage de Marguerite que naquit la trop fameuse Corisandre, ou Diane de Louvigny, si connue, hélas ! dans l'histoire du pays par ses relations plus que légères avec le Béarnais. Cependant, Jeanne de Cauna se trouvait par trop mal à l'aise au couvent, où sa vocation ne l'avait pas conduite. Dispensée de ses vœux obtenues près du Saint-Siège, elle quitta sa guimpe et sa cornette et, le 3 décembre 1554, épousa Jean Antoine de Gabaston, seigneur de Bassillon. De ce mariage naquit Tabitta de Bassillon (3), héritière par droit de naissance de tous les titres que sa mère tenait de ses aïeux. Devenue, de ce fait, dame de Mugron, elle se maria avec le Baron de Navailles et de Bénac, Bernard de Montaut (1578), et devint, à la mort de sa mère, grande douairière de toutes ses seigneuries.

Bernard de Montaut était Baron de Bénac et de Navailles et,

---

(1) *Revue de Gascogne*, 1879.
(2) *Les Castel.* II, 233.
(3) *Les Castel.* II, 233.

en cette qualité, premier baron de Béarn, ancien sénéchal de Bigorre. Protestant, comme d'ailleurs tous les grands du pays, il se convertit, en 1621. Capitaine de 50 hommes d'armes, gentilhomme ordinaire de la chambre du Roi, il était le troisième fils de Jean Marc de Montault, baron de Montaut et de Bénac, et de Madelaine d'Andoins.

Nos recherches, faites dans les diverses études des notaires mugronais (1), nous initient à la vie intime que la noble baronne menait dans son château de Poyaller. Sous les sévères lambris de ce manoir féodal, la douairière semblait avoir à cœur de réparer le temps de pénitence, que sa mère avait passé au Prouillon.

Fière des titres et des droits de ses pères, elle tenait table ouverte pour tous ceux que ses seigneuriales libéralités attiraient sous son toit. Son maître d'hôtel, Pierre Burgrand, avait assez de soucis, lisons-nous dans les vieilles liasses communales, pour faire battre terres et étangs de la juridiction, afin que les hobereaux du voisinage ne trouvassent jamais son couvert en défaut. Le goujon frétillant de l'Agouangue, le cabos au gros lard du Lous, l'alose dodue et savoureuse de l'Adour, se remplaçaient à tour de rôle sur sa table toujours amplement servie.

Les jurats de Labarthe, ceux de Ségas, les juges et sergents de Malabat avaient leurs jours fixés pour ces festins aussi copieux que succulents, dont l'hospitalière châtelaine savait si bien faire les honneurs. Il est un proverbe bien vrai, que nous livrent les « arrépouès » sensés de nos pères, et qui trouve ici sa juste application : « *Taüle aüberte qué barre la porte* ». Cette vie de joyeuse et dispendieuse liesse ne fit point prospérer les affaires de la généreuse Tabitta.

Nous lisons dans les archives des seigneurs d'Estoupignan, qu'à raison même de ses libéralités, par trop souvent répétées, la châtelaine de Poyaller, dame de Mugron, eût maille à partir, dans sa baronnie, avec le seigneur de Couhin (2) et de Balarin au sujet d'une maison « toute ruynée et inhabitable, sise au bourg

---

(1) Etude Lamoli et Dartigoeyte.

(2) Couhin était une caverie sise en Toulouzette, appartenant à Charles d'Estoupignan.

de Mugron, que la dame, faute d'avoir logement convenable au bourg, avait *rebastie* et augmentée pour y habiter » (1).

Le Seigneur d'Estoupignan n'avait pas, paraît-il, tout le respect voulu pour la noble douairière, déchue de sa haute position. Une certaine jalousie de race le portait à rabaisser l'orgueil de la fille des de Cauna, tombée en débine. Le bon notaire qui nous transmet ces petites tracasseries de famille nous dit naïvement que Charles d'Estoupignan, mis en possession de la barraque convoitée, menaçait de la vendre « pensant, par ce moyen, la rendre (Tabitta) sur le pabé » (2).

D'après les notes de M. l'abbé Foix, les Castelbajac apparaîtraient, à cette date, comme co-seigneurs de Mugron. Nos recherches, sur ce point, ayant été encore infructueuses, nous nous abstenons d'en parler.

Dame Tabitta avait eu de son mariage avec Bernard de Montault, Baron de Bénac et de Navailles, et, en cette qualité, premier Baron de Béarn et sénéchal de Bigorre, Philippe, baron de Navailles, marquis de Bénac, baron de Poyaller, Mugron, Lourquen. Ce grand seigneur s'étant marié avec Judith de Gontaut St-Geniez, ajouta par cette alliance à tous ses titres de naissance ceux de seigneur de Lachapelle, de premier baron de Béarn, vicomte de Lavedan et sénéchal de Bigorre.

Des lettres patentes royales (1656) le créèrent pair de France et, en 1675, maréchal de France (3).

Comme on le voit, les titres ne faisaient pas défaut à notre puissant Baron, mais peut-être la fortune ne lui souriait-elle pas aussi favorablement. Nous trouvons, en effet, dans un vieil acte enfoui dans les paperasses de l'ancienne étude Lamoli (4), que, tandis qu'il habitait ses terres de Bénac-Navailles, il fut obligé de donner, à ferme, à deux frères, Isaac et Arnaud Labeyrie, sieurs de Cazalieu, son manoir de Poyaller avec toutes ses dépendances : fiefs, lots, ventes, droits de prélation et de justice, amendes, dîmes, devoirs et revenus tels que froment, avoine,

---

(1) Étude Lamoli.
(2) Act. du 8 sept. 1634. Etude Lamoli.
(3) *Revue de Gascogne*, 1885, 450 ; 1879, 192-194.
(4) Etude Lamoli, 25 août 1638.

paille, agneaux, et finalement tout ce qu'en qualité de Seigneur,
il pouvait percevoir tant en Poyaller qu'en Mugron, Lourquen et
St-Aubin, le tout, pour la somme de 4350 livres, plus deux pains
de sucre par an.

A Philippe de Bénac succéda damoiselle Marguerite de Bénac-
Navailles, sa sœur. Le passage de cette noble dame dans la baronnie de Mugron n'est guère signalée que par la lutte qu'elle
eut à soutenir avec son frère. L'histoire ne pouvant que gagner
sur la véritable relation de cette lutte, que la tradition nous a
livrée sous des aspects par trop étranges au point de vue de nos
mœurs, nous avons fouillé les archives de St-Aubin (1), et voici
le résumé de nos recherches.

Le château de Poyaller, dont le fier donjon dominait toujours
la contrée comme centre de la puissance baroniale; était devenue propriété indécise entre les Navailles et les Bénac. Le frère
et la sœur, héritiers au même titre de leur mère, prétendaient,
exercer, les deux, les mêmes droits sur tous leurs vassaux.
Parmi ces droits étaient compris ceux dits de prélation, au
nom duquel la nomination du titulaire à la cure de St-Aubin
appartenait au Seigneur de Poyaller. Les deux prétendants nom-
mèrent chacun le sien ; la marquise tint pour l'abbé Moncuq, et
le Baron pour l'abbé Caffaré. De là, dans l'église de St-Aubin, des
scènes scandaleuses au point de vue de la dignité. Le bon
Péboué (2) lui-même en était indigné. Emmené par les circonstances à parler de ces faits, il commence ainsi cette lamentable
histoire : « Je bous beux ors parler d'un bruit qui a esté fait à
» l'église de St-Aubin entre prêtres..... »..

Sur ces entrefaites le manoir soutenait un assaut en règle de
la part des deux héritiers. Or, un jour, c'était le 28 juin 1656, le
Baron ayant dans une chevauchée emmené tous ses gens d'armes loin du donjon disputé, la marquise arriva en voiture à
l'improviste et trouvant le guet dépourvu de gardiens prit crânement possession de la place.

Son triomphe ne fut pas de longue durée. Revenu de la cam-

____

(1) Archives du Presby.
(2) Péboué, 501.

pagne, M. de Bénac se hâta de faire déguerpir sa sœur, et le droit resta à la force.

Chassée du manoir de ses pères, Marguerite de Bénac-Navailles se retira à Mugron, où elle mourut à l'âge de 80 ans.

Les registres mortuaires de l'église marquent ainsi son décès : « Damoiselle Marguerite de Bénac-Navailles, âgée de 80 ans ou » environ, mourut à Mugron dans la communion des fidèles le » 20 juin 1672, et son corps fut porté à Saint-Sever pour estre en- » seveli dans l'église des R. P. Bénédictins, et l'office fut fait » pour le repos de son âme dans la chapelle du présent lieu » (1).

A la mort de la vieille baronne, Demoiselle Judith de Montault, dame de Poyaller et marquise de Bénac-Navailles, prit le titre de baronne de Mugron. Mariée à messire Jacques le Coigneux, chevalier Marquis de Marfontaine, Pleg, Badefon, premier Baron de Béarn, conseiller du roi, président à Mortier du Parlement de Paris, Judith n'habita pas la paroisse. Jean Campet, son agent de confiance, fit valoir ses terres de Poyaller et de Mugron, dont les revenus, droits de péage, de plaçage, de mesurage et de rivière compris, arrivaient au chiffre de 4000 livres.

---

(1) Reg. de l'église de Mugron.

CHAPITRE V

Le Port de Mugron

Au bas de la côte, que nos pères appelaient *la montagne,* sur le bord de l'anse, formée par l'Adour, dans le fond d'un de ses capricieux replis, avait été élevée, à l'origine de la bourgade, une série de constructions qui devinrent, par leur position topographique, le centre du commerce de toute la contrée.

Ce fut le port de Mugron.

Nos aïeux, d'humeur entreprenante, avait compris, de bonne heure, de quel grand avantage pouvait être pour leurs intérêts cette situation exceptionnelle ; et, tandis que pour obéir à l'impulsion de ses intérêts, les uns entreprenaient les plus lointains voyages, les autres travaillaient, sur leurs propres terres, à donner à leur commerce une extension, dont les aléas refroidissent, aujourd'hui, le courage égoïste de leurs aïeux.

En 1679, un nommé P. du Puyo, prend hardiment la mer, et, navigateur aussi intrépide que hardi, s'en va en Hollande chercher, pour les vins, dont ses chais regorgent, un débouché, que nos habiles commerçants du siècle dernier exploitèrent avec un succès des plus heureux (1).

Sur ces entrefaites, le port, creusé dans l'anse mentionnée plus haut, voit affluer, sur ses quais, les *bros* surchargés de toute la Chalosse.

____

(1) En 1745, Christophe Dupérier part pour la Martinique dans le même but. (Etude Lamoli).

Nos Barons tiennent ouvert sur ce débarcadère leur œil vigilant et ne reculent devant aucune dépense pour le maintien de ses faciles escales. En 1684, M. le Coigneux, époux de la noble Judith de Bénac, fait construire, à ses frais, pour retenir les eaux et donner plus de profondeur au bassin, un grand mur de soutènement de *60 aunes de long avec des cantonnades et cinq portes ou écluses*, ménagées pour le libre passage des eaux que cette digue emprisonne.

Et les charpentiers de marine, les matelots, les pilotes, les arrimeurs de toutes sortes, que la construction et l'arrivage des bâteaux amènent, chaque jour, donnent un tel mouvement au quartier, que la Municipalité est obligée d'y établir un poste de police tout particulier (1).

A la fin du XVIIe siècle, le port de *Menet* est le centre et le foyer de la vie mugronaise. Au bruit sonore des marteaux des calfats, battant à coups cadencés les flancs des bâteaux fatigués. se mêle celui, non moins retentissant, des tonneliers toujours au travail. Aux sons rauques et prolongés des conques marines que, dressés sur leurs proues relevées, les pilotes jettent par intervalles aux échos des collines, annonçant aux patrons leur départ ou leur arrivée, vient se joindre le bruit sec des sabots des chevaux de halage qui trottent leur trot nonchalant et régulier sur la berge caillouteuse de la rive.

Les pages de nos archives municipales, les liasses des études de nos notaires nous édifient pleinement sur le nombre des bâteaux qui venaient, plusieurs fois par semaine, s'amarrer aux anneaux de nos rivages, et sur le prix de revient de ceux qui se construisaient dans nos laborieux chantiers (2).

Les eaux-de-vie, les vins de toute la Chalosse affluent par tous les chemins ; remontant jusqu'à Saint-Sever, nos barques plates vont, jusqu'à deux fois par semaine, chercher au pied de Mor-

---

(1) Arch. com.

(2) En 1662, un certain Labaste de Liers livre un bâteau de 30 barriques pour 150 livres, une barrique de vin, un sac de seigle et un autre de millet. Etude Lamoli. Pour 60 livres et une barrique de vin, les charpentiers de Mugron construisaient un bâteau avec fournitures : colle-forte, allounguets, courbes, pieds-choux. calfats, suif, *gresse* de baleine (idem).

lanne les produits vinicoles du pays de Tursan et des terres du
Louvigny (1).

Ce va et vient commercial, dont Mugron avait, pour ainsi dire,
le monopole, fait établir, entre les deux points extrêmes du
transport, des tarifs spéciaux qui sauvegardent les intérêts
aussi bien des vendeurs que des acheteurs.

Ainsi, le 8 août 1652, les habitants du ressort de Saint-Sever
signent, avec la ville de Bayonne, un compromis très curieux
au point de vue des transactions du vin.

Désormais, les barriques devront contenir 93 lots ou 40 verges
(mesure de Bayonne); les barriques seront soumises à un jaugeage légal *pour être fait raison aux acheteurs*, dit la pièce
que nous analysons, *de ce qui se trouverait de manque* (2).

D'après cette règlementation, admise par la Communauté de
Mugron, le droit de jaugeage était de 5 et quelquefois de 6 livres
par bâteau, chaque bâteau contenait 30 barriques.

A cette date déjà bien ancienne, nos grandes maisons batelliè-
res étaient représentées, sur les places étrangères, par Jéhan
du Domenger, associé à certain Menjou de Fillan, *faure*
d'Anard (3).

Le dépouillement des papiers de ces commerçants nous a livré
une pièce, dont la citation nous paraît on ne peut plus intéres-
ressante. « Je ne sais rien, en effet, écrit Drumont (4), de plus
intéressant que d'entrer dans la vie active de son temps, après
avoir vécu, comme historien et comme penseur, dans la vie du
temps passé. On est véritablement stupéfait de voir les mêmes
faits se reproduire, non seulement pour les mêmes causes, mais
encore avec une similitude absolue dans la forme. »

L'humanité est toujours la même, D'aucuns ne doutent point

---

(1) En 1698, M. de Cabiro vend à M. de St-Genez, de Bayonne, 2 pipes d'eau-de-
vie à raison de 92 livres les 32 verges, à livrer au port de Mugron. Etude Lamoli.
En 1662, 8 petits bâteaux sont montés et conduits à Saint-Sever, près des graviers,
pour y charger du vin, vu la commande du Sʳ Gévifroy Dussault, bourgeois de
Bayonne. (Etude Lamoli.)

(2) Ce règlement sera approuvé par le roi, en 1729. (Arch. d'Auch, Duprat 2 fol.)

(3) *Faure*, forgeron.

(4) *Libre Parole*, 10 juillet 1899.

de cette vérité ; mais, qu'ils sont nombreux ceux qui croient et qui prétendent que nous valons plus ou moins que nos pères !

Il s'agit d'une requête, adressée à M. de Pommereu par le corps de la ville de Dax, au sujet du commerce du vin.

Il est entendu que les marchands de vin ont toujours joui d'une réputation usurpée. Est-elle en faveur ou contre leur honorabilité ? Il ne nous appartient pas de trancher cette question plus que délicate.

Voici la pièce :

« Les marchands de Mont-de-Marsan veulent jouir, à toute force, du privilège de porter les vins d'Armagnac sur la place du Sablar, à Dax. Cette concurrence va ruiner le commerce des vins du Tursan, de la Chalosse et du Gave, seuls admis, jusques-là, à entrer dans le port daquois ; car, affirment les vignerons de ces contrées, leurs vins, seuls, peuvent soutenir les inconvénients d'un long voyage ; les clients d'Amsterdam et des autres ports de la Hollande ne voudront jamais accepter la piquette des côteaux gersois ».

Que les Armagnaquais fassent brûler leurs produits, et expédient ainsi leurs eaux-de-vie réputées excellentes, soit ; mais qu'ils se gardent d'exporter leur petit clairet sous le nom bien côté de vin de Chalosse. Les cépages du Houga auraient-ils changé de nature ? Nullement. Mais la fraude s'est faite sur ces vins d'une façon on ne peut plus habile.

Lisons la pièce accusatrice.

« 1° Les marchands de Mont-de-Marsan font porter dans l'Ar-
» magnac de la futaille du païs de Chalosse, chose prohibée (1).

» 2° Ils mettent de l'eau dans les bois de barriques qui en sont
» imbibés, et après que les barriques ont égoutté, ils y mettent
» une pinte d'eau-de-vie la plus forte, et remuent la barrique
» jusqu'à ce que l'eau-de-vie soit imbibée dans le bois. — 3° Le
» bois ainsi préparé, ils y jettent une seconde pinte d'eau-de-vie,
» sur laquelle ils *tranvasent* le vin du crû d'Armagnac et ne
» remplissent la barrique qu'à demi, dans laquelle ils jettent
» de nouveau une autre pinte d'eau-de-vie ; enfin, ils achèvent

---

(1) Arrêt.

» de remplir la barrique et ils finissent par y mettre une qua-
» trième pinte d'eau-de-vie ; et, dans la barrique ainsi remplie,
» les marchands font une composition de colle d'alun, de dro-
» gues encore plus nuisibles, qu'ils jettent dans cette barrique,
» et c'est dans cet état qu'on les transporte au Mont-de-Marsan.

» Ce n'est pas tout ; dès que le vin est au Mont-de-Marsan, on
» le raffine, on y met d'autres drogues plus nuisibles encore que
» celles qui y étaient, comme de la chaux, de la feinte (fiente)
» de pigeons, du lait... la preuve en a été faite, et ces diverses
» drogues ont été trouvées dans le fond des bois..... » (1).

Nous comprenons que la Chalosse se révoltât à la pensée qu'un pareil amalgame, dans lequel la chimie n'avait rien à voir, pût mettre au pair le vin généreux de ses belles vignes et le jus appauvri des picquepouls nains de l'Armagnac.

M. de Pommereu écouta la plainte des Chalossais, et les ports de Bayonne, de Dax et de Mugron n'eurent plus, de longtemps, à redouter les transports interlopes de celui de Mont-de-Marsan.

Ces transports de vin au port de Mugron, devenant de plus en plus importants, les chemins qui en facilitaient l'accès, ne purent bientôt plus supporter le grand nombre de chars qui y affluaient.

Effrayés de cet état de choses, les marchands Mugronais adressèrent supplique sur supplique à M. l'Intendant.

Bientôt, sur l'ordre de M. Serilly les *manœuvres* royales furent suspendues dans toutes les paroisses voisines, tributaires du port de Mugron, et l'on vit Poyaller, Caupenne, Larbey, Mon-taut, Doazit, St-Cricq, Poyanne, Saint-Geours, Laurède, forcés de porter leurs corvées sur le chemin, dit de Menet, « leur débouché unique pour le débit de leur vin » (2).

Cependant, toujours capricieuse dans son cours, la rivière ne cessait point ses dégradations sur le port.

En 1743, la folie de ses eaux est tellement déchaînée que quatre maisons disparaissent et avec elles le débarcadère tout entier.

---

(1) Arch. de Mugron, (1739).
(2) Arch. de Mugron.

Saisie par le danger qui menace son commerce, la Communauté de Mugron adresse une demande au roi. Il faut, à tout prix, conjurer le péril. Le trésor n'a pas de ressource, mais l'intérêt général est ingénieux.

La jurade assemblée met en avant la proposition d'un octroi sur les vins. Chaque *détailliste,* chaque propriétaire qui transportera ou fera transporter une barrique de vin, dans la paroisse et dans la juridiction de Mugron, devra payer un droit de 6 livres, et cela, durant 15 années. Ce temps échu, la Communauté prendra à sa charge l'entretien des chemins et des digues aduriennes, moyennant un nouvel impôt de 3 livres par barrique.

Devant un pareil sacrifice, le Conseil du roi autorisa la Communauté à établir une taxe de 4 livres par barrique, pendant 12 ans, et les sieurs de Cazalieu et Lanefranque Thomas firent le voyage de Pau, pour faire enregistrer l'arrêt.

Mais l'Adour empiétait toujours. « Il n'y a pas un moment à perdre » écrivent les jurats. Il faut une nouvelle digue, un batardeau solide pour arrêter l'invasion des eaux et les éloigner de 100 toises du lieu où elles coulent actuellement.

La création d'un canal s'impose. 200 francs sont nécessaires pour effectuer ce travail. L'octroi ne donne plus que 700 francs; que faire ? Les syndics du commerce s'adressent à M. Trudaine, intendant des finances, qui leur accorde la perception d'un nouveau droit de 2 livres par barrique sur tous les vins étrangers, qui seront embarqués, déchargés ou passeront par la rivière et le port de Mugron.

Deux ans plus tard (1749), se mettant résolument à l'œuvre sur l'autorisation de l'Intendant Caze de la Bore, les habitants de Mugron n'ont plus qu'un souci : sauver la navigation, et les voilà, aidés par toutes les paroisses voisines, creusant ce canal, qui doit aller de Menet au lit de l'Adour.

Malgré ces dépenses et ces efforts, la rivière, toujours capricieuse, toujours ingrate, ne cesse de s'éloigner du port, M. d'Éligny, consulté, jette le désarroi dans le conseil de la Communauté, en lui présentant un devis au-dessus de toutes ses ressources.

Il faut refaire le chemin de la *montagne,* et enfouir, dans le gouffre du port, une somme fabuleuse.

Tandis que les plans de ces travaux se dressaient dans les

bureaux du grand ingénieur, le désastre de 1770 vint jeter le découragement dans la population. Visités par l'inondation, les chais s'effondrèrent en partie, 400 barriques de vins, que, dans leur affolement, les tonneliers avaient roulées sur la chaussée, s'en allèrent à vau-l'eau, la terrasse disparut et le port de Mugron n'était plus ! Il n'était plus port commodément agencé ; mais, grâce à des efforts surhumains, il reparut comme entrepôt général des vins de tout le pays, et, si le commerce éprouva des difficultés, pour venir y remiser de nombreuses marchandises, la ténacité et la vaillance de ses marins ne cessèrent pas de lutter d'énergie, pour ne point le laisser déchoir de son ancienne prospérité.

Nous avons relevé avec satisfaction l'état du commerce de Mugron en 1793. La maison Domenger, fils aîné, avait dans ses chais, à cette époque, 240 barriques de vin vieux de Jurançon, de Béarn et de Tursan. Ses commis déclarent en posséder 1200 du nouveau, dans les magasins du Poujo, de Serval et du Port, venant des mêmes provenances. Bernard Cassiet, avoue à l'administration qu'il a, comme commerçant 20 barriques de vin vieux, et 280 de vin nouveau, dans ses chais du port, de Nerbis et de Montaut. Pierre Caubin en déclare 20 du vieux et 200 du nouveau ; Lapierre en compte 20 du premier et 133 du second. Baptistant, 166 du vieux et 490 du nouveau; Joseph Clavier, 160 du nouveau ; Jean Mora, 275 du vieux et 227 du nouveau, Pierre Hosseleyre, 410 du nouveau ; de Poyusan, 331 du nouveau ; Pierre Hiard avoue 112 barriques de vin acheté pour son commerce, rendues dans le chai de la citoyenne Castelnau et du citoyen Montferrand (1).

4281 barriques de vin dans le port de Mugron en 1793 ! époque où la vérité en ces matières était loin de se montrer au grand jour Rapprochons ce chiffre de celui que nous offre l'état actuel de ces lieux, et tirons la conclusion.

Que de fois nos pères nous ont entretenus du grand commerce que les frères Domenger faisaient, pendant la Révolution, avec

---

(1) Voy. Tartiere, 1879 : pop. 120.

leurs bâteaux et par les relations qu'ils avaient sur tous les points
de la contrée (1).

En 1791 et 1792, les sieurs Domenger et Cie firent entrer dans
Mugron tout le seigle qui servit à la consommation du pays, pendant cette terrible période de disette. Ils l'achetèrent un peu partout, principalement à M. Jean Laurent et Cie de Mont-de-Marsan,
le débarquèrent par eau et l'exposèrent dans leurs greniers et
magasins de Labouele St-Yors et du Coutejot.

Le 2 frimaire, an V, l'administration municipale du canton
donna la déclaration suivante : « Considérant qu'il est bien connu
que la maison Domenger a de grands rapports commerciaux
avec Hambourg, Brême et les autres villes du Nord, permet à
Dominique Augustin Domenger de séjourner, deux ans, dans
l'Allemagne, pour apprendre la langue allemande et soutenir les
affaires de la maison de son frère (2).

Et, tandis que Dominique fait ainsi son stage de grand commerçant par delà le Rhin, ses commis, Charles Geoffroy et Thomas,
dit l'Allemand, parcourent, au nom de la raison sociale Domenger, l'empire Germanique, la Belgique et toute la Hollande.

Il n'y a pas encore longtemps, on voyait, et nos yeux d'enfants
l'ont contemplé plus d'une fois, au dessus du comptoir de M. Roch
Bernard Domenger, un immense aviron suspendu au plancher
de l'appartement qui, par sa présence, semblait rappeler, au
riche fortuné de céans, l'origine bâtelière de sa puissante
maison.

A côté de ces commerçants aux entreprises aussi hardies que
fructueuses de la fin du dernier siècle, on remarquait encore les
chais et les greniers de M. le marquis du Lyon, du sieur Dupérier Bernadou, des sieurs Caubin, Labeyrie, Angomeau, Poyusan,
Campet, Declaux, Servat de Paris.

Nous nous rappelons toujours ces immences constructions
échelonnées tout le long de la côte, dite autrefois *côte de la montagne,* et alignées dans le bas, formant comme une seconde ville,

----

(1) Voy. TARTIERE, 1879 ; pop. 120.
(2) Arch. com,

desquelles s'échappaient à toute heure du jour, le bruit des maillets sonores qui renforçaient les tonneaux. Toujours nous avons dans l'oreille le son prolongé des conques marines qui, il y a à peine 40 ans, annonçait plusieurs fois par semaine l'arrivée à Mugron des ses derniers bâteaux.

Aujourd'hui, tout est muet, tout est mort dans ce centre jadis si animé. Ses chais sont vides, plus de marteaux retentissants, plus de barques au mât dressé, aux voiles flottantes. Le port à été comblé par la vase des débordements, le chenal laisse à peine sa trace, l'eau coule, paresseuse, sans se soucier qu'autrefois ses ondes vaillantes portaient la vie dans le pays tout entier.

Les fils de la génération présente, éblouis par les ondulations que le panache en feu de la locomotive va bientôt développer à leurs regards étonnés, ne se douteront pas, peut-être, qu'avant son passage sur la crête de la colline, dans le bas, des barques non moins laborieuses, donnaient à leurs pères des émotions et des revenus qu'ils ne connaîtront jamais.

Le progrès s'est déplacé, s'il n'a pas disparu. Dans tous les cas, il n'enrichit plus Mugron.

CHAPITRE VI

Les Guerres de Religion. — Montgomery et Montluc. La Fronde à Mugron. — Suites et conséquences de la Fronde à Mugron.

L'année 1569 fut terrible pour toute la Chalosse.

Les mémoires de Montluc et le Verbal officiel, dit de Charles IX, que le Prieur de l'abbaye du Mas d'Aire, Bourgeois, rédigea par ordre du monarque en 1571, nous édifient tristement sur les innombrables cruautés que les Huguenots commirent dans la contrée.

Pourchassés, l'épée dans les reins, par le vaillant capitaine catholique, Montgomery et sa bande mettaient dans leurs attaques et leur fuite tout à feu et à sang. « Il passa comme un ouragan à travers la Chalosse, écrit M. Dufourcet (1), et partout, dans le diocèse de Dax, comme dans celui d'Aire, il sema l'incendie, le pillage et le meurtre. » 97 prêtres et laïques tombèrent, en dehors des combats, sous le fer assassin des farouches sectaires. 227 églises et chapelles eurent à gémir de leurs dévastations.

Mugron ne fut pas épargné ; les gens de Montamat brûlèrent sa chapelle, après avoir massacré, sur le seuil de sa porte, quatre prêtres, dont le Verbal nous a conservé les noms.

Nous sommes heureux de les graver sur le dyptique de notre église, ce sont des martyrs :

Jean Dupérier, Etienne Laporte, Bernard Barrère et Etienne

____

(1) *Hist. des Landes*, p. 337.

Domenger scellèrent de leur sang la Foi que les bourreaux de la trop fanatique Jéhanne de Navarre essayèrent vainement de leur enlever.

De Mugron, la bande huguenote, conduite par le capitaine de Bédorède de Seignaux, Pierre Laguens de Tartas, et Jean de Serres, dit Gensous, de Mugron, les tous sous les ordres du comte Paulin, lieutenant de Montgomery, escalada la hauteur de Nerbis-Castels, dont elle incendia l'église.

Un des soldats de la troupe, Charles Dupoy, d'Auribat, s'empara des ornements, des vases sacrés et de tous les joyaux de la sacristie ; et, lorsque ivre de vin et de haine, la bande, satisfaite, descendit de ces lieux à jamais désolés, les habitants de la malheureuse paroisse constatèrent avec stupeur que les battants et les béliaires de leurs cloches bien-aimées se trouvaient confondus au milieu des ruines calcinées de leur beffroi démoli (1).

Deux ans après ces sinistres représailles, le commissaire enquêteur de Mondoucet, députpé par le roi pour recueillir les plaintes des victimes, reçut du R. Père Abbé de Saint-Sever, alors à Mugron, une note qui, hélas ! constatait que les méfaits des religionnaires étaient irréparables.

Ces méfaits, heureusement, quelque grands qu'ils fussent, n'avaient été que matériels, et c'est avec une pensée bien consolante que nous avons constaté qu'au milieu des désolations, qui affligèrent nos pères, nul d'entre eux n'eut à laisser à ses enfants le souvenir d'une insulte faite à leur foi.

La Réforme ne trouva pas de partisans à Mugron.

Les finances de la France étaient dans un désordre complet. Pour regarnir la caisse, l'administration avait décidé la vente de tous les domaines royaux ; cette aliénation, contraire aux idées de justice toujours en vigueur dans les âmes honnêtes, trouva des opposants sans nombre dans le royaume ; le mécontentement se déclara général.

Quoique tout puissant, Mazarin fut incapable d'en arrêter les débordements. Paris et la province se mirent en révolte. Le

---

(1) Verb. de Char. IX.

Béarn ne voulut point enregistrer l'édit royal. La Guyenne, de son côté, supportant à contre-cœur les décisions outrées du duc d'Épernon, à ce sujet, refusa son obéissance au représentant de l'autorité royale, et la Fronde, ouverte à Paris, trouva des adhérents dans toute la province.

Devant ce danger, le gouverneur de Dax, messire Bernard de Poyanne, envoya des lettres de convocation à tous les gentils-hommes de la sénéchaussée ; les archives de la Guyenne (1) nous disent que, ces lettres ayant produit un certain effet, Poyanne crut pouvoir se porter garant pour tout le pays des Lannes et pour celui de Saint-Sever. Mais, un an à peine après cette déclaration. faite par le gouverneur de Dax au duc d'Épernon. toute la contrée était en ébullition.

Dax, il est vrai, résistait au soulèvement ; mais, Mont-de-Marsan entrait en pleine révolte, Tartas, Saint-Justin. Rocquefort la sui-vaient dans le même mouvement, et, le prince de Condé se décla-rant chef de parti, la Guyenne se trouva partagée en deux camps.

Quelle fut la position de la Chalosse, tandis que de Poyanne et de Conti bataillaient l'un contre l'autre sur son malheureux terrain ? Laborde-Péboué nous le dit dans une phrase d'un poi-gnant laconisme : « Il n'y a pas une maison qu'il y ait du pain à manger et sont tous ruinés à jamais ! »

L'histoire de Mugron vient à l'appui de cette triste déclaration, et nos archives sont pleines de faits on ne peut plus intéressants sur ces temps malheureux (2).

Les guerres de la Fronde, nous disent ces documents, furent à Mugron beaucoup plus désastreuses que toutes celles qui avaient précédé. M. l'abbé Foix prétend, dans ses notes rédigées sur des pièces à l'appui, trouvées dans la mairie et dans les études des divers notaires de la contrée, que les pillages, les désordres et les divers fléaux de la Fronde réduisirent Mugron à la dernière extrémité. Voici son texte :

« Pour préluder, M. Pierre de St-Genez, avocat en la cour, arriva

---

(1) Fasc. 1-2.
(2) Tous ces renseignements sont tirés d'une liasse de papiers, portant la date de 1653. (Arch. com.).

à Mugron, le dimanche 13 mars 1650, armé d'une épée et deux pistolets avec trois ou quatre hommes, surprit Pierre de Lamoli,
à Milord, simple laboureur et lui mettant la main au collet et
« un pistolet » braqué : Je te fais prisonnier, dit-il, et il l'emporte
à Saint-Sever, chez M. de Cabannes où on lui extorqua une promesse de 600 livres » (1).

Ce fait nous découvre quel était, à Mugron, l'état des esprits, à
cette époque. Sous le fallacieux prétexte de travailler à la cause
de l'ordre, les haines, les rancunes, les jalousies s'en donnaient
à cœur joie, et, comme toujours, le mouton était sans cesse tondu.

Ces abus se font jour, chaque fois que l'autorité, plus ou moins
bien assise, perd le sentiment de sa dignité et de sa force; les
timides abandonnant leur droit et les hardis exploitant l'impunité,
il arrive, comme le dit si finement le proverbe, que les lapins ont
toujours tort.

Mugron, néanmoins, ne s'endormait pas dans un oubli complet
de résistance. Nous avions, à cette époque, de vaillants hommes
d'armes qui surent se montrer jaloux de leur honneur et de leur
fidélité à l'autorité royale. Le régiment de Poyanne nous livre les
noms de ces valeureux. C'étaient le lieutenant Dominique de Puyo,
les capitaines de deux compagnies de chevaux légers : noble
Anne de Melet, seigneur de Labarthe et sieur Jean Farbost. A
leur côté, marchait, avec un titre non moins honorable, Etienne
Dupérier, homme d'armes.

Au premier appel du gouverneur de Dax, ces hommes rejoi-
gnirent leur corps, et nous les trouvons, le 1er janvier 1651, à
Nerbis, augmentant les troupes du régiment de la reine.

Cependant, la guerre en Chalosse n'éclata véritablement qu'en
1653.

Une lettre de M. de Barry (2) avait été adressée à la jurade de
Mugron, lui demandant l'entretien de 40 cavaliers du vieux et
nouveau Créquy. Cet entretien devait être « regallé » sur les tailles ordinaires. A dire vrai, les Mugronais se montrèrent un peu
récalcitrants devant cette réquisition. Nous en trouvons la

____

(1) Etude Lamoli.
(2) 30 octobre 1653.

preuve dans deux missives que le lieutenant général du roi, au
siège de Saint-Sever, écrivit à la communauté, l'une, du 30 janvier 1653, porte :

Messieurs,

Je suis très marry qu'il faille que je vous mande qu'il convient encore imposer pour 12 jours pareille subsistance que celle qui est contenue dans le départ du 30 décembre dernier, et ce, en vertu d'une nouvelle ordonnance qui
m'a été envoyée de la part de M. le chevalier d'Aubeterre, du sept du présent
moys. Ainsy, vous ne manquerez à faire la dite imposition et la ferez porter
en trois jours entre les mains du receveur. Autrement vous sersz contraints
par logement des gens de guerre.... et suis Messieurs, votre

très humble serviteur,
De BARRY.

L'autre, du 4 février suivant, est ainsi conçue :

Messieurs les jurats,

Les régiments des vieux et nouveaux Créquy ont demeuré à Saint-Sever
jusqu'au 3 du présent moys qui est douze jours au delà du *departeman*.
C'est pourquoy vous ne ferez faute de porter dans celle ville es mains du
recep. cy dit, *comis* pareille subsistance que celle quy vos etoit ordonnée par
le dép^t du 30 décembre dernier, le tout conforme à la dernière ordonnance de
M. le duc de Candalle, du 23 janvier passé. Autrement vous apèlerez sur vs.
le logement des troupes quy sont dans le siège..... Évitez-le, s'il vous plait
et suis.....

D) BARRY.

Sur ce (8 janvier 1653), les cavaliers du capitaine Baltasar,
s'étant emparés de Norbis, y firent prisonnier M. de Lanefranque
qu'ils menèrent à Tartas. Pressé de recouvrer sa liberté, le che-

valier composa pour 300 livres, et, sur sa parole, revint à Mugron.

Le capitaine frondeur brûlait de tomber sur la petite bourgade.

Mugron était une place indiquée à sa stratégie, mais son commandant Pimbart, déjà maître de Cauna, ne comprit pas sa pensée ; cependant, des exactions s'exercèrent sur les habitants de la petite place, à tel point qu'exaspérés par ses mandes et ses réquisitions, les Mugronais finirent par se montrer récalcitrants.

Déja tyrannisés par les exactions de M. de Candalle, comme nous l'avons vu plus haut, menacés de devenir la proie de l'ennemi, se sentant assez protégés d'ailleurs derrière leurs remparts, ils s'adressèrent à la ville de Saint-Sever, qui leur envoya 25 cavaliers du régiment de Créquy, plus un billet de réquisition, auquel les jurats de Mugron firent la réponse suivante (1) :

A M. le Chevalier d'Aubeterre, maréchal de camp des armées du roy, commandant des troupes en Guyenne, au-dessous de Garonne.

Monsieur,

Les jurats et habitants de Mugron vous remontrent très humblement, Monsieur, que les ennemis du roy ayant *heu* dessain de se saisir et porter dans led. lieu de Mugron pour de là y ruiner et ravager le pays, et mesme le nommé Pimbart, commandant les ennemis du roy qui sont au château de Cauna, aurait envoyé des mandes cy attachés pour contribuer à leurs subsistances ; et pour empêcher leur mauvais *dessain*, lesd. habitants auraient prié une vintaine de leurs amis de Saint-Sever et autres voisins de se jeter dans led. lieu de Mugron, où entre autres lesd. habitants auraient prié le sieur Lasserre pour trabailler aux fortifications, ce qu'il aurait fait avec instance et avec grand soing.

Et, ayant été jugé qu'il n'y aurait pas assez de peuple pour la *deffance* de lad. place, lesd. habitants auraient esté prier M. de Baret, Commandant la garnison de Saint-Sever, de leur bailler 25 cavaliers, et que led. sieur aurait

____

(1) Arch. com. de Mugron.

fait commander par le Sr de Belleville. Mais, d'autant que lesd. habitants étaient obligés de payer leurs subsistances aux troupes de la garnison dud. Saint-Sever, et ne serait pas juste, M., de contribuer à la subsistance, puisqu'ils en fournissent à lad. garnison, qui est aud. Mugron, où est une partie des troupes dud. Saint-Sever, et que la *soulte* qu'ils reçoivent pour lad. garnison revient beaucoup au-delà de la subsistance qui en pourrait revenir à leur *cotte* part.

A ces causes, il vous plaira, M., d'escharger les habitants de la subsistance ordonnée sur eux par le sieur lieutenant général de Saint-Sever et icelle rejetter et régaller sur les autres.

Belleville, arrivé à Mugron le 11 janvier, eut, cinq jours après, à repousser une forte attaque des cavaliers de Balthasar, venus tout exprès pour « voler et faire des prisonniers, mais ceux de » Mugron en firent tomber un mort sur la place; un autre mourut » en chemin, les fuyards le portèrent à Tartas » (1).

Les registres de la Mairie nous apprennent encore, au sujet de ce combat, qu'un cavalier de la compagnie d'un capitaine, nommé Faget, principiste, sortant de mettre le feu à la maison de Bernard de Labarthe, Me *Cirurgien*, feust tué d'un coup de fusil, le 16 janvier, on luy trouva un chapelet avec trois médailles dans sa pochette (2).

Belleville et ses 24 cavaliers restèrent à Mugron jusqu'au 21 janvier.

Le jour même où Me Jean de Lamoli, juge de Mugron, envoyait, au nom des jurats toutes les quittances d'approvisionnement à M. Jean de Ladoue, receveur à Saint-Sever, arrivait une autre ordonnance de M. de Vassy, lieutenant général des armées du roi, qui imposait sur tout le siège 72.000 livres, et sur Mugron et Lourquen en particulier, 1.728 livres, pour le quartier des troupes restées dans ce siège ; savoir 6 compagnies de cavalerie de M. le chevalier d'Aubeterre et celles des *guardes* de M. le maréchal de Grammont (3).

---

(1) Arch. com.
(2) Arch. com.
(3) 3 février 1653. (Arch. com.)

Nos archives révélant, à cette date, le mécontentement général de toute la population, à l'arrivée de tous ces papiers plus
que désagréables, s'accordent dans leurs plaintes avec celles de
Laborde-Péboué.

« Il n'y a plus rien à manger, dit le chroniqueur de Doazit ;
» car, si un homme va au marché avec de l'argent, il est dange-
» reux d'être volé, et s'il a un bon cheval, ou un bon habit, on
» lui ôtera et s'il fait porter du grain ou d'autres marchandises,
» on lui prend tout et encore il est dangereux d'y perdre la vie,
» et celui qui a quelque chose en sa maison, ne l'a pas assuré ; s'il
» a une bonne maison, il a toujours quatre-ving-dix pauvres de-
» vant la porte demandant le pain... » (1).

Sur ces entrefaites, eut lieu à Montaut, le 1ᵉʳ février, une alerte,
dans laquelle, furieux de ne trouver « ni foin, ni avoine, ni rien
à manger » les cavaliers de M. de Candalle ravagèrent, pendant deux jours, la petite ville ainsi que toutes les maisons habi-
tées. Cet exploit accompli, ces hommes d'armes se rejetèrent les
uns sur Saint-Sever, et les autres sur Mugron et Gaujac (2).

Peu après, les cavaliers d'Aubeterre s'étant assemblés à Dax
avec ceux de Poyanne, Mugron, privé momentanément de troupes, devint le théâtre de scènes sanglantes. Nous ne faisons ici
que résumer les archives communales de l'époque.

Le moulin de Castelmerlou (3), vit d'abord une bataille en règle
se livrer à ses portes. Les Mugronais et les Nerbisans, ayant
suivi les ennemis, et d'autre part, les gens de MM. de Poyanne
et d'Aubeterre s'étant rencontrés « là fut fait bataille et y mourut
» de ceux de Mugron ou de Nerbis 3 ou 4, entre autres, y de-
» meura mort sur la place un commandant de Poyanne nommé
» Lanoyaa... en cette bataille en y mourut un grand nombre
» de gens de Balthasar..... et un fort bon cheval que l'on
» lui a pris, (ajoute le bon Péboué). On m'a dit que Balthasar
» avait donné nom à ce cheval : Demi-Diable ».

---

(1) *Arm. des Lan.*, III, 472.
(2) Arch. de Mug.
(3) En Lauréde.

Les archives nationales (1) nous livrent, sur cette journée, une lettre écrite par le chevalier d'Aubeterre au cardinal Mazarin, dans laquelle nous lisons :

Balthasar voulut attaquer, il y a deux jours, deux compagnies de nos régiments, à Mugron, avec 300 chevaux et 100 Mousquetaires, où il fut bien battu, et contraint de se retirer, quoyque le lieu soit presque tout ouvert. Il y ait arrivé, du depuis, 800 Irlandais, ce qui m'oblige de rassembler 200 chevaux par hommes détachés, afin que les compagnies se refassent et, de l'heure que j'écris, je luy dispute la Chalosse où il veut rester..... il lui en coustera bon, s'il s'y veut obstiner... (2).

Nous extrayons de la chronique de Henri de Péboué les renseignements suivants, se rapportant à cette date. « Les gens » d'Aubeterre s'étant établis à Mugron, après la bataille dite de » Castelmerlou, livrée le 7 mars 1653, Antoine de Richon, maître » cirurgien, et valet de chambre de M. d'Orong, capitaine d'une » compagnie de cavalerie au régiment de M. le chevalier d'Au- » beterre, aagé de 26 ans, natif de Tardas à une lieu de Beaumont » en Lomagne, mourut dans la maison de D^{elle} Desclaux veue... »

Et puis, voici la série des plaintes que les suites de cette désastreuse équipée soulevèrent dans tous le pays.

« Toutes les paroisses sont ravagées, excepté les terres de » Monseigneur de Grammont, qui n'y a point eu de logement ; » mais ils payaient imposition aussi bien que les autres parois- » ses, et partout le pays a grande pauvreté. Il y a une garnison » à Mugron, et une autre à Saint-Sever, et une autre à Gaujac ; il » faut que les paroisses du siège de Saint-Sever entretiennent tou- » tes ces garnisons, et se font bien payer à leurs discussions...

(1) *Arm. des L.*, III, 471. Nous lisons dans les Arch. du Mugron que, dans la la journée de Castelmerlou, fut tué par les gens de Balthasar un marchand de Mugron, Jean de Lespès, surnommé le P.et.

(2) Cette lettre porte la date du 8 mars 1653.

» et si les paroisses manquent au payement au jour qu'ils man-
» dent, ils s'en y vont les ruiner tout à fait ; il y a encore d'au-
» tres garnisons lesquelles s'entretiennent par les habitants de
» ce lieu, comme est à Hagetmau, à Doazit, à Nerbis, à Poya-
» ler (1) ».

Nous avons vu, dans la lettre, écrite par d'Aubeterre au cardinal Mazarin, que Balthasar, sitôt après l'échec de Castelmerlou,
avait reçu un renfort de 800 Irlandais. Ce secours inattendu relevant son courage, le hardi frondeur assaya de prendre sa
revanche dans la journée dite de Grenade.

C'est encore d'Aubeterre qui nous édifie sur cette affaire.

Voici sa lettre au Cardinal :

Balthasar, après avoir esté battu à Mugron par deux compagnies de mon régiment, fit rassembler tout ce qu'il avait de troupes et les envoya se porter à
Grenade, ville à demi fermée, au nombre de six cents hommes de pied et de
deux cents *chevos*, avec ordre au sieur de Bas (2) de passer la rivière de l'Adour
et se porter dans la Chalosse. Ce qu'ayant sceu, je rassemblé tout ce que je
peux de troupes qui feust au nombre de trois cents *chevos* et quarante mous-
quetères et les ayant trouvés à demi passés, je les chargé, et en fis beaucoup
de prisonniers et de tués dans cette rencontre ; mais, la cavallerie s'estant ra-
liée au-delà du défilé et de l'eau avec un régiment irlandais, nostre cavallerie
passa cette rivière avec si grande vigueur et d'une manière qui épouvanta la
cavallerie des ennemis qui, se retirant en désordre, abandonne un régiment
irlandais qui, s'estant mis dans uu bois fort épais, se défendirent autant qu'ils
peurent, mais enfin ils furent quasi tous tués ou pris.

Nous avons pris, dans cette occasion, plus de six vint soldats irlandais, huit
ou neuf capitaines, lieu-(tenants) ou enseignes et plus de soixante de tués ; un
capitaine de Balthasar (Darosin) pris et fort blessé et les cavaliers qui voulaient
faire ferme (3).

____

(1) *Arm. des Land.*, III, p. 572.
(2) De Bats.
(3) Arch. nat., VII, fol. 27.

Mugron se relevait à peine du désorde que lui avait causé
toutes ces affaires, que, vers la fin du mois de mars, il arriva
dans ses murs un régiment de cavalerie de M. d'Aubeterre.

Parti de Doazit pour aller à Saint-Aubin et à Poyaller, il poussa
sa marche jusqu'à Mugron, Nerbis et Toulouselle, traversa
l'Adour au gué de l'Aguillon, toucha Souprosse, Pouy, Palin, etc.,
etc., et s'installa dans chacun de ces lieux aussi commodément
que possible (22 mai).

Le lendemain, 23 mai, la place dite du Parisien, fut témoin, au
grand effroi de la population, d'une exécution militaire.

« Un soldat, nommé Bernard, habitant de Bénesse-les-Dax, âgé
» de 30 ans, fut passé par les armes, sur la place du Parisien, par
» le capitaine de l'infanterie du régiment de M. de Poyanne (1).

Cette exécution fut jugée nécessaire par les représentants de
l'ordre ; car, au dire de Péboué, la discipline était bien difficile
à garder par cette soldatesque, venue un peu de partout et réunie sous les pavillons du roi.

Quatre ou cinq mille hommes agglomérés sur les bords de
l'Adour, n'y portaient pas la sécurité. Sous prétexte de se ravi-
tailler pour pouvoir attaquer plus sérieusement le château de
Cauna, les Irlandais d'Aubeterre et les hommes de Poyanne dé-
vastaient le pays.

« O glorieuse Vierge Marie, s'écrie douloureusement le pieux
» chroniqueur de Doazit, je m'adresse à vous, comme étant la
» plus favorisée de la cour céleste ; jamais personne qui vous ait
» réclamée n'a esté esconduit. Mère de Jésus-Christ, je vous
» prie très humblement qu'il vous plaise intercéder pour tout le
» peuple qui tant pâtit (2) ».

Le siège de Cauna étant résolu, les chefs des troupes royales,
campées à Saint-Sever, à Mugron et à Doazit, attendaient des
renforts pour passer l'Adour. L'artillerie de Bayonne fut enfin
annoncée. Aussitôt tous les bouviers des paroisses voisines reçu-
rent l'ordre d'aller la chercher à Dax. Ce train primitif mit quatre jours pour la conduire aux portes de Saint-Sever. Hélas ! si

______

(1) Arch. com.
(2) *Arm. des Land.*, III, 480.

elle amenait l'espérance de la victoire, cette artillerie ne portait pas la consolation avec elle : « Il y a environ dix-mille hommes qui ruinent tout le pays, dit toujours le bon Péboué, à une lieue d'où le canon passe, n'y demeure rien de bon » (1).

Le 13 juin, Cauna fut enfin investi ; mais, par une ironie pleine de dédain pour les assaillants, la place se trouva vide. Balthasar l'avait abandonnée pour regagner Tartas. Deux hommes de Nerbis-Mugron payèrent, dans ce semblant de siège, leur infidélité à la bonne cause. Antoine Despouy, tailleur, y fut tué d'un coup de fusil, et Jean Dudès, y reçut, au *genoil*, un coup de pistolet d'un cavalier de la compagnie d'Aubeterre. Le capitaine frondeur ne reculait devant aucun expédient, quelque lâche qu'il fût. Toujours à l'affût d'un coup de main, aussi malpropre que cruel, il apostait, le 21 juin, une partie de ses gens sur la route de Dax, les embusquait dans les lieux les plus cachés, et faisait aussi fusiller tous les paysans qui se rendaient au marché de cette ville. Nous avons la honte d'enregistrer le nom d'un lâche Mugronais, faisant partie de cette troupe d'assassins ; il se nommait Jean Bladier. Nos pères, pour venger leur honneur, ont consigné son nom dans les archives communales (2).

Le lendemain de ce brigandage, Balthasar envoyait ses cavaliers repasser l'Adour, à Mugron, où il faisait prisonniers M. de Beyris, le fils de M. Darblade, M. Cabrio, juge de Montaut, et M. Moringlanne, de la même paroisse.

La guerre était finie en Chalosse ; et, le 13 juillet, abandonnant définitivement Tartas, Balthasar regagnait Bordeaux.

Que de désolation, que de ruines ces malheureuses guerres laissèrent dans le beau pays de Chalosse ! Qu'on nous permette, pour en dépeindre toute la gravité, d'avoir encore recours à l'intéressante relation de Henri de Péboué.

« Les gens de guerre et bouleurs prennent tout ce qu'ils trou-
» vent ; il n'y a point de justice... ils ont tout mangé, les mou-
» tons et agneaux et chapons et poules, tellement qu'il ne s'y
» trouve rien pour les pauvres malades... Le monde est perdu et

---

(1) *Arm. des Land.*, III, 483.
(2) Arch. com.

» tout à fait ruiné, sans espérance, sinon celle du Bon Dieu, au-
» quel nous faut avoir recours. O Bon Dieu ! je sais bien que
» vous êtes tout puissant et que rien ne *bous* est impossible, et
» c'est pourquoi je m'adresse à *bous* pour *bous* prier très hum-
» blement, mon Bon Dieu, qu'il *bous* plase avoir pilié de boustre
» paubre puble, et qu'il bous plase, de vos grâces, nous envoyer
» la paix en France, et principalement en pauvre pays de Cha-
» losse ! » (1).

A tous ces maux, à toutes ces calamités, si tristement décrites
par le chroniqueur, vint se joindre une maladie des plus cruelles. L'examen des livres mortuaires de l'année 1653 nous a jetés
comme dans la stupeur, en nous donnant le nombre des victimes
qu'elle immola dans la localité de Mugron. 562 morts à Mugron
et 62 à Nerbis, tel est le bilan de sépultures de la paroisse, en
cette année à jamais terrible.

La Fronde n'existait plus dans le beau pays de Chalosse ;
néanmoins, les troupes, que cette guerre de partisans avait atti-
rées dans la contrée, ne cessèrent pas d'affluer à Mugron, fati-
guant la population par leurs exigeantes réquisitions. Les registres de la mairie nous révèlent que, le 11 avril 1656, des cavaliers
de guerre vinrent sans coup férir imposer Montaut, Larboy et
Mugron. Le 12 septembre 1660, une compagnie de 60 à 70 hommes se présenta à Mugron, y logea pendant 12 jours ; et, ayant
prélevé sur ses habitants 500 livres de tailles, s'en alla à Montaut pour y exercer les mêmes exactions. Le capitaine, qui con-
duisait cette troupe, appartenait au régiment de Champagne ;
Sainctat était son nom.

Ce passage continuel et écrasant des troupes royales troublait
à tel point les esprits des malheureux habitants, que des idées
d'indépendance et même de révolte commencèrent à germer
dans leurs têtes.

Ainsi, nous trouvons (2) que, le 26 janvier 1661, la Justice de
Mugron fut obligée, pour ramener l'ordre dans la paroisse, de

---

(1) *Arm. des Land.*, III, 484 et 489.
(2) Arch. com.

rouer de coups, sur la *place des pourceaux* (1), un métayer de
M. Lamoli, juge, pour avoir tué et noyé son gendre.

« La même année, il y eut, à Mugron, écrit Henri de Péboué,
» un grand désordre ; car, à ce qu'on m'a dit, il y a eu quelque
» dispute entre M. de Lamoli, juge, et le fils de M. Darbo, en
» telle sorte que M. Darbo et M. de Boy et aussi M. de Larhède,
» avocat, s'y sont rencontrés de façon que deux fils de M. Darbo
» ont été tués en cette rencontre mauvaise et le dit Darbo blessé
» et mourut... » (2).

En 1674, le passage des gens de guerre causa encore à Mugron,
le 11 juin, la mort de Jean de Laterrade, officier dans le régiment de Mgr d'Albret, compagnie de Talazac. Cinq jours après,
Bernard Damaret fut blessé à mort à Nerbis, par un soldat de la
même compagnie.

En 1677, le 28 juillet, une compagnie de chevaux du capitaine
Dassigny vint s'établir à Mugron, en *rafraîchissement ;* elle y
demeura jusqu'au 9 septembre. Les écuries furent construites
provisoirement au port, en raison du voisinage de l'eau.

Ces soldats, vrais cadets de Gascogne, portaient des surnoms,
tous marqués au coin de la gaieté méridionale. Nos registres
nous en révèlent l'originalité, en nous transmettant les plaintes
que les habitants faisaient parvenir à la cour de Justice, au sujet
de leurs sans façons un peu trop exigeantes.

C'étaient la Vallée, l'Espérance, Joli-Cœur, la Branche, le Lor-
rain, la Fortune, la Montagne, la Force qui, tour à tour, figuraient
sur les verbaux acrimonieux des sergents policiers.

Nous l'avons écrit, dans notre travail sur la Bastide de Grenade (3), les suites de la Fronde furent désastreuses pour le pays,
Mais, Mugron eut encore plus à souffrir que les autres localités,
soit à cause de l'affluence des troupes que sa position topographique attirait dans ses murs, soit à cause des sacrifices que les
chefs de parti croyaient pouvoir demander à sa petite fortune.

Dans le mois de novembre 1660, les jurats et les syndics sont

---

(1) Place Parisien.

(2) M. l'abbé Foix ayant voulu vérifier le fait n'a trouvé mentionnée, à cette date
d'avril, que la mort de M. Luc Darbo.

(3) *Bast. de Grenade.*, pages 30, 31, 32.

sur les dents ; tous les mécontents leur tombent dessus, réclamant, qui des indemnités pour des réquisitions forcées, qui des paiements pour des fournitures de première nécessité. Ce sont encore les notaires avec leurs actes, les hommes de justice avec leurs exploits, les marchands avec leurs mémoires, les tailleurs avec leurs notes, qui assiègent, chaque jour, le comptoir du receveur.

S'il est vrai, comme nous l'avons dit plus haut, que les soldats en gaieté de Sainclat portaient la bonne humeur dans les divers quartiers de la ville, il n'est pas moins exact d'ajouter que leur exigence devenait quelquefois par trop prononcée. Aussi, fatigués de leur présence, les bourgeois se hâtèrent-ils de demander leur licenciement. Leur départ fut résolu ; mais, que ce départ coûta cher à la Communauté !

Les jurats, pour se défaire de ces troupes, durent procurer à leur commandant une monture avec son harnachement complet. Et voilà les Mugronais en quête d'un cheval pour monter le lieutenant Sainclat (1), encore celui-ci le renvoya-t-il fourbu.

Nous avons cité ce fait, choisi entre mille, pour prouver que la visite de la soldatesque faite à Mugron, à plusieurs reprises, même de celle qui était censée accourir pour rétablir l'ordre, n'y portait en réalité que le trouble, le désordre et la misère. En lisant les hauts faits de ces bandes indisciplinées, nous nous sommes rappele les prétendus services que nos Francs-Tireurs de 1870 ont rendus aux malheureuses provinces qui les accueillirent. L'esprit et les habitudes de ces gens, revêtus pour la circonstance des insignes militaires, ont toujours été les mêmes. Heureux les peuples qui n'ont besoin ni de leur valeur ni de leur courage !

Les diverses pièces, que les archives des Communes voisines de Mugron nous ont livrées, concernant cette triste époque, constatent que, partout où se fit sentir le passage des troupes de la Fronde, les caisses municipales furent vidées.

Nerbis devait, de ce chef, 1500 livres, Mugron fut obligé de doubler ses impôts, Laurède, Lourquen, Saint-Aubin, Poyaller restè-

---

(1) Ce cheval fut ferré par le maréchal Darjo (1660).

rent longtemps obérées. Joignons à cette gêne pécuniaire les
nombreuses calamités que la conjuration des éléments fit éprou-
ver à la population, telle que le tremblement de terre du 21 janvier 1660, les gelées et les grêles qui frappèrent de mort sur
pied les récoltes des champs et de la vigne, et nous nous associe-
rons facilement aux plaintes de tous les chroniqueurs de l'époque.

Et, cependant, nous sommes heureux de l'avouer, malgré tous
ces malheurs, le peuple ne perdit rien de sa Foi, pas plus que de
sa fidélité et de son respect aux sentiments d'autorité qui le do-
minaient. L'heure des murmures passée, l'esprit d'ordre et de soumission reprenait le dessus, à tel point qu'on peut résumer l'état
d'âme de cette époque dans le pays, au point de vue politique,
par la citation des paroles, que le naïf chroniqueur de Doazit
écrivit, après le passage du roi, à Tartas, le 16 juillet : « Je ne
» désire plus sinon boire le roy des roys au Ciel ! Dieu m'en
» fasse la grâce !..... » et, au point de vue religieux, par ce passage d'un testament, que nous livrent les liasses du notaire
Lamoli... « O Seigneur, roy du ciel et de la terre, soies par votre
» clémence et bonté infinies à mon ayde et secours ! O Impéra-
» trice du ciel et de la terre ! soies par votre clémence et bonté
» à mon trépas, lorsque mon âme sortira de mon corps et la
» vouillés présenter devant Dieu et obtenir pardon de mes fautes
» et peschés ! » (1).

---

(1) Testament de feu Arnaud du Domenger de Duhau-Vigneron.

Les Gontaut-Biron, Seigneurs de Mugron. — Situation matérielle et sociale de Mugron sous l'administration de ses Barons. — Justice.

Nous sommes en 1683. Les Seigneurs de Poyaler, barons de Mugron, ont tellement dépensé, qu'échelonnant dettes sur dettes, ils ne trouvent plus de crédit. Les créanciers deviennent exigeants.

Depuis longtemps déjà, le monastère de Saint-Sever, bailleur de fonds des Barons endettés, tenait à honneur de ne pas laisser la hideuse faillite maculer de ses honteux exploits les murs de l'antique manoir, manoir que ses premiers abbés avaient jadis cédé aux nobles aïeux des de Bénac. Mais, les intérêts de la communauté se trouvant, de plus en plus, compromis par l'état précaire de ses débiteurs, force fut faite à l'Abbé, Antoine Salausse, d'agir avec vigueur et la baronnie fut mise en vente.

Messire François de Gontaut de Biron, lieutenant des camps de sa Majesté, s'en d'éclara acquéreur.

Aux titres déjà connus, les Gontaut furent ainsi autorisés, à partir de 1694, d'ajouter ceux de Seigneurs de Montault, Monferran, Poyaler, Mugron, Lourquen et Ségas.

Délaissé par ses anciens possesseurs, dont la fortune n'était plus à la hauteur de leur position, Poyaler était tombé dans un état de délabrement complet. Ses fossés étaient comblés, sa tour démantelée, son pont-levis à terre ; ses créneaux, effrités par le temps, dénudaient par intervalles le sommet de son donjon abandonné. Les machicoulis en ruines laissaient la tempête

pousser la bordée de ses rafales dans l'intérieur de ses corridors.
Seul maître des lieux, le sinistre hibou hurlait, la nuit, l'ouragan
sur ces cheminées découronnées ; la désolation, le silence et la
ruine habitaient seuls le vieux castel.

Devant cet état de choses, le nouvel acquéreur fut obligé de
se créér un pied-à-terre spécial, à Mugron ; et, le 4 Octobre
1691, il acheta à l'évêque de Lescar le domaine et le bien de
Soube, que les Desclaux de Mesplés venaient de perdre.

François de Gontaut eut pour successeur Charles Armand,
duc de Biron, pair et premier maréchal de France, chevalier
des ordres du Roy.

Tout adonné aux affaires de ses diverses charges, le maréchal
se hâta de donner à l'afferme sa baronnie de Mugron, 8000 livres
de revenus, plus la décharge des diverses rentes dues : soit à
l'Evêque d'Aire, six sacs de froment, autant de millet et trois
livres en argent ; soit au Chapitre de Dax, quatre livres aussi
en argent ; soit au scolain de Saint-Aubin, une barrique de vin.
Certes, tous ces avantages n'étaient pas à dédaigner par le grand
Seigneur. Dans sa prévoyance, visant l'économie, le noble duc
voulut encore que son fermier, Jean Naury, marchand à Larbey,
prit sur lui de payer les tailles des bâtiments et des lieux de
Soube, et l'entretien des bâteaux pour le passage de l'Adour.

En réalité, Monsieur de Biron ne dédaignait ni les grands, ni
les petits revenus, quels qu'ils fussent, de sa baronnie.

Nous trouvons des contrats sans nombre, passés en son nom,
soit avec les pasteurs de la montagne pour leur laisser le libre
paccage dans ses terres, soit avec les bouchers établis dans la
juridiction, les pêcheurs et les petits industriels, que leur état
soumettait au tarif de ses droits.

Ce sont encore de petits propriétaires qui traitent avec lui
pour jouir de certaines terres dépendant du domaine baronnial ;
des meuniers qui prennent à leur charge ses moulins de Lourquen et de Saint-Aubin.

Dans ces divers baux à ferme, nous voyons apparaître une redevance dont même après l'affranchissement de 1792, les maîtres
d'aujourd'hui se montrent très jaloux.

Une paire d'oisons et une paire de chapons doivent être envoyés, chaque année, comme présent au noble duc, le jour de la
Saint-Martin.

« Et par dessus le prix de la ferme, lisons-nous dans un de ces
» contrats, le dit preneur, en considération *d'iceluy*, s'oblige de
» bailher, chaque an, deux douzaines de serviettes fines, ourlées,
» et deux carrés (1) que le dit preneur supplie Madame de Biron,
» épouse de mon dit Seigneur, vouloir accepter » (2).

Quelques années plus tard, comme fatigué d'avoir à régler
tous ces comptes, le Baron Mugronais conclut une grande ferme
dans laquelle il comprend les dîmes, les deniers seigneuriaux,
les revenus des métairies de Soube, Ruillet, Biellè, Campardan,
Marquet, Tarrebas, Peyran, Lanot, Maoütemps, Grand-Jean,
Hardette, Brouquès-de-Bas, Brouquès-de-Haout, et celles de
Poyaler, ses droits de vente compris pour la somme de 8.150
livres par an, plus trois *quintaux* de jambon, dix douzaines de
serviettes et six carrés, le dit linge fin au dix-huit cents et ouvrés.
Le Baron se réserve, pourtant, les droits d'amende, de confiscation, de bâtardise, de déshérance, d'épaves et de greffe. De plus,
il entend, dans le cas où il viendrait en personne ou dans celle
de ses agents visiter sa baronnie, pouvoir habiter lés châteaux
de Poyaler et de Soube (3).

Charles Armand mourut en 1756. La communauté de Mugron
se crut obligée de lui faire célébrer un service, pour lequel elle
paya trois livres pour le luminaire et le catafalque. Le clergé refusa tout honoraire.

Monseigneur Jean-Louis de Gontaut, duc de Biron, pair de
France, abbé commanditaire des Abbayes de Moissacq et de
Cadoin, succéda à son père et devint, à sa mort, Seigneur haut
justicier et foncier direct de Mugron, Poyaler, Saint-Aubin,
Ségas, Lourquen et autres places.

Comme son père, ce noble personnage habitait Paris, dans son
hôtel rue Saint-Dominique (près Saint-Sulpice), selon la coutume
admise par ces hauts seigneurs, pour qui la province n'était
qu'une mamelle inépuisable. Lui aussi se débarrassa de la gestion

---

(1) Nappes.

(2) Etude Lannelongue, 30 septembre 1711.

(3) Le Baron vint visiter Mugron en sept. 1514. Il descendit à Soube. Le Juge,
G. de Labeyrie, fit faire un pont de passage de Ménet pour que le Seigneur put
passer la rivière. (Etud. Lannefr. 1740).

de sa baronnie, qu'il loua pour la somme rondelette de 10.000 livres.

Après lui, vint le duc Louis Antoine, duc de Biron, pair et maréchal de France, chevalier des ordres du Roy, colonel général des régiments des gardes françaises, gouverneur et lieutenant général pour le Roy des provinces du haut et du bas Languedoc. Il mourut en 1788, et fut remplacé par son fils, Charles Antoine de Gontaut de Biron.

Ce fut notre dernier Baron.

Tandis que l'orage grondait sourdement sous le ciel assombri de la France, il crut opportun, le 25 août 1792, de se défaire d'une partie de sa baronnie. Brisant les derniers liens qui l'attachaient encore à Mugron, le Baron aliéna, en faveur de M. Dominique Domenger, l'emplacement de la salle avec les bâtiments existants pour 150 livres de rente, au principal de 3.000 livres (1).

Plus heureux que le duc de Lauzun, Charles Antoine échappa aux fureurs des révolutionnaires et, prenant le chemin de l'exil, ne porta point sa tête sur l'échafaud.

Nous avons indiqué, page 16, quels étaient les droits réservés au Seigneur de Mugron, en sa qualité de maître et de protecteur de la Baronnie.

Les Jurats, qui furent nommés, en 1738, sur ses ordres, pour reconnaître ses droits et en arrêter la teneur, nous ont laissé sur ce point une pièce des plus curieuses, que les Mugronais ne doivent point ignorer.

Son étude en ramènera un grand nombre de certaines erreurs, qui, du temps de notre jeunesse, faisaient le fond de l'opinion générale sur cette matière.

Il nous souvient avoir lu, écrite en grandes lettres, au bas d'une profession de foi, l'assertion suivante : « Les seigneurs étaient nos tyrans, nous étions leurs idoles » (2).

Nous ne recopierons point, ici, cet important document que,

____

(1) Vente consentie, dit l'acte, par suite des sentiments d'estime, d'intérêt et d'amitié que le duc avait pour le sieur D. Domenger. (Etude de M. Laulon.)

(2) Affiche Baqué.

très certainement, l'auteur de la pancarte rouge, à laquelle nous faisons allusion, n'avait jamais lu. L'analyse synthétique que nous en avons faite, à la page indiquée, a vengé, nous le croyons, cette autorité d'antan, si mal connue et si mal jugée.

Avançant plus profondément dans la question, nous avons cherché à reconstituer l'état moral et matériel de ces prétendus édits du XVᵉ, XVIᵉ, XVIIᵉ, XVIIIᵉ siècles.

On a parlé beaucoup de la justice de l'époque. A Mugron, la justice, appartenant au Baron, s'exerçait en son nom par Bayles et sous-Bayles, des sergents et des jurés, suivant, en tous points, les coutumes générales de la Prévôté de Saint-Sever.

Ces juges pouvaient connaître de toutes les causes civiles et criminelles soulevées dans leur juridiction. Pour les causes criminelles l'adjonction d'un juré spécial était de rigueur. Ces jurés étaient tenus d'assister et de donner leur avis au jugement, sous peine d'une amende de 13 sous et 6 deniers tournois..... « Et les dicts procès doivent être jugés, dit l'article IX, selon que la plus grande et saine partie des dits assistants aura opiné... »

Nos pères avaient donc prévenu les législateurs modernes, et longtemps avant la loi du 24 Août 1790, qui en posa les principes; la justice par voie de jury était admise dans la juridiction de Mugron.

La présidence de la salle de justice était toujours réservée au Bayle, qui était comme le représentant-né du Baron. Cette charge de Bayle, d'ailleurs, était gratuite. Mais, fortuitement, certains émoluments, appelés aujourd'hui droits de vacation, venaient compenser, soit la perte du temps, soit les fatigues de recherches et d'études, que réclamait l'exercice de cette charge, de la part de ceux qui en étaient investis.

Nous avons trouvé, dans une pièce inventoriée parmi celles que nous a livrées l'étude de Mᵉ Lamoli, l'investiture des fonctions de Bayle, donnée, en 1715, à un certain Jean Labaste, par M. de Lamoli lui-même, juge audiencier de l'époque. Par cette pièce :

Il conste : 1° que le Seigneur du lieu octroyait à qui il voulait la dite charge; 2° que le titulaire devait, avant tout, exercer la religion catholique apostolique et romaine; 3° être de bonne vie et mœurs, et 4° promettre par serment de ne céder à aucune corruption ni de vol ni de fraude.

Les pièces assurant ces garanties sous les yeux, le juge et le procureur donnaient, au nom du Seigneur-justicier, l'accolade au récipiendaire qui, la *dextre* levée devant le Christ, jurait de bien et fidèlement exercer les fonctions de sa charge. L'obligation de n'user, dans ses divers exploits, que du seing et du paraphe acceptés était une condition explicite de sa nomination (1).

Quel était le code, au nom duquel ces tribunaux de quartiers exerçaient leur pouvoir? Outre celui que nous appellerions volontiers code naturel, sur lequel tous les peuples civilisés ont assis leur existence, les juges Mugronais avaient encore celui que les fors et coutumes de la Prévôté offraient comme garantie de la police et du bon ordre, portant pour titre : « *Coustumes gé-* » *nérales* et locales de la ville, prévosté et siège de Saint-Sever, » approuvées et confirmées et par édit perpétuel *deciétées* et au- » torisées par la cour de Parlement de Bourdeaulx, 1553 », dont nous donnerons la copie à la fin de ce travail.

Il nous paraît bon de citer, en passant, plusieurs articles de ce code spécial ayant trait, soit à la protection générale des biens ruraux, soit aux mesures admises pour leur défense et leur conservation, soit aux diverses pénalités en vigueur, pour en sauvegarder la propriété.

Les pâturages étaient divisés par juridictions ou quartiers, de telle sorte qu'il n'était pas permis aux habitants d'une section de faire paccager leurs animaux dans une autre (2). Les vignes, les jardins, les taillis et les vergers à pomme devaient être tellement respectés, qu'il était défendu d'y conduire aucune espèce de bétail dans n'importe quelle saison (3). L'entrée des prés était interdite de Notre-Dame de mars à la fin de la fenaison. La gazaille était autorisée. Tout habitant pouvait tenir et prendre chez lui du bétail étranger en compagnie partielle appelée gazaille (4).

Les chênes devaient être respectés, même ceux qui poussaient

---

(1) Papiers du seigneur de Labarthe.
(2) *De pasturaiges,* fol. V, art. 1.
(3) *Id.,* fol. V, art. 22.
(4) *Id.,* fol. V, art. 21.

dans les héritages particuliers (1). Quand il s'agissait de partager des biens communs entre frères, c'était le dernier qui faisait les lots, l'aîné avait le choix, et les autres faisaient le leur de *degré* en *degré* (2).

Il y avait une législation spéciale au sujet des chênes. Telle était l'importance que nos pères donnaient à cette essence, que nous lisons ce qui suit dans les statuts de Lourquen, à la date de 1717 :

« Le syndic et les jurats réunis en assemblée statuent que
» chacun maistre et maistresse qui tiendra maison et feu vif, en
» la présente paroisse, plantera ou fera planter, chaque année
» dans les pasdoens du Nord Lorquen des chênes en nombre (le
» chiffre manque), depuis le premier du moys de novembre jus-
» qu'au dernier du moys de janvier... et, estant plantés, ils y
» metteront à chacun un paü lance (3), de branches d'aubépines
» qu'ils lieront ensemble pour les garentir de n'estre endomagés
» par les bestiaux et celluy ou celle quy manquera annuelle-
» ment, il payera 41 sols chaqune des années, applicable, le
» tiers au profit de l'église du présent lieu et le surplus au profit
» de la bourse commune de tous les habitants, et, le dit plan de
» la sorte fait, il sera annuellement montré et visité par le syn_
» dic, celluy ou celle qui l'aura planté sera teneu de faire l'indict
» et susdict montre aux dits sindics et prud'hommes à peine de
» la dite amende... estatuent qu'aucun ny aucune personne ne
» pourra couper dans les pasdouens aucun chêne ni tauzin petit
» ni grand au pied, rasines ny branches diceux sans consente-
» ment desdits sindicts prud'hommes, et celluy qui fera le
» contraire payera pour chaque pied de chêne autant trois
» livres et pr. chasc. de branches 30 sols et en cas que la couppe
» se trouve par eux faite de nuict, ils payeront 6 livres et pr.
» chasc. branche 3 livres et en outre répareront le domage... tel
» qu'il lui sera judicieusement arbitré par des experts (4) ».

Parmi les pénalités en usage, sanctionnant ces divers articles,

---

(1) *Id.*, fol. VI, art. 16.
(2) *Id.*, division, fol. VI, art. 11.
(3) Pieux aigus.
(4) Etude Lamoli.

nous lisons la confiscation d'un pourceau ou d'une vache pour chaque troupeau de ces divers animaux pris en flagrant délit.

Les brebis surprises en rupture de clôture laissaient 12 têtes et le mâle dans les mains de qui les arrêtait. Les chèvres, qui tombaient dans le même cas, pouvaient être tuées et *occises*. Les bœufs de labour, les chevaux en défaut payaient une amende de 12 deniers (1).

Qu'on nous permette d'exposer encore ici, au sujet de Mugron, certains points de sa législation ancienne, sur laquelle nous avons entendu bien des gens jaser, comme jasent trop souvent les ignorants ou les hommes de parti-pris. Nous voulons parler des divers droits réservés, ou par la coutume ou par les fors eux-mêmes, au Seigneur, baron de la localité, tels que droits de lots, de ventes, de péage, de bastage... etc.

Une pièce intéressante trouvée par M. l'abbé de Carsalade, aujourd'hui évêque de Perpignan, dans le chartier des de Poyanne et que ce savant chercheur a bien voulu nous communiquer (2), nous a poussé à rechercher tous les documents qui pouvaient nous édifier sur ce point.

Nos études, mises en éveil par ce curieux procès-verbal, du XVe siècle, se sont portées surtout sur les fors et coutumes de la Prévôté de Saint-Sever, dont nous avons parlé plus haut.

Les droits de lots, et de ventes que le Seigneur-baron de Mugron prélevait sur tous les héritages mouvants, voulaient : 1° qu'en certains cas, ce Seigneur, à *cens* annuel, retînt soit un 10e, soit un 12e, soit un 13e, soit même parfois un 20e, sur le prix total de toute vente volontaire. 2° que ce même Seigneur direct conservât toujours un droit de retenue sur la chose ainsi vendue, et qu'à prix égal il eût la préférence pour la reprendre *ad nutum*.

Cependant, une exception était admise sur ces deux points par le droit mugronais. L'article XII est formel. « Tolozette, Doazit,
» Horsarrieu, Bonnegarde, Mugron, Poyaler, aux dicts lieux ne
» se payent lots et ventes au seigneur, des ventes des maisons
» et places, qui sont au dedans des dicts lieux » (3).

---

(1) Dommages de bétail, art. XI, XII et suivants.
(2) Procès-verbal dressé par ordre de Bernard de Poyanne, 13 novembre 1458.
(3) *Fors et Cout. de Saint-Sever*, fol. XI.

Sommes-nous en droit de regretter cet ancien régime? Hélas! les coutumes fiscales ont aujourd'hui des exactions autrement vexatoires. Mugron a, comme tous les chefs-lieux de canton, son receveur des domaines; les héritiers, quels que soient leurs titres, tout comme les acheteurs de biens, trouvent que ces suçoirs sont biens plus voraces que ceux des anciens Barons de la localité.

Les droits de péage, remplacés aujourd'hui par ceux de divers octrois qui veillent aux portes de nos villes, se prélevaient, jadis, sur toutes marchandises apportées dans la bourgade. Ces droits étaient perçus à Mugron par des fermiers et sous-fermiers, agissant au nom du Baron. Étaient-ils exhorbitants comme certains l'on écrit?

En 1665, Bernard Domenger et Menjon Dupeyron géraient les droits de péage et de plaçage pour le compte de la dame de Bénac.

Fatigués du tracas que leur donnait cette charge, ils la soûs-louent à Jéhan de Labarte, à raison de 40 livres par an; leurs droits s'exerçaient sur toutes les marchandises, qui passaient par le chemin royal, à partir du ruisseau, dit du Bayle, jusqu'au moulin du Clauson, et depuis Milord jusqu'au Cazalieu; la levée de l'impôt, appelé du Sison, de St Crépary, était comprise dans cette somme (1).

L'article XI des fors nous fixe sur l'élévation de l'amende encourue par les fraudeurs : « Celuy qui passe sans payer le » péaige ou alléger (2), encourt la peine de 60 sols tournoys, si » mieux n'ayme perdre sa marchandise. »

Quant aux droits de bastage et de rodage, par lesquels certains seigneurs, (celui de Poyanne entre autres), faisaient payer une somme déterminée pour chaque cheval ou mulet, portant bât, et pour toute charrette vide ou chargée, passant par un chemin public ou royal, Mugron ne les a jamais connus. Il ne faut pas croire, d'ailleurs, que l'abus pût faire arriver le dû de ce droit

---

(1) Etude Lamoli.

(2) *Alléger*, déclarer au seigneur péagier ou à son commis la marchandise à apporter ainsi que sa quantité.

à une exàction par trop arbitraire de la part de ceux qui l'exerçaient. Voici ce que dit l'article VII des droits coutumiers ré-
glant la matière :

« Chacun péagier est tenu de faire un tableau et le tenir sur
» le chemin public et apparant au lieu où il leive le péage afin
» que chascun le puisse veoir et scavoir ce qu'il debvera payer ».

On a parlé encore du droit abusif de fructuage, qui permettait
au seigneur de prélever un petit tribut sur tous les paniers remplis de fruits portés sur le marché. Ce droit était réglé par l'article VIII, ainsi libellé : « L'on ne peut prendre aucun fructuaige,
» ne autre debvoir fruicts, qui sont portés sur la teste ou sur le
» dos pour vendre, s'il n'en y a plus que dix paniers appartenant
» à même personnaige. »

L'article qui suivait était aussi peu vexatoire.

« Ne pareillement d'œufs, polailles ne autre volature, et qui
» faict le contraire encourt l'amende de dix livres tournoys en-
» vers le roy ».

Venez donc, le jeudi, à Mugron, dire au farouche placier de se
montrer aussi raisonnable vis-à-vis des pauvres femmes qui,
pour acheter leurs provisions de ménage, ont vidé leur basse-
cour et mis à nu le fruitier de leur verger!... Vous serez bien
accueilli.

L'amour de la liberté du chez soi, celui, surtout, de se sentir
les coudes à l'aise dans son logis, avait déterminé les auteurs du
droit coutumier, dont nous parlons, à rédiger un article spécial
concernant la construction des habitations, et à prévenir ainsi la
cause d'innombrables tracasseries entre voisins; le voici dans
toute sa simplicité.

« Qui veult bastir maison doibt laisser demy pié de chascun
» cousté pour le stilicite, et si autre bastit au près de luy en
» doibt laisser autant ou porter la force de l'eau à son voisin » (1).

Pour finir ces diverses citations, qui nous donnent un aperçu
de l'esprit de cette législation, toute de bon sens et d'utilité pratique, nous noterons quelques articles ayant trait à toutes ces dis-

------

(1) Fol. XVI, Art. 1 et suivants.

putes qui, jadis, s'élevaient de quartier à quartier, de village à village, et qui trop souvent aboutissaient à des horions par trop ensanglantés.

Pour toute plaie « leyou » (on appelait ainsi toute blessure sérieuse qui avait une once de pouce de long (1), il était dû au haut justicier 7 livres, 8 sous et 6 deniers tournois d'amende (2), pourvu toutefois que la blessure fût faite malicieusement et avec des armes prohibées telles que « couteaux, *espée,* » bisarme ou vouge, lance ou javeline, espine, *dart* et tout fer » esmoulu et non esmoulu, barre, baston, tison et tout autre » chose quoy l'on pouvait tuer ou blesser un homme ».

L'application de ces diverses amendes se faisait par le juge du haut justicier, assisté du Bayle et des jurés du lieu où le crime et le délit avaient été commis (3).

Voici, d'ailleurs, tels que nous les lisons dans le droit coutumier, les divers articles qui faisaient le fond du code prévôtal, sur lequel les juges appuyaient leurs sentences. Nous les copions textuellement pour que nos lecteurs puissent, à première vue, sans consulter les notes, être fixés sur leur importance et leur généralité.

« Sensuyvent les *rubriches* des coustumes génóralles et localles de la ville, prévosté et siège de Saint-Sever.

De leur compétant et ordre judiciaire;

De faire statuts et assemblées;

De pasturages et domaiges de bestail;

De division et partage;

De retraict linagier;

De rente seiche;

De action redibitoire;

De lots et ventes et aultres droicts seigneuriaux;

De la condition de main-morte;

---

(1) Le pouce était la cinquième partie du *pan* de *cane.*
(2) Fol. XXIII, Art. 1 et suivants.
(3) Fol. XXIV, Art. 1 et suiv.

Du péage;
Des lots et donations pour nopces;
Des testaments et successions;
De bastir et redresser maisons;
De gazes;
De prélation;
Des criées publiques et subhartations;
De plegerie;
Des amèdes dues pour plages;
Des biens de condemnés à mort.

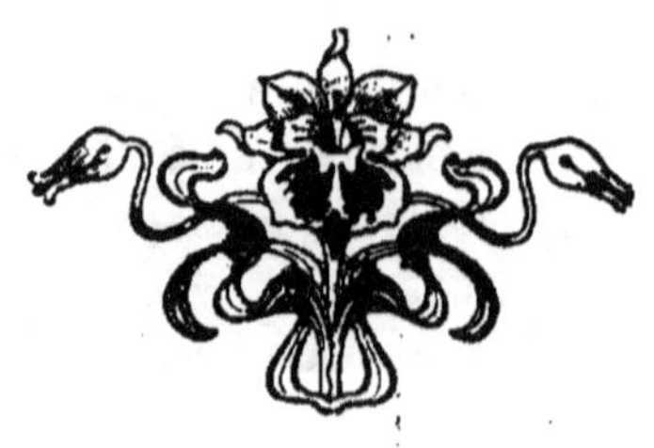

CHAPITRE VIII

Mugron au XVII⁰ siècle. — Mœurs de l'époque.

Les guerres de religion et la Fronde avaient trouvé Mugron fournie en hommes d'armes. Les cadets de ces bonnes familles s'étaient estimés heureux de pouvoir chercher et trouver, dans les régiments royaux, une occupation, sinon bien lucrative, du moins toujours honorable et, partant, toujours en rapport avec l'antique renom de leur race (1).

C'est ainsi que les Lannefranque, les Lacouture, les de Melet portaient, avec un décorum des plus honorables, le noble titre de capitaines des armées du roy.

La rapière, il est vrai, ne semble point avoir rempli leur bourse outre mesure ; les procès de l'époque nous montrent ces nobles vaillants, toujours criblés de dettes, continuellement poursuivis par des créanciers aussi cuistres qu'importuns. Mais, il a toujours été de mode, paraît-il, que dame Fortune se soit montrée marâtre vis à vis des enfants de Mars. Dès lors, ne soyons pas étonnés de trouver, même à l'époque dont nous écrivons l'histoire, ces braves soldats en butte aux noires chicanes de la hideuse basoche ; Dieu sait combien sont nombreux les noms des capi-

---

(1) Le 14 oct. 1680, la veuve Catherine de Labasse, désirant équiper noble Bertrand de Beyris, seigneur de Hauriet, en qualité d'officier dans les fusilliers du roy, vend une partie de son mobilier pour la somme de 170 livres. (Etude Lamoli).

taines Mugronais que le répertoire des tribunaux de la juridiction nous livrent, durant la fin du XVIe et le commencement
du XVIIe siècle. Mais, ce n'était pas seulement les hommes d'armes qui, rentrés des camps, donnaient affaire à dame Justice,
les grandes familles elles-mêmes, se ressentant des épreuves de
la guerre, avaient, aussi, recours à ses atermoiements.

Le 21 mars 1607, le sieur de Lancfranque se laisse condamner,
à Bordeaux, à 99 livres d'amende. Quatre ans plus tard, la noble
demoiselle de Bénac entame, avec les gens de Poyaler, un procès, qui menace de ruiner les deux parties et finit par une sentence arbitrale. Les d'Antin ont emprunté 200 écus à Joseph
Dayrosse, veuve d'Arnaud Desclaux, sieur de Nerbis, et les avocats aidant, une partie des biens de Boucosse paie les frais du
procès.

Mugron, à cette époque, ne vit que de chicanes. Les plus
fameux plaideurs du temps, au dire de M. l'abbé Foix, dont les
yeux ont fouillé toutes les liasses de la basoche du pays, furent
les Darbo de Tingon et leurs héritiers, les d'Estoupignan. « On
peut dire que les Darbo de Tingon, la tête et la souche de tous
les autres, ont disparu au bruit des criées des huissiers et des
avocassiers. »

Il faut avouer que la multiplicité des tribunaux, que possédait
la juridiction, facilitait singulièrement cette manie de défendre
per fas et nefas les droits, plus ou moins bien acquis, de la justice. Car, non seulement le Seigneur, baron de l'endroit, avait ses
juges, qui tranchaient avec ses tenanciers, mais tous ses petits
caviers possédaient leur petite barre. Procureurs, greffiers, sergents, Bayles de quartiers étaient comme autant de rouages,
qui n'entendaient pas laisser rouiller leurs dents au farniente de
l'inaction. Tous voulaient plaider, avocasser et juger, tous de-
mandaient des affaires... « *Couentes ! Couentes !* » C'était le cri
général.

D'ailleurs, les exemples partaient de haut.

C'était l'époque où notre fameuse baronne se portait maîtresse
en *chicane* devant tous ses voisins.

Dame Tabita de Bassillon, d'humeur toujours inquiète, pour ne
pas dire tracassière, ne pouvait point laisser ses communautés
en repos. Saint-Aubin, Poyaler, Lourquen, Mugron eurent tour à
tour, maille à partir avec elle. C'est, précisément, dans un de ces

procès, que nous avons trouvé la date de la construction de la
halle de Mugron (1).

La châtelaine de Poyaler, voulant faire, de la bourgade de
Mugron, un centre d'affaires sérieux, se décida de la doter d'une
construction spéciale, ou tout le monde pourrait trafiquer avec
un égal droit, et, abusant de son autorité, elle appuya les murs
de cet édifice sur celui d'une maison voisine, dite maison de La-
rède, qui ne lui appartenait pas : d'où un procès on ne peut plus
retentissant.

C'est aussi, à cette date, nous dit M. l'abbé Foix, qu'émarge du
milieu des obscurités Mugronaises le seigneur de Marsan et de
Pé-de-Peyran. Fortanier Darbo achetait sa caverie, le 20
avril 1641, ainsi que sa justice basse et moyenne à Philippe de
Montaut, et, prenant hardiment le titre d'écuyer et de noble,
obtenait, deux ans après, de Louis XIV (2), les lettres patentes
de noblesse.

Darbo était le fils d'un simple avocat, procureur au siège de
Saint-Sever. Fier de son titre, qu'il devait, en grande partie, à la
rondeur de sa bourse, il dressa son petit pignon, juste en face
de celui de Castelmerlou, qu'un autre Darbo, son parent, possédait sur le coteau opposé.

Traitant de la généalogie des races nobles de Mugron, M.
l'abbé Foix écrit, au sujet de Fortanier Darbo : « Loin de lui faire
» un crime de son blason, nous admirons sa persévérance à le
» défendre. Mais, nous constatons comment s'acquérait la no-
» blesse et comment bien des familles actuelles, à nom retentis-
» sant, perdraient beaucoup de leur prestige et de leur morgue
» aristocratique, pour peu qu'on remontât à leurs grands-pères
» ou à leurs aïeux ! » (3).

Ainsi, les Poyusan sont praticiens en 1628, et les Domenger
marchands, en 1630.

------

(1) 14 Juillet 1621.
(2) 9 novembre 1643.
(3) A citer l'histoire Darbo.

Les mœurs du XVIIe siècle, à Mugron, se ressentirent un peu de cet esprit de dévergondage, dont les camps facilitent si bien l'expansion. Les hardiesses belliqueuses des gens de guerre s'étaient échangées en bravades dangereuses, et les vengeances particulières n'ayant rien à redouter d'une justice toute aux procès et à la chicane, les crimes se multipliaient d'une manière effrayante.

En 1629, on trouva, à la porte de l'église de N.-D. de Goudosse, le corps d'un nommé Arnaud de Sales, maître chirurgien, tué d'un coup d'arquebuse.

Deux ans après, un triple assassinat est commis dans les environs de Mugron par les gens de la baronne de Bénac. La haute justice de la souveraine ne bougea pas. Seule, l'Eglise excerce son droit sur les cadavres. P. Lapierre, l'une des victimes, « fut » privé d'avoir sépulture dans l'église ny dans le cimetière pour » n'avoir fait son devoir de crestien de deux années avant la » mort, moins pour ne s'être réconcilié après le coup. Labeyrie, » le troisième fust enterré à Nerbis, se feust confessé et resceut le » S. Sacrement de l'extrême-onction » (1).

A cette même époque, 1656, les registres de la paroisse notent un certain nombre de baptêmes, donnés à des enfants illégitimes. Le chevalier Castaings, Etienne Dupérier, homme d'armes, et d'autres dont il n'est pas nécessaire de transcrire les noms, sont accusés de paternité *ad extra*.

Et, tandis que les cahiers de l'église se maculent ainsi, les scandales se multiplient dans la rue et franchissent la clôture secrète des familles. Faut-il mentionner les hauts faits d'une bourgeoisie immorale, et faire pénétrer le lecteur dans les salons d'une noblesse, dont l'honneur est en faillite ? (2).

L'année 1657 ne fut pas, pour Mugron, une année où les tenants de la sévère vertu firent honneur à leur situation sociale ; force nous est faite, pour ne point entamer la bonne renommée de nos aïeux, de nous servir du manteau de St-Louis, et de ne pas aller plus avant dans le dépouillement des chroniques du temps.

---

(1) Eglise de Mugron.
(2) Affaires d'Estoupignan.

Tandis que les grands salons reçoivent le coup de balai, que la police est forcée de leur donner (1), la morgue de nos bourgeois semble n'en devenir que plus accentuée. Les ambitions des grandes familles s'affirment de plus en plus, et les titres nobiliaires s'exhibent sans vergogne et sans moindre justification.

Jean de Lanefranque ne signe plus que « homme d'armes et sieur de Castagnet » ; Dominique de Lanefranque ne sait, à son tour, s'il doit prendre le titre de « homme d'armes » ou celui de « écuyer ». Bernard Domenger augmente la galerie des grands titrés, ce n'est plus un marchand, ni même un simple bourgeois, lui aussi est « homme d'armes » (2). Darbo est le plus hardi, il paraphe son nom de « noble Fortanier Darbo, écuyer, Seigneur de Pé-de-Peyran ».

Viennent ensuite : Noble Jean de Melet, seigneur de Labarthe ; Noble Jean Darbo, seigneur de Lacoume, écuyer ; Noble Jean Darbo, sieur de Beyrac en Gouts ; Noble Christophe de Tuquoy, baron de Tingon ; Noble Arnaud de Prouères, *escuyer*. Dominant tous ces vidames de troisième ordre, émergent : Noble Jacques d'Antin, baron de Sauveterre, seigneur de Boucosse ; Dame Judith de Montaut Bénac-Navailles, dame de Navailles, Mugron, Lourquen et Poyaler.

Toutes ces familles se disent, à tort ou à raison, issues de grande lignée ; elles ont leur écu et leurs armes.

A leur côté vivent noblemement Jean de Labeyrie, sieur de Cazalieu ; Jean-Jacques de Poyusan ; Arnaud de Cabiro, seigneur de Ségas ; Mathieu de Lanefranque, garde du Roy, sieur de Pélo ; Dominique de Lanefranque, sieur du Muy ; Jean de Lanefranque, secrétaire du Roy, juge de Sengresse et de Boucosse ; Jean Darbo de Vidaou, en Nerbis ; Simon de Surgel, garde du corps ; Simon Jean de Puyo, homme d'armes ; Bertrand de Lanefranque, avocat, sieur de Muy ; Guillaume de Poyusan, avocat au Parlement ; Guillaume Darbo, homme d'armes.

Certes, avec un pareil cortège de seigneurs, de barons et de

____

(1) Etude Lanefranque.
(2) Registre com.

sieurs de toutes nuances, Mugron n'était pas la dernière de la contrée. A la noblesse de la race, de la bourse et de la gloriole venait se joindre aussi la noblesse de robe, dont la morgue ne le cédait en rien à celle des blazonnés.

Parmi les juges, les procureurs, les avocats, les greffiers, même les sergents, figurent avec honneur les François de Fraixe, les Johan Clavier de Poyanne, les Bernard de Jusanx, les P. de Lanefranque, les André de Lamoli.

Puis, viennent les notaires, dont les études se perpétuent de père en fils, ne sortant point des familles Lamoli, Dupérier, de Jusans, de Lanefranque.

Les médecins ne faisaient pas défaut parmi cette pléiade de chevaliers, d'hommes de robes, de tabellions. La Faculté était représentée par les de Labarthe (1643), par les Brun (1643), par les Menaut et Bernard de Sales (1644), par les Jean de Mora, les Darimajou, les Gabriel de Muret (1650). A cette même date, Dominique Colomiés s'intitule : *apoticaire.* Nous avons relevé les noms de quinze représentants d'Esculape, pendant la seconde moitié du XVIIe siècle. Le diplôme de médecine n'était pas, il est vrai, à cette époque, une timbale difficile à décrocher.

Dans ces temps heureux, où, à part les années de contagion cruelles, comme fut l'année de 1653, la mortalité n'atteignait jamais le nombre des naissances (1), le médecin se présentait, le plus souvent à la clientèle cédée ou achetée, muni d'un simple certificat d'apprentissage, délivré par un confrère complaisant. Nous avons trouvé plusieurs de ces certificats, sur la validité desquels la Faculté ne se montrait jamais ni difficile ni ombrageuse.

En 1672, Alphonse de Lafargue, M^e chirurgien, promet d'enseigner l'art de chirurgien à Jean de Minbielle « chirurgien appren-» tif, le nourrir et entretenir d'aliments de vie et blanchissage, » durant l'année, pour 84 livres et 30 sols ». En 1781, époque relativement assez rapprochée, Etienne Bélan fait l'apprentissage de chirurgien, pendant deux ans, chez Bernard Domenger, à Mugron : puis, il va à Bordeaux poursuivre sa profession. Mais,

____

(1) A consulter les registres de la mairie.

n'étant pas trouvé capable, il se retire chez un maître en chirurgie, juré de ville, et le voilà dans la boutique de sieur P. Taujia,
diplômé en l'art et apolicaire à Tartas, qui lui enseigne les principes de chirurgie et de « *farmacie* » pendant trois ans. Il le
nourrira en santé et en maladie, puis le blanchira... et le déchargera de capitation pour 120 livres (1).

L'ignorance des us et coutumes de nos pères nous amène
souvent à mal juger l'époque où ils vivaient. Il nous semble que
ces bons ancêtres, morts sans biographes, n'avaient pas, comme
nous, le sens de la vie commode, confortable et même pratique.
Notre opinion, sur ce point, comme sur tant d'autres qui touchent aux jours d'antan, est on ne peut plus erronée, et l'asseoir
par comparaison est faire fausse route. Ne l'oublions pas,
trois ou quatre siècles nous séparent de ce temps, déjà bien reculé ; il faut donc nous reporter au milieu de cette société, étrangère aux raffinements de l'âge présent ; et, recueillant au passage
tout ce qui peut piquer notre curiosité, voir si, véritablement,
ces pères étaient aussi en retard que nous sommes portés à le
croire.

L'échelle sociale, nous l'avouons, avait jadis des degrés plus
distancés qu'aujourd'hui, dans ce sens que la fortune ne présentait point ces trompe-l'œil menteurs qui mêlent et confondent
maintenant toutes les classes ; l'illusion n'existait pas ; était véritablement riche qui en avait les apparences.

Pour être autorisés à parler de la sorte, nous n'avons point reculé devant un travail qui, au premier abord, pouvait paraître
futile et sans importance ; c'est dans l'étude des contrats, des
testaments, des inventaires et même des certificats d'apprentissage, que nous nous sommes enfoncé. Notre moisson a été
abondante, et, grâce aux renseignements originaux, puisés à ces
sources authentiques, nous avons pu reconstituer cette vie d'antan, sur laquelle on sait si peu de chose.

Nous sommes en 1611, le sieur du Cazalieu, Jean de Labeyrie,
représentant de la plus ancienne famille de Mugron, donne sa

____

(1) Etude Pussacq.

fille en mariage au haut et puissant de Lanefranque, et voici, les accords faits, écrits par M⁰ Lamoli, notaire du lieu (1). Le père a promis de « mener ou faire mener lad. fille au sieur de Lanefran-
» que, futur époux, *vestue* et *accoustrée* de corps et de lit, com-
» me s'ensuit :

« Scavoir est en corps, une robe d'estamine et ung cotilhon de
» taffetas de Tours fait et parfait et garny, le tout, comme appar-
» tient ; plus, ung lit garny d'un tout de lit de toile de *Péris* avec
» ses rideaux, une pailhase, une couette et couchin de fil, ung
» matelas, une couverte de Thoulouse et une matelassine et
» deux lincels de lin, et oultre le dit Lanefranque a constitué en
» dot aux dits futurs conjoints 1.400 livres payables huits jours
» avant d'épouser... le futur promet de donner, chaque année,
» une charrette de froment, 4 barriques de vin et un trousseau
» de 10 escus. »

Sieur de Poyusan se marie avec Jéhanne Dupouyo, sa cousine germaine, 2.000 livres sont inscrites dans le contrat ; l'épouse porte en sus sa robe d'estamine, également son cotilhon de taffe-las de Tours, plus ung autre cotilhon avec *un pas* de brassières de raze de Chartres... le lit est garni comme le précédent.

On le voit, l'étamine, comme transparent, et le taffetas de Tours, comme fond, voilà la grande mode du jour ; les héritières de l'époque trouvaient, à la suivre, le même plaisir que celles d'aujourd'hui mettent à se couvrir de dentelles, plus ou moins authentiques, que leur fournissent les faiseurs de Paris. N'oublions pas les expressions mises à dessein par le tabellion : *fait et parfait* et *garny, comme il appartient.*

Rien ne manquait au costume de la mariée ; car, pour le façonner, la tailleuse n'avait point reculé devant les exigences fort coûteuses de la mode. La forme et l'étoffe en étaient parfaites ?

Descendons l'échelle. Philibert du Puyo, de Nerbis, joint son sort à celui de Jeanne Domenger, fille d'un simple laboureur de Mugron ; voici la composition du trousseau de la mariée :

« Une robe et une jupe de Cadix, teinte en noir ; un lit composé
» d'une paillasse, deux capriers et coussins de toile de lin, rem-

----

(1) **13 m i 1611.**

» plis de plumes ; 2 courtines de toile de lin, 6 linscels d'étoupes,
» 12 serviettes d'étoupes et 6 de lin ; un coffre de bois de pin
» avec une serrure à clef ; chaudière en cuivre, tenant environ 6

Porte Est, après le pont-levis (XVIIe siècle).

» à 7 pots ; 1 pot de fer ; 1 couverte et 2 cuillers de pots, tous en
» fer ; 1 poêle à frire et un pilon. Plus 50 livres, payables à la
» veille de la nopce. L'apport de l'époux est de 84 livres » (1).

Certainement, voilà un ménage bien assorti, bien outillé, et,
partant, à l'abri, au point de vue matériel, de la misère et des
ambitions démesurées.

____

(1) Etude Lamaignère.

La question du vestiaire est, aujourd'hui, une question men-
teuse. Il n'en était pas ainsi autrefois. Jugez-en par l'inventaire
que la veuve du Seigneur de Pé-de-Peyran, dame Lafourcade,
fait dresser à la mort de son mari, noble Michel Darbo, écuyer
du roi.

L'antichambre du défunt contenait : « un habit de drap ; une
» veste de velours ; une culotte d'écarlate ; un autre habit de ras
» de castor doublé de taffetas ; un surtout pour l'été, de camelot,
» avec une veste de toile écrue ; autre habit de Cadix de Montau-
» ban avec une veste de drap ; deux chapeaux bordés, l'un d'un
» grand bord d'or, et l'autre d'une petite tresse de même
» qualité ; deux paires de bas de soye ; quatre paires de souliers ;
» une épée avec son fourreau d'argent ; une hache avec son *sin-*
» *turon ;* une paire de pistolets ; demi-douzaine de cols ; un
» grand miroir avec un cadre doré ; un *libre* intitulé : *La vie des*
» *Saints ;* un petit cabinet, façon d'agenouilloir, où sont contenus
» les livres suivants : ..... et les papiers et titres nobiliaires de la
» famille remontant à 1641 » (1).

Voyez donc cet écuyer du roi, se préparant à aller, un beau
jour de fête, remplir ses devoirs religieux dans l'église de la
paroisse ; il consulte sa glace, au cadre doré, pour mettre ordre à
sa toilette, prend son jabot tuyauté, endosse sa veste de velours,
dont le noir métallique tranche sur l'écarlate de sa culotte bouf-
fante, ceint son épée au fourreau d'argent ; et, le chaperon
galonné d'or sur l'oreille, sort de sa gentilhommière, la jambe
fièrement cambrée dans ses bas de soie.

La veille, seigneur de Pé-de-Peyran, il a fait bourgeoisement
le tour de ses terres, en petit surtout de camelot, la hachette au
côté, signe de sa juridiction, comme le feront plus tard ses descendants, armés de la faucille traditionnelle.

Qu'il eût vécu en 1900, et Darbo de Pé-de-Peyran n'eût certainement pas été le dernier parmi les cossus de la ville !

Dans l'acte qui suit, il s'agit d'une cadette, que la vocation religieuse amène au couvent de M. D. de Pau. La nomenclature du
trousseau, fourni par la famille, donné à la jeune postulante,

____

(1) Etude Pouy-Pussacq.

nous prouve que le confortable, tel que l'exigeaient les coutumes du temps, ne faisait pas défaut dans le ménage. Demoiselle Romaine Laporte compte, devant la Bonne-mère qui la reçoit au nombre des Religieuses, 8 robes dont 5 en colonnette, 1 en indienne, 1 en étoffe de Corse et la huitième en fleuret bleu, 5 coiffes et 5 *coeffettes;* 9 jupes, presque toutes de colonnette, 12 houppelandes, la plupart en coton, 3 brassières de laine, 1 mantelet de taffetas, un prie-dieu fermé à clef, contenant 4 mouchoirs de lin, 2 jupes, 2 mantilles, 1 aiguière et sa cuvette, 2 petits pots de faïence, la *Vie des Saints* en 12 tomes, le *Catéchisme d'Agen,* la *Pratique de l'Oraison mentale, Soliloques de Saint Augustin* et plusieurs autres ouvrages de piété, 1 paire d'*Heures,* 1 capuchon de Valencienne.

Comme on le voit, le vestiaire laissait peu à désirer. Veut-on avoir une idée du mobilier? Qu'on lise l'inventaire suivant des effets appartenant à Louis de Lanefranque, sieur de Muy et de Bédouat. Ce Mugronais était avocat en 1702.

Dans la salle d'entrée, un petit gobelet d'argent, une bourse où il y a des jetons et fiches d'or, servant à jouer. A la cuisine, six couverts d'argent, 6 couteaux à manche, 14 plats et 46 assiettes d'étain, une aiguière et un sucrier d'étain, un petit moulinet servant à moudre le café, 2 tortières de cuivre avec leurs couvertures, 1 rape pour racler le sucre, un mouilloir d'argent servant à filer, une petite romaine de fer. Dans la chambre du défunt, un fauteuil garni de cadix vert, un tapis de cadix jaune, un canapé de corail (cœur de chêne), 7 chaises de paille, une paire de filets pour chasser aux oiseaux, à côté du lit, un bénitier de terre blanche avec un petit crucifix de métal et un petit tableau avec son cadre sans devise, un petit bassin de terre blanche servant à se faire raser, un fauteuil à bras garni de toile, communément appelée *bouquette,* le *Dictionnaire Historique* en trois tomes, la *Vie des Saints.*

Il y avait encore une paire de pistolets avec leurs faux fourreaux de drap de Lodève, et une *Thèse de Philosophie* au milieu.

Un miroir à cadre de bois, un miroir de toilette avec son cadre doré, une robe de chambre, un guéridon de bois (1).

-----

(1) Etude Lanefranque.

Puisque nous en sommes au dépouillement des papiers intimes de famille, et que ce dépouillement nous aide à rendre à nos pères une réputation de bien-être, que l'ignorance cherche, chaque jour, à leur faire perdre, pourquoi, suivant le même système n'essayerions-nous pas, en passant, de détruire un autre préjugé, aussi méchant qu'erroné, touchant les richesses excessives des curés des temps passés?

La dîme et les revenus divers, attachés à leurs prébendes, ont fait, de ces prêtres vénérés, de vrais Crésus, dont les trésors égalaient la bonne chère. Voici l'inventaire du mobilier d'un riche presbytère d'autrefois, et de la fortune du curé qui l'habitait.

C'est à Baigts, dans le canton même de Mugron, que le notaire nous conduit ; le titulaire mort intestat, le tabellion dresse l'état suivant :

« Dans la chambre, un crucifix de bois, plus un petit miroir
» avec un petit cadre de bois à fleurs d'or, 6 chaises de paille,
» une petite table, un bénitier de faïence, un bonnet de nuit,
» 2 perruques en usage, un chapeau, une soutane d'estamine du
» Mans, une soutanelle déchirée, une veste de rase, une paire de
» culottes presques *rompues*, trois petites vestes de basin, une
» paire de souliers et une paire de pantoufles usées, un man-
» teau et un capuçon, une paire de guêtres avec un *épairon*,
» qu'est tout ce qui s'est trouvé dans lad. chambre. »

Voilà pour le vestiaire, passons au mobilier : « A la cuisine,
» 6 couteaux de table à manche noir, une casserole. Dans une
» salle, à gauche, 18 chemises, 3 petits colets, 60 assiettes de
» fayance, 2 boîtes de fer blanc à tenir le thé, une terrine pleine
» de résine, quelques linceuils et serviettes, une ceinture de
» soutane ».

Arrivent les provisions de bouche : « Dans la chambre sur le
» derrière, un garde-manger, le saloir, 4 jambons, 1 petite cor-
» beille de prunes, un petit baril, où il y a du vin cuit. Dans une
» autre chambre, au nord, sur le derrière, un cabinet, où quel-
» ques pièces de monnaie, une paire de jarretières, un bréviaire,
» plus un petit livre relié contenant 72 feuilles où il écrivait ses
» mémoires et prêts. »

Et voici pour le luxe : « ... une robe de chambre d'indienne, dou-
» blée de flanelle, plus un petit bonnet de lin, dans lequel s'est
» trouvé le titre clérical, provision de la cour de Rome, pour le
» curé du présent lieu, obtenu pour led. sieur Darcet. »

Les provisions du maigre pasteur étaient à l'avenant : « Dans
» un couloir, 3 pots de graisse, au chai, 8 barriques de vin ; un
» baril de vinaigre ; dans l'apentis, du lin broyé, 3 sacs de millet,
» 2 mesures de sel. Dans l'écurie, 2 chevaux, poil noir, valant
» les deux 100 livres. Dans la grange, 40 bois de barriques, 2 bar-
» riques de breuvage. Dans la basse-cour, 24 poules, 6 chapons,
» 11 dindons, presque tout petits, à l'exception, d'un dindon vieux,
» 4 dindes, plus un coq vieux et 9 poules, un jars et 2 oies, 4 ou
» 5 chars de bois à brûler, un cochon vendu 48 livres. Dans le
» fenil, 12 quintaux de foin, un de paille. »

C'est tout ce que nous avons trouvé (1).

Et, maintenant, examinons comment cette société, aux mœurs
si peu conformes aux nôtres, menait sa vie pratique.

Toute en faveur des aînés, la législation de l'époque (2) donnait
aux cadets des soucis autrement inquiétants, et, partant, peut-
être autrement moralisateurs que ceux que leur attribue le code
de notre époque.

Ne trouvant pas toujours, dans la dotation de leurs parents, de
quoi se procurer une situation adéquate avec celle de leur aîné,
ces cadets ne rougissaient nullement de demander aux carrières
usuelles de la vie, les avantages dont le sort les avait frustrés.
Les armées du roi, les métiers manuels, les expéditions loin-
taines étaient autant de routes ouvertes à leur besoin de faire
fortune. Il ne faut pas oublier qu'à cette époque, cette dame fortune n'avait que deux agents principaux à son service : la propriété et le travail, greffés, les deux, sur l'économie.

L'argent du banquier n'était pas encore employé, comme outil
principal de l'agiot et du commerce, et la dépense à jet continu
n'était pas, comme aujourd'hui, le résultat de la réussite. Nous
avons vu, dans un chapitre précédent, combien était considérable, même à Mugron, le nombre de ces capitaines en retraite qui,
leur part de mobilier patrimonial vendu pour se procurer le four-

---

(1) Etude Broca Pussacq.
(2) Voir art. 14 des Testam. et Succes. de la Prévôté de Saint-Sever.

niement nécessaire (1), étaient partis gueux et sans le sou; ils paradaient fièrement et l'escarcelle garnie dans les rues de la ville, décorés du titre pompeux d'hommes d'armes.

Les ouvriers des divers corps d'état, relevant des corporations aux diplômes privilégiés, n'étaient pas moins nombreux; maçons, charpentiers, menuisiers, tailleurs, étaient jaloux de retirer des mains de leurs maîtres ès-arts les certificats d'habileté et de bonnes façons qui les désignaient, par avance, comme ayant un certain droit à l'exécution des travaux de leur compétence. Que de libellés divers nous sont fournis, sur ce point, par les notaires du temps!

Toutes ces pièces, qui nous édifient sur la durée et les conditions de l'apprentissage, sur celles du travail et sur le quantum de la rémunération, nous disent, en même temps, combien étaient grands les soucis des parents qui plaçaient ainsi leurs enfants et la responsabilité des patrons qui les acceptaient. La vie est assurée à l'apprenti, les vêtements lui sont fournis à moitié; à la sortie, l'outillage nécessaire à l'exercice du métier est procuré par les soins et aux frais du patron (2).

Quant aux cadets déshérités, nous trouvons, dans ces mêmes études, que leurs décisions de s'expatrier reposaient sur le parti pris de ne revenir qu'après succès obtenus. Avant de tenter la traversée, il règlent leurs intérêts matériels et spirituels. Jéhan de Puyo, ayant la Hollande en vue, fonde un obit de 45 livres (1679). Le sieur Debert, son apprentissage de commerçant achevé à Saint-Sever, se voyant dans l'impossibilité d'asseoir sa fortune dans le pays où il ne fait que battre le pavé, se décide à partir pour les îles, où son frère l'a déjà précédé. Christophe Dupérier (1713) prend à son tour la clé des expéditions et le voilà devenu riche à la Martinique.

---

(1) Pour équiper noble Bertrand de Beyris, seigneur de Hauriet, qui part au service du roi, dans les fusilliers, en qualité d'officier, sa tutrice vend le mobilier de la maison principale de la seigneurie de Hauriet pour 190 livres (Etude Lamoli). Ce Bertrand de Beyris fit enregistrer ses armes : d'argent à un lion d'azur courant en bande (1698).

(2) Extrait des certificats et des contrats d'apprentissage, pris dans les études de M. Lamoli.

Toùs ces fils de famille reviennent le sac gonflé et sont, dans la paroisse, la souche de nouvelles maisons qui, au point de vue du bien-être et de l'aisance, le disputent aux anciennes.

Si l'appât de la fortune donne de ces hardiesses aux puînés, pour asseoir solidement leurs intérêts matériels, nous voyons, dans les mêmes actes, que l'intérêt moral leur inspire des ardeurs, tout aussi prononcées, pour la conservation de l'honneur de leurs familles.

En 1660, au beau milieu du XVIIe siècle, Estienine Dutoya, tombée en veuvage, veut convoler à de nouvelles noces avec un certain Lucat, vigneron. Tandis que le mariage se prépare, le futur faillit aux exigences de la foi et de l'honneur, il commet « un de » ces excès en tout odieux et abominable, duquel il n'en peut » espérer que d'en recepvoir une grande infamie des hommes, » et par ce moyen il s'est rendu indigne de prendre en mariage » aulcune personne d'honneur ». Le mariage est rompu. Estienine reprend sa liberté et Lucat purge, dans les prisons de Mugron, la peine due à sa forfaiture (1).

Mais, ce qui nous a le plus frappé, dans l'étude des mœurs de cette époque, est cet esprit de foi et de religion qui paraît avoir été le mobile de tout ce qui constituait la vie publique et particulière du plus grand nombre. Jehanne de Lanefranque meurt en 1669, et son testament, dans lequel pas une œuvre pie n'est oubliée, déclare nul tout autre testament qui ne portera pas cette prière : « Je crois en Dieu... O Dieu tout-puissant, créateur » et rédempteur du genre humain, ayez miséricorde de moi, et » vous, Mère de Jésus-Christ, Reine des Anges, veuillez intercé- » der pour votre très humble servante, et particulièrement ne » veuillez me délaisser à l'heure de mon trépas » (2).

Vraiment, les mœurs du XVIIe siècle sont curieuses à étudier. Cette époque, que l'on peut appeler de transition, nous offre un caractère tout spécial, que les moralistes ne doivent pas dédaigner.

Voici un testament que nous nous plaisons à citer comme pièce

---

(1) Etude Lamoli.
(2) Etude Lamoli.

justificative de ce que nous avançons. Il fut écrit, le 22 mars 1681, par le Seigneur de Labarthe, en Mugron, noble Jean-Jacques de Melel, écuyer, capitaine d'une compagnie d'infanterie au régiment de Poyanne :

« Au nom de Dieu, créateur de toute chose, insy soict-il.

» Et d'autant qu'il n'y a rien de sy serten que la mort ni plus
» insertin que lure d'icelle, à cause de quoy le fils de Dieu,
» nostre sauveur Jésus-Crit nous avertit de veiller et de nous
» tenir prêt et sur nos gardes tout ainsy que fet un bon père de
» famille, lequel est assuré que le larron doit venir de nuict pour
» dérober dans sa mayson toutefois incertin de lure d'icelle.
» Cet pourquoie, moie noble J. Jacques de Melet, écuyer, Sei-
» gneur de la Barte, me représentant ce dessus, ie cru que ie ne
» pouvès pas mieus fère que de penser à travailler de bonne
» hure à conster par écrit ma dernière volonté, et dans le tans
» que je me trouve sain de cors et d'esprit pour disposer avec
» iujement et résoun de mes affaires sans atandre qu'une mala-
» die mortelle man fasse souvenir, veu quant ce quas (vu qu'en
» ce cas) bien souvent le mal ne done pas le loisir de fère telles
» choses avec un iujement bien rassis arrivant souvent qu'un
» notère conste par écrit ce que le malade n'a jamais pensé ni
» anthendeu (entendu) atachant plus son esprit à l'etsamen de sa
» conciance que non pas aux affaires du monde et fesant reflet-
» sion sur toutes ces considérations, cela m'oblige, estant en
» laage de 68 ans... ie voulu fère mon testament, aujourd'hui
» 22 mars 1681, l'ayant fet et ditté de ma propre volonté, ansam-
» ble écrit de ma men sans l'advis d'augun advocat quy me
» puisse servir d'escuse sy on pruve que an tout ie n'olservé les
» solennités requises, estimant qu'en matière de testement la
» senne volonté doit être tenue pour droict et qu'on y doit avoir
» plus dégard qu'à tout ce que les advocats et notères tracent
» par escrit comme parfois le plus esloigné de la pansée du tes-
» tatur.

» Or ie je veux et prétends que cesy soict mon dernier et uni-
» que testement. »

Après ce préambule, qui donne beaucoup à penser sur la façon dont les notaires de l'époque remplissaient leur devoir en matière de testament, le Seigneur de Labarthe recommande son âme à Dieu et aux Saints et commence à indiquer la série de ses legs.

Les œuvres pies tiennent une grande place dans ses dernières volontés ; viennent enfin les legs en faveur de ses enfants. Ses dispositions sont curieuses et les raisons dont il les appuie sont marquées au coin du bon sens et de la foi.

Il laissé à Nan, son aînée, 4.000 livres, mais elle n'en touchera que 1.000 si elle ne se marie pas suivant sa condition (le bon écuyer n'admet pas la raison de caprice), et 3.000 si elle rentre dans un couvent... « et si mon héritier antend échaper à meil- » leur marché, il luy est permis de le fère... »

A Janeton, sa seconde fille, il réserve aussi 4.000 livres, mais si elle sortait du couvent après y être entrée, on ne lui donnera que 1.500 livres. « Si je les impose quelque chose de dur, dit-il, » elles peuvent croire que an Dieu et consciance ie ne le cru fère » que pour lur mieux, sachant que le ceste et fragile (sexe est » fragile) et que les filles souvante fois suivent plutôt leurs pas- » sions que fère réfelsion à quy elles ont l'honnur d'apartenir, » pour insy il vaut mieux lur ôter l'occasion de faillir que de lur » enlever le pouvoir.

» L'ayné mâle de la branche l'emportera sur les autres mâles » ou femelles dans l'ordre de succession... luy et le descendant » porteront le nom et armes de Melet. Les armes sont un cerf » rampant... » (1).

----

(1) Etude Lamoli.

CHAPITRE IX

——

La Communauté sous les Barons

Mugron ne ,fut jamais, comme la plupart des bastides du Midi,
une communauté souverainement indépendante. Jamais elle ne
jouit, à l'instar de ces dernières, de cette fière autonomie qui fut
la condition première de leur existence.

Les fondateurs de ces bastides, mus par un sentiment émanci-
pateur qu'on ne saurait trop admirer, avaient inscrit hardiment
au frontispice de leur jurade, le mot toujours magique de : Liberté ; et ce fut au nom de cette liberté que les hommes avides
de fors et de privilèges accoururent à leur appel. De là, cette
noble attitude que les bastidiens eurent toujours vis-à-vis de quiconque osait narguer leur indépendance. Toutes ces communautés, formées à la suite de paréages, consentis par les puissances
souveraines qui les avaient dictés, vivaient comme autant de
républiques aux petits pieds, assez semblables à celles que
l'Italie voyait jadis fleurir sur son territoire.

C'est ainsi que nous apparaissent et que se développent Cazères et Grenade, pour ne parler que de celles dont nous avons
particulièrement étudié les Constitutions.

Mugron ne jouit jamais de ces avantages. Bâtie peu à peu,
presque au jour le jour, selon les exigences de ses besoins et
toujours à l'ombre du donjon seigneurial, elle fut obligée d'accepter et de subir, pendant un certain temps, la puissance qui la
dominait. Cette puissance fut-elle tyrannique ? Jamais plainte
bien sérieuse ne fut formulée, sur ce point, par l'ensemble de la
population.

Sans doute, il put arriver, tandis que les Barons vivaient loin de leurs domaines, que leurs représentants abusassent, une fois ou autre, de leur confiance ; les juges, les procureurs, les sergents, les bayles eux-mêmes en prirent parfois à leur aise ; mais la voix autorisée de la Jurade, défendant les intérêts de la communauté, fut toujours entendue, et les excès du pouvoir délégué toujours réprouvés. C'est ce que nous avons vu arriver, chaque fois qu'une décision par trop arbitraire donnait quelque entorse à la justice ; le syndic, avisé, portait ses doléances près du Baron ou près de son procureur, et la force le cédait au droit.

Il nous plaît de prendre, dans le tas de nombreuses paperasses, dont la lecture nous a autorisé à parler ainsi, certains exemples qui plaident tous en faveur de notre assertion.

En 1621, il plaît à la dame de Bassillon, de construire une halle au sein même de la bourgade (1). Pour ce faire, et de son autorité de baronne, elle appuie sa construction sur une muraille qui ne lui appartient pas. Protectrice des faibles et des opprimés, la Jurade prend hardiment la défense du sieur Larhède, lésé dans ses droits. Les pourparlers sont longs, les réclamations aboutissent difficilement. Mais, la justice parlant haut, messire Philippe de Bénac, agissant au nom de la fantasque Baronne, est obligé de capituler. Aussi forte que tenace, dans ses exigences, la communauté met dix-neuf ans à poursuivre la cause de son pupille, mais elle la gagna.

Possesseur par droit d'achat de la baronnie, le duc de Biron veut, un jour, se mêler de la nomination de ses jurats. Cette ingérence, dans les affaires de la communauté, est d'autant plus audacieuse qu'elle est plus nouvelle.

La population ne l'accepte pas. Que le Baron envoie d'office son procureur aux assemblées où se vident et se règlent les affaires de police, c'est son droit ! Que son juge préside ces assemblées, c'est dans l'ordre ! Mais, s'il s'agit de discuter sur les intérêts propres de la communauté, sur le choix et la nomination de ses jurats, sur le règlement de ses comptes et l'assiette de ses impôts, le Seigneur n'a rien à voir dans ces questions.

---

(1) Étude Lamoli.

« Nous consentons, disent les magistrats dans leurs protestations (1), à ne pas nous assembler dans notre maison commune,
et à nous réunir, si tant il plaît au Baron, dans la salle du parquet
et de l'auditoire, que le Duc nous fait offrir par exploît d'huissier,
mais, là, comme chez nous, nous soutiendrons nos droits. »

Cette indépendance relative, que les mandataires du pouvoir
communal prétendaient tenir de leurs commettants et qui, parfois, les faisait se montrer si rogues vis-à-vis du Seigneur
baronnial, semblait aussi favoriser, entre temps, leur sans-gêne
vis-à-vis de leurs administrés. Des menées sourdes, excitées et
conduites par une certaine animosité entre les deux autorités,
s'étaient fait jour au sein de la communauté.

Depuis longtemps, deux camps étaient en présence : le camp
des *pressurants* et celui des *pressurés*.

Fiers des prérogatives que leur donnait leur titre de maîtres
du conseil, les soi-disant nobles et leurs amis, les bourgeois, abu-
saient, paraît-il, de leur situation, s'il faut en croire les chroniqueurs mugronais de l'époque (2). La justice distributive ne présidait plus à la désignation des charges ni à la fixation des
corvées.

Le népotisme entrait pour beaucoup dans le choix des candidats aux offices municipaux ; la péréquation des impôts elle-
même laissait à désirer, et le mécontentement s'affirmait, de
jour en jour, dans l'élément populaire. Prenant les devants, par
crainte d'un soulèvement que les murmures rendaient de plus en
plus menaçant, la partie dirigeante de la population veut parer le
coup et envoie une supplique motivée à M. de Pomereux ; la
voici dans sa teneur, aussi alambiquée que roublarde :

« Supplient les habitants, jurats et syndic de la communauté de
» Mugron, disant que dans le présent lieu, il y a un grand bourg,
» où il habite plusieurs personnes de ceux qui vivent noblement
» par leurs rentes, même distinguées par l'ancienneté de leurs
» familles qui composent la plus grande partie du corps de la
» communauté ; parmi ce corps, par une suite de temps, les pro-

______

(1) Arch. com.
(2) Arch. com.

» cureurs, postulants, sergents, dont les pères n'ont point passé
» par les charges, presque sans biens, entrent dans ce corps, et
» donnent leurs suffrages, qui peuvent souvent susciter des inci-
» dents par des cabales qu'ils résoudront entre eux... D'ailleurs,
» la levée des deniers royaux s'élève à 6.300 livres; étant hors
» d'état de répondre de cette somme, on n'ose pas au temps des
» élections des jurats présenter aucun d'eux, de crainte qu'ils ne
» soient pas solvables, ce qui les autorise à provoquer des caba-
» les... ».

La supplique cite, en terminant, l'exemple de la communauté
de Montaut, bourgade voisine de Mugron, qui a obtenu, il y
a quinze ans, la faveur d'élire ses douze conseillers ou jurats,
dans les rangs seuls de la noblesse et de la bourgeoisie.

On le voit, par la teneur de cette pièce, la caste élevée ne veut
pas déchoir de sa dignité.

Trompé par la menace d'un danger public, que les suppliants
mettent insidieusement en avant, l'Intendant accède à la
demande, et Mugron obtient de prendre ses douze jurats dans les
rangs choisis de sa population.

Grâce à cette décision antidémocratique, chaque fois qu'il
s'agissait de renouveler le conseil, les principaux habitants se
réunissaient dans des comices particuliers, au nombre de quarante, et là, tout se faisant en famille, étaient nommés les douze
jurats et les trois collecteurs qui s'occupaient de l'administration
communale et surveillaient la rentrée et l'emploi des finances.

Cette façon, par trop aristocratique, de traiter en partie négli-
geable tous ceux que le manque de particule ou de titre honorable bannissait du cadre électoral, finit par soulever plus que des
murmures.

L'heure de la révolte avait sonné !

CHAPITRE X

Révolte des Paysans

Nous avons lu avec étonnement, dans nos archives, la relation
de cet événement, que nos mœurs modernes accepteraient,
peut-être, comme la juste interprétation d'un état d'âme surex-
cité par l'excès et l'abus du pouvoir, mais que le tempérament
de l'époque où il s'accomplit, nous a montré sous un jour aussi
troublé que dangereux.

C'était le 3 juillet 1741.

Tandis que les quarante élus s'étaient réunis pour protester
contre une plainte adressée à M. l'Intendant du pouvoir seigneurial, le juge Lanefranque, tout à coup, la salle des délibérations est envahie par trente paysans et métayers, que conduit
l'âme damnée du magistrat, le bayle Baurens.

Leurs gourdons à la main, les campagnards réclament leur
part élective dans la représentation communale.

Devant cette levée d'aiguillons, le syndic du conseil, un autre
Lanefranque, sent la moutarde lui monter au nez, et, prenant
une résolution héroïque dans la circonstance, il donne ordre à
ses sergents de faire évacuer la salle.

Contrairement à cette injonction, au lieu de s'opérer en arrière,
la poussée se fait en avant.

Les paysans se sont soulevés sur l'invitation du juge ; conduits
et soutenus par ses agents, ils ne quitteront pas la salle avant
que leurs réclamations n'aient été entendues.

La discussion arrivant à l'état aigu, Lanefranque invoque

l'ordonnance de M. de Pommereux, en date du 22 juin 1732, qui fixe à quarante seulement le nombre des conseillers ayant droit au vote.

La troupe campagnarde n'a que faire de cette pièce... pas de parias dans la commune, crie-t-elle ; elle veut sa part au scrutin.

Le désordre s'accentue, et tourne à la bagarre, le président quitte la salle, et la réunion est dissoute. Pour le quart d'heure, « le droit reste à la force, car le greffier, dont nous avons » résumé le rapport, s'exprime ainsi :

» Comme nous avons levé l'assemblée et que chacun allait se » retirer, le dit juge Lanefranque, qui était toujours assisté de » ses paysans, nomma seul et de sa *saine* tête, quatre auditeurs » de comptes, pris dans les rangs des révoltés, disant qu'il était » le maître. Ce qui est tout à fait irrégulier, ajoute le rapporteur, » et marque une autorité despotique de la part de ce magis- » trat » (1).

Et le magistrat allant de l'avant, s'adressa à M. de Sérilly pour obtenir l'annulation des douze conseillers nommés par les quarante électeurs.

L'Intendant cassa les élections, somma les conseillers accusés de répondre aux griefs qu'on leur imputait, fit procéder à un nouveau choix, décida que, désormais, les assemblées communales se tiendraient dans la salle de la justice, et, donnant une fiche de consolation aux mécontents, décida, qu'à partir de ce jour tous les habitants seraient appelés à se faire représenter, dans les assemblées, par des délégués, choisis indistinctement dans chaque quartier.

D'après la sentence du maître, le syndic présidera les réunions, mais sa voix, comme d'ailleurs celle du procureur, ne sera que purement consultative ; les délibérations seront couchées sur un registre « tenu en papier timbré, côté et paraphé par le juge » ; les assemblées générales, rares d'ailleurs, n'auront lieu que dans les cas d'emprunt, d'impôts nouveaux et de procès à soutenir ; le coffret pour la conservation des archives aura deux clefs,

---

(1) Arch. com.

dont l'une sera entre les mains du syndic, et l'autre dans celle du premier jurat.

Le coffret sera conservé dans la jurade.

Les mécontents furent-ils satisfaits ? Nous ne le pensons pas, et les paysans trompés par les ambitieux et les tracassiers, évincés des charges publiques, en furent pour la levée inutile de leurs aiguillons. Leur sort, si tant il était à plaindre, ne fut point amélioré de ce fait et il arriva pour eux, ce qui arrive toujours en pareil cas, la confiance de leur maître diminua d'autant plus en leur faveur que leur méfiance s'était plus accentuée contre eux.

Mugron continua à subir l'influence des ses quarante électeurs, pris dans la partie la plus éclairée de la population, et les affaires n'en marchèrent pas plus mal

Sur ces entrefaites, les jurats de Mugron se sentant enhardis par le succès qu'ils avaient obtenu, jugèrent à propros de secouer un peu le joug, que certains forains puissants, grands seigneurs, soutenus en haut lieu, prétendaient exercer sur eux.

D'après un arrêt du conseil royal, en date de 1696, les communautés avaient été autorisées d'imposer à la taille les diverses terres qui ne jouissaient point d'un titre privilège spécial. Le bois de Tingon, se trouvant dans ce cas, avait toujours été, depuis cette époque, compris dans le total du rôle de l'impôt. Cela déplaisait singulièrement au propriétaire de cette terre, M. de Pichard, un adversaire d'autant plus redoutable que sa qualité de conseiller au Parlement le rendait plus puissant.

Il s'agissait simplement de la restitution d'un impôt injustement perçu, disait le Seigneur de Tingon, depuis vingt-neuf ans.

Mis au pied du mur par des exigences fortement exprimés, les Mugronais, oubliant leur manque de délicatesse vis-à-vis de leur Baron, s'adressèrent à lui. La réponse du Duc est à citer :

Malgré les mauvais procédés de votre communauté à mon égard, je veux faire tout ce qui dépend de moy, pour luy rendre service dans l'affaire que M. de Pichard luy a intenté. Vous n'avez qu'à informer M. Lanefranque, il fera de son mieux pour que vos droits soient conservés.

Je suis, MM., tout à vous,

Maréchal de BIRON.

Adressée à M. Labeyrie, syndic, cette lettre eut tout son effet; l'assemblée générale fut convoquée et M. de Pichard évincé de ses prétentions.

CHAPITRE XI

Instruction primaire. — Les Régents à Nerbis-Mugron.

Avant d'entrer de plain-pied dans l'histoire de la Révolution, nous voulons, comme pour dire adieu à ces temps anciens sur lesquels l'ignorance, plus encore peut-être que la mauvaise foi, nous a laissé de si mensongères impressions, insister sur certaines questions dont nous avons eu toujours à cœur d'éclaircir les obscurités.

Nous plaçons en première ligne la question de l'instruction populaire.

On est généralement peu édifié sur ce point : il est même admis dans un certain milieu, que nos pères négligeaient complètement cette partie. Pour peu qu'on pressât les tenants de cette injurieuse affirmation, on arriverait à accepter comme véridique l'assertion banale qu'ils signaient leurs actes avec l'empreinte de la croix de chapelet tout comme leurs Seigneurs féodaux le faisaient avec le pommeau de leur épée. On aura trouvé, sur certains registres, par-ci, par-là, cette subscription toute de confiance et de bonne foi : « ...lequel de ce requis a fait une croix pour ne savoir signer... » et, sans autre forme d'enquête, on a immédiatement conclu : nos pères ne savaient ni lire, ni écrire.

Aussi, est-ce avec un souci tout particulier que notre étude s'est appesantie sur ce sujet. Après avoir constaté, sur des milliers de pièces notariées, entassés dans les études tabellionnaires, que nos pères affirmaient, par d'autres signes qu'une croix, leur identité ; après avoir tourné et retourné les pages de nos registres communaux, nous sommes arrivés à reconstituer la nomenclature de tous les instituteurs régents qui se sont succédés, dans la double paroisse de Mugron, depuis 1600 ; nous y avons trouvé la façon toute particulière dont ils étaient recrutés, les émoluments dont on payait leurs services, même la description des locaux dans lesquels se tenait leur école.

Les maîtres d'école, avant l'ère révolutionnaire, ne relevaient pas, comme aujourd'hui, d'une autorité constituée par des règlements académiques. Pouvait être reçu régent quiconque donnait des garanties sérieuses et spéciales exigées par les communautés. Les communautés, de leur côté, recevaient sur ce point, les inspirations de l'Église.

Les procès-verbaux des visites pastorales que nos évêques faisaient aux paroisses nous édifient sur ce point, et les délibérations des jurades, qui se sont succédées à Mugron, complètent cette édification.

« Le 24 octobre 1660, les jurats et sieur M. Dengos, régent au
» présent lieu (de Mugron) font les conditions suivantes : En pre-
» mier lieu, a promis le sieur Dengos de tenir les écolles au pré-
» sent lieu pour l'admonition et instruction de la jeunesse tant à
» lire et écrire, l'espace d'une année prochaine et advenir com-
» mencer le 22 août dernier passé finissant le même et semblable
» jour, la dite année *escheue* et *revoleue* à condition qu'il ne
» pourra demander aux habitants pour les enfants qui n'escrivent
» pour chascun que cinq sols par moys et pour ceux qui escrivent
» huict sols par moys et régulièrement payé moys par moys et
» en cas qu'il y en aye qui veulent apprendre l'arimettique, ils
» s'en accorderont du prix avec le d. sr Dengos et pour les
» estrangers hors la juridiction sera loisible aud. sr Dengos d'en
» enseigner tant qu'il voudra et les faire payer à sa discrétion...
» moyennant quoy le d. sr Lamoli juge. »

En 1628, M. de Larhède, Curé de Nerbis, donne par testament une pièce de terre appelée : « *La petite vignote dou pé dou camp,*
» à la charge par les habitants d'entretenir un régent bien *cogneu*
» dans le pays d'honesteté de vie et conversation ». Quelles sont les fonctions spéciales de ce régent ? Instruire la jeunesse à la doctrine chrétienne. Le généreux testateur va plus loin. Il laisse 6 livres de rente annuelle pour l'entretien de ce régent : son école

sera gratuite pour tous les enfants pauvres « auquel collège, est-
» il dit dans le testament, les parents du dit curé ou pauvres *cir-*
» *consvoisinés* pourront aller sans payer aulcun sallère. Veult et
» entend encore, M. de Larhède, que les dits habitants de Nerbis-
» Mugron fassent bâtir une maisonnette au lieu du dit Nerbis. »

Fouillant toujours dans les mêmes archives, nos yeux ont lu
non seulement le nom des divers régents qui se sont succédé
dans la même maisonnette, mais encore le quantum des émoluments qui leur étaient alloués. En 1707, Mugron donne 100 livres
à son instituteur : c'est un nommé Dufau, maître ès-arts et en lati-
nité qui les touche. Sa besogne augmentant de jour en jour, la
Jurade juge convenable de lui joindre un aide, et Pierre de
Laforcade reçoit 50 livres pour joindre ses leçons à celles du
titulaire.

Nous relevons, en 1721, le nom de quatre titulaires établis dans
les divers quartiers de Nerbis-Mugron. Leur enseignement comprenait la lecture, l'écriture, les chiffres, et l'un d'eux avait la
spécialité du latin.

Ces diverses branches de leur enseignement étaient, il est vrai,
facultatives ; il dépendait de la volonté des parents d'en fixer la
nature et d'en arrêter le coût conformément au tarif fixé par la
Jurade.

Tout élève qui apprenait simplement à lire payait, s'il n'était
point pauvre, dix-sept sous et demi par an : il en versait quinze
de plus, si l'écriture faisait partie de son enseignement : et il arrivait à vingt, si l'étude des chiffres se joignait à celle-ci. En 1727,
Jean Baurens, maître-écrivain et régent latiniste demande des
gages plus élevés ; vingt-cinq écus lui semblent répondre à l'importance des matières qu'il professe.

La communauté trouve le chiffre exagéré, vu surtout la nécessité problématique du latin. Sur trente élèves, dit le rapport, huit
à peine apprendront cette langue. L'affaire se corse et l'Intendant
intervient dans la discussion. Le bon sens parlant par sa bouche,
ce représentant de suprême autorité ordonne qu'il sera prélevé
150 livres sur le rôle de la taille, 75 seront alloués au grammai-
rien latiniste, et 75 au régent de la lecture et de l'écriture. Les
parents feront un surplus de 3 livres au maître ès-arts latiniste.

Dominique Dupérier occupa la chaire du thème et de la version,
et Baurens, celle de la lecture et de la calligraphie.

Quelques années plus tard, sur la proposition du procureur du roi, la communauté nomme le sieur Castet humaniste. Les gages de ce personnage sont augmentés : 200 livres en sus de la rétribution ordinaire des parents lui sont allouées par la Jurade. Il est, nous dit la délibération, maître ès-arts, de bonne vie et mœurs, et de religion catholique, apostolique et romaine. Le latin fait partie de son enseignement. Laulon lui succède dans les mêmes fonctions. Né protestant, ce régent abdique les doctrines de la Réforme et devient un maître aussi exemplaire que dévoué.

En 1766, les fonds faisant défaut pour payer les régents, les Jurats « ont mal au cœur de voir les enfants dans l'ignorance et » l'oisiveté continuelle. Leur intelligence devrait être cultivée... » Il est affligeant de ne pouvoir penser à un régent... de laisser » errer les enfants... de les voir livrés à eux-mêmes et dans l'im- » possibilité de recevoir les instructions propres et nécessaires » à leur condition, au lieu que, par l'établissement d'un maître » d'école et d'un latiniste avec des gages raisonnables, le riche » et le pauvre, la veuve et l'orphelin, jouiront dorénavant de la » douce consolation de voir occuper, instruire et élever leurs » enfants, sans frais, ou du moins, au moyen d'une mince et très » petite rétribution.

» La communauté supplie Sa Majesté et son Conseil de per- » mettre et d'accorder à la présente ville de Mugron l'établisse- » ment d'un maître d'école et d'un régent latiniste avec 400 francs » de gages, ainsi qu'il se pratique notamment à Tartas, où il a » été établi deux régents avec 500 de gages, qui se prennent sur » les octroys..... Demande accordée par M. d'Etigny d'Auch, le » 30 décembre 1766. Les régents fourniront l'encre, vu l'impos- » sibilité où sont les parents de les procurer » (1).

Nous avons pu reconstituer la liste entière des régents exerçant leurs fonctions, à Mugron, depuis 1628, jusqu'à la Révolution. Nous avons constaté, à plusieurs reprises, que, même durant cet espace de temps, la communauté se payait le luxe d'une institutrice pour les filles. Dès 1708, l'instruction fait de

____

(1) Arch. com.

tels progrès que la Jurade est obligée de prendre à la fois plusieurs maîtres d'école. Le nombre en arrive jusqu'à quatre.

En 1733, un règlement nouveau fixe la situation des régents et ce règlement est approuvé par Monseigneur l'Évêque.

En 1727, St-Aubin s'insurge contre une imposition qu'on veut lui faire subrepticement, à la taille, de 75 livres pour payer le régent. Les principaux habitants disent : « Si la communauté veut un régent, c'est à ceux qui veulent faire apprendre à lire et à écrire leurs enfants de payer, en leur particulier, le régent... Quant à l'instruction du catéchisme, le sieur curé de cette paroisse et son vicaire ne manquent pas de la donner aux grands et aux petits, en faisant le catéchisme. » Requête adressée à l'Intendant (1).

Ces deux maîtres, dont la nomination avait tant préoccupé la population entière, durent recevoir l'investiture de l'autorité ecclésiastique. Ils ne purent exercer qu'après l'autorisation de l'Évêque.

-----

(1) Étude Lamoli.

CHAPITRE XII

La Taille. — La Dîme.

La question de la taille se présente à notre étude. L'examiner est, croyons-nous, rendre service à tous ceux qui désirent éclairer sur elle leur bonne foi.

Tous les relevés des impôts, depuis 1654, dans la juridiction de Mugron sont sous nos yeux. Ces éléments pris dans les archives officielles de la commune, nous permettent, non seulement de donner le chiffre exact de la taille en général, année par année, mais encore d'attribuer à chaque propriétaire le quantum de ses contributions. Cinquante-deux figurent dans la liste des impôts de 1654, tant forains que de l'endroit. Le total de leur taille, comprenant le vingtième, la capitation, les subsistances, donations et droits réservés, arrive à la somme de 1.774 livres et 17 sous.

Parmi les principaux pressurés, pour me servir d'une expression admise, nous trouvons : M. de Soûbe, conseiller au présidial de Dax. Ses impôts atteignent le chiffre de 119 livres ; M. de Lanefranque, notaire, verse au trésor 71 livres ; M. Darbo, sieur de Pé-de-Peyran, 64 ; M. d'Estoupignan, sieur de Bonnefond, 42 ; M. Dupérier, notaire, 25.

Les quartiers de Ségas et de Labarthe ont un rôle à part ; ils ajoutent au chiffre principal 1.419 livres 17 sous et 7 deniers, ce qui fait arriver la taille des trois communautés à la somme de 3.184 livres 14 sous et 7 deniers. Or, voici, d'après toujours les mêmes pièces, comment se partageait ce total. La taille propre-

ment dite y prenait 2.585 livres. 64 livres, 12 sous et 6 deniers ;
7 étaient attribuées au collecteur. Le Sceau ou enregistrement
y prélevait 9 livres 12 sous. Les frais des nouveaux *acquets,*
5 livres 3 sous. L'achat des fourrages nécessaires aux quartiers
d'hiver, 380 livres 9 sous. L'hôpital, 32 livres 6 sous. L'abonne-
ment aux bouchers, les frais des courtiers de la ville, des jau-
geurs et des inspecteurs des bois, 80 livres 17 sous ; enfin,
32 livres 5 sous et 9 deniers en étaient encore distraits pour l'entretien des ports de Bayonne et de La Rochelle.

Comment se percevait la taille ?

L'ordre du roi, publié par les soins de l'Intendant des finances,
siégeant à Bordeaux, les syndics de chaque paroisse se réunissaient pour en déterminer l'assiette dans leurs propres juridictions. Le terrier sous les yeux, et le cahier coutumier à côté, ces
répartiteurs fixaient la quote-part de chaque feu ; dès ce moment,
le rôle devenait exécutoire aux *périls* et *fortunes* des jurats et
assesseurs, disent les procès verbaux à ce rédigés.

Le sergent ordinaire de police nommé par les Jurats, se trans-
portait le dimanche, à l'issue de la messe de paroisse, devant
l'église et annonçait l'arrivée du rôle de la taille :

« J'ay crié qu'il y aurait assignation générale de la commu-
» nauté mardy prochain à 2 heures de relevée au parquet ordi-
» naire... que j'invitais tous les principaux habitants, les tailla-
» bles, de s'y rendre pour donner leur avis... ensuite j'ay affiché
» copie du présent sur le pillier et cantonnade de la halle et pri-
» son de Mugron... 1754, 3 novembre » (1).

Le taillable de Mugron était composé de 2.600 journaux dont
800 en vignes et 600 en terres labourables ; le surplus se composait de landes, bois, taillis, tauzins, ayres, ayriaux et terres
incultes.

La vigne et la bonne terre, conclut le rédacteur des notes que
nous avons consultées, donnaient au maître 10 livres de revenus
par arpent, et la terre labourable 3 livres et 10 sous.

Deux sortes de biens ne payaient pas le vingtième, les biens
appelés nobles et les biens de main-morte abonnés par le clergé.

---

(1) Arch. com.

Il ne faut point conclure de cette exception que ces biens, dits privilégiés, fussent exempts de toute taille. Leurs rôles avaient leur place dans les casiers des receveurs des deniers publics. Leur objet formait, à l'époque dont nous parlons, un capital de 50.000 livres dont la rente au denier vingt était de 2.500 livres.

Les chiffres ont ici un langage assez clair pour détruire la fameuse légende affirmant que les terres nobles et celles de main-morte ne donnaient rien à l'État. Les communautés sur lesquelles ces biens étaient assis ne pouvaient point, sans doute, les régaler, les faire figurer dans l'assiette de leur impôt, mais un contrat passé avec l'État les imposait de force ; le Clergé et les terres nobles étaient abonnés, et leur taxe, comme nous le voyons dans la pièce que nous analysons, dépassait de beaucoup celle que chaque taillable devait supporter. La gent taillable de Mugron donnait 3.184 livres, 14 sous et 7 deniers, et la gent noble, bien moins nombreuse, arrivait au chiffre de 2.500 livres.

Le moyen dont usait la communauté pour faire rentrer l'impôt était des plus simples. Le *Fourre* ou porteur de contrainte n'étant pas encore inventé, le collecteur envoyait sa plainte au fermier général qui, simplement, faisait dépêcher des hommes d'armes chez les récalcitrants.

C'est ainsi que le sieur Raymond Dauney, bayle, fait savoir à J. Declaux de Pénadaou et à ses consorts jurats de Mugron qu'il va leur envoyer des cavaliers s'ils se refusaient à payer leur taille, les sommant de représenter leur rôle pour savoir quel était leur dû. Les frais de la *cavalcade* seraient à leur charge (1).

Il arrivait même, quelquefois, que la *Prévôté était mobilisée* et qu'une saisie avait lieu. Les habitants de Poyaler en surent quelque chose. Le 9 juillet 1667, les Mugronais s'en étaient déjà aperçus, en voyant arriver dans leurs murs, le 13 septembre 1660, une compagnie de gens de guerre chargés de faire rentrer la taille.

Cette sévérité pesait, non seulement sur les simples citoyens, mais, les collecteurs eux-mêmes et les jurats qui les avaient choisis en subissaient la conséquence. Le 25 juillet 1678, M. de

---

(1) 1659, 19 sept. (Étude Lamoli).

Lamoli, juge, et son greffier, « sieur Peez de Lanefranque,
» créanciers de diverses et notables sommes vis-à-vis de la com-
» munauté, depuis les derniers mouvements de guerre en cette
» province de Guyenne, comme il appert, tant par arrêt de la
» cour des aydes, que par leur obligation, furent victimes des
» rigueurs de cette loi », sans, ajoute la pièce que nous copions,
qu'ils aient pu être désintéressés par la communauté. L'impôt
dont ils avaient la charge n'était pas rentré. Ce fut bien le cas,
pour eux, de répéter l'adage : *honor cui honor*, mais *onus cui
onus.*

Pour mieux assurer la levée de la taille, les syndics étaient
obligés de renommer, chaque année, les jurats spéciaux destinés
à colliser et à esgaliser les parteneurs (ou taillables).

Nous avons eu la bonne chance, en fouillant un peu partout,
de mettre la main sur le *dixmaire* de la paroisse de Mugron.

Cette pièce porte la date de 1756. Sa lecture nous a été d'un
puissant secours, pour, sur cette question, ramener toutes les
choses au point. Car, il faut bien l'avouer, bon nombre de gens
parlent de la dîme sans en connaître le premier mot. Que de discussions s'engagent là-dessus, dans les auberges et lieux divers
de réunions, surtout en temps d'élections, dans lesquelles les
exagérations les plus abracadabrantes prennent les allures des
vérités les mieux assises. Que le métayer était donc malheureux
à cette époque de féodalité tyrannique ! clament ces avaleurs de
chopines, dès que la chanterelle de leur gosier, toujours à sec,
monte au ton du diapason démocratique : pauvres métayers
pressurés par la dîme ! Et sur ce thème, d'autant plus agaçant
qu'il est injuste, les plus grandes absurdités viennent égarer la
crédulité troublée des auditeurs.

Voici d'abord la nomenclature des décimateurs de Mugron :
1º le Prieur de Nerbis, 2º le Curé de Mugron, 3º la Fabrique, 4º le
Seigneur de Mugron, 5º l'Évêque de Dax, 6º le Chapitre de Dax,
7º l'Évêque d'Aire, 8º l'Église de Laurède.

Quelle était la part de ces divers décimateurs ?

La valeur de la part du Prieur était de 5.500 livres, selon le
titre d'afferme fait par un acte public. Cette part représentait les
biens de la dîme. Les tiers qui revenaient aux deux curés (Nerbis

et Mugron), n'étant que la moitié de cette somme, arrivaient à peine au chiffre de 2.750.

Le dîmaire ajoute : « Il y a d'ailleurs des Pacaires (ou gros décimateurs) dans les quartiers, qui forment tout au plus 750 ».

Ces détails sont très instructifs. Ajoutons-y la situation du Prieur de Nerbis à la veille de la Révolution.

C'était le sieur Barrière Taillefer (1790). Il était grand'vicaire de Mgr l'Évêque de Périgueux et prieur ou curé de Nerbis-Mugron. Gros décimateur des deux paroisses, recevant à ce titre les deux-tiers de la dîme des fruits, il les avait affermés au s^r Serval, bourgeois de Paris, pour la somme de 5.000 livres. Les deux restaient solidairement chargés de payer les décimes. En sus, le prieur payait l'honoraire d'un vicaire à Mugron, des deux benoîts de Nerbis et de Mugron ; de plus, il donnait 25 écus par an pour l'honoraire du prédicateur, soit 75 livres.

Pour tous ces revenus, Taillefer payait au fisc 550 livres. L'étude de M. Lanefranque nous livre une pièce nous disant que le fermier des dîmes dues au *Prieur*, devait, en outre des 500 livres, payer à M. Mathieu, curé, la *moitié* de 12 barriques de vin pour la rente annuelle que le Prieur de Nerbis, s^r de Pontac, est tenu envers le curé, envoyer au s^r de Pontac en son hôtel à Bordeaux, 12 jambons de Lahontan, chaque année, vers le 15 mars, payer les décimes, dons du roi et autres charges, plus deux charretées de paille de froment à M. Labeyrie, juge du présent lieu.

L'état de 1790, des archives de Mugron, nous dit à propos de la dîme perçue par le curé de Mugron. « Le sieur Monferran, curé » de Mugron perçoit le bien de la dîme de la dite paroisse à la » réserve de certains quartiers dont il sera cy après parlé ». Il régit lui-même cette dixme et par la déclaration qu'il a faite, le 21 février 1790, il l'a évaluée à 2.000 livres.

Il est tenu au payement de l'honoraire d'un vicaire, de celui des décimes, et il a été taxé à la capitation de la présente année. Comme curé, il jouit d'un *pred,* sis en Mugron, de 3 arpents, 6 lattes, qui lui rend 50 quintaux de foin.

Il n'y a point de presbytère, mais la commune est obligée de lui payer pour son logement 80 livres, suivant ordonnance du cy-devant commissaire.

Les revenus ou dîme de la fabrique se prélevaient d'après le dernier pouillé dans le territoire de Sengresse, de Toulozette et de Beyrac en Gouts, et se partageaient en deux portions égales entre l'église de Nerbis et celle de Mugron. Cependant l'église de Nerbis jouissait seule des revenus des carrières de Cabardos et des chênes qui y sont *assis,*

L'état de 1790 est encore plus clair : « Les Fabriques des égli- » ses de Nerbis et de Mugron jouissent conjointement : 1° de la » dixme de Sengresse en Souprosse ; 2° de la dixme de Toulou- » zette, qui donne 190 livres ; 3° de celle appelée Beyrac en » Gouts, évaluée à 102 livres. L'évêque d'Aire perçoit et jouit de » ces trois dixmes toutes les années bissextiles ».

Le Seigneur de Mugron percevait la dîme sur le quartier des *Ayens ;* cette dîme se nommait : le scison de St Crépary ; de plus, il prélevait sur le tiers des dîmes perçues par le chapitre de Dax, sur le même quartier, le sixième, estimé à 75 livres (1). Le Pouillé déjà cité ajoute : « Dans le quartier de Malabat, après » qu'on a prélevé un sixième, M. le duc de Biron prend la moitié » et dans le quartier de Labarthe, il prend la tierce de la dîme, » sur 4 maisons » (2).

Le Seigneur évêque de Dax et son Chapitre jouissent également dans le quartier de Boucosse et du Lamoua d'un droit de dîme. Cette dîme était estimée, suivant le contrat de ferme (1782), à 295 livres.

Outre ce revenu, le Chapitre de Dax en percevait d'autres sur certains particuliers. Ainsi, le Baron de Sauveterre lui faisait, en 1680, 4 livres 10 sols de rente pour ses biens de Boucosse et sa seigneurie. La métairie de Bergeres, les terres de Condrette et du Danèz lui donnaient en tout 11 livres 5 sols (3).

L'église de Laurède perçoit aussi sa part dans les dîmes de Boucosse, en Lamoua et de Bargueres (4). Il en est de même de M. le Curé de Gouts, sur le quartier de Lamoua, mais c'est très peu de chose.

Voici maintenant ce que nos lecteurs trouveront dans les archives communales au sujet de la dîme :

---

(1) Livre d Etat (1790).

(2) Etude Lamoli.

(3) Arch. de Dax, 44, 26.

(4) Ltat de 1790.

« A Mugron, le dixmaire se perçoit de douze un, soit en vin,
» soit en grain de toutes sorte. Les colons, dit toujours la même
» pièce, partagent les fruits comme suit : scavoir, pour le vin, la
» moitié; pour le grain, ils prennent les deux tiers, en sorte qu'il
» ne reste au maître que la moitié du vin et le tiers du grain. La
» part destinée au décimateur... l'une année portant l'autre, est
» de 30 kas, il reste 330 kas à partager entre le métayer et le
» colon. Ce grain est composé moitié froment et moitié blé
» d'inde. » Le kas était estimé, à l'époque, à 40 livres. Les propriétaires payent eux seuls les impositions.

D'après ce *dixmaire,* Mugron comprenait 500 maisons, servant
à loger tant les propriétaires que leurs colons et les fruits de
leurs métairies ; l'entretien de toutes ces constructions était à
la charge du maître, ainsi que les clôtures de tous les biens, soit
5.000 arpents, à raison de 20 sols par arpent.

« Les fiefs et autres redevances, faites annuellement au Sei-
» gneur, soit en argent, froment, avoine et poules, formant une
» somme de 1.200 livres. » Le dernier Pouillé du diocèse
d'Aire (1) fait la distribution de toutes les dîmes perçues dans
la juridiction de Mugron, de la manière suivante :

Saint-Laurens de Mugron, paroisse de 1.270 communautés :
le Prieur de Nerbis perçoit les deux tiers de la grosse dîme. M.
le Curé, l'autre tiers. Les novales (2) étaient confondues avec
l'ancienne dîme.

Dans le quartier d'Ayens, le chapitre d'Acqs prend la tierce,
sur laquelle tierce M. le Duc de Biron perçoit le sixième ; dans
le quartier de Malebat, après qu'on a prélevé un sixième, M. le
duc de Biron prend la moitié ; dans le quartier de Labarthe, M. le
duc de Biron prend la tierce de la dîme sur quatre maisons.
Dans le quartier de Barguères et Boucosse, après qu'on a prélevé
le sixième, la Fabrique de Laurède, au diocèse d'Acqs, perçoit la
tierce ; dans le quartier de Lamoua, M. le Curé de Gouts, au
même diocèse d'Acqs, prend toute la dîme qui est très peu de
chose.

____

(1) Pièce inédite trouvée à Pontault.
(2) C'était l'impôt très léger que payaient les terre nouvellement défrichées.

La dîme n'était pas toujours perçue directement par les décimateurs ; il en était d'elle comme de la taille ; les ayant-droit la donnaient souvent en afferme, préférant la perte de quelques revenus au désagrément pénible de porter le sac à la porte des maisons taxées. C'était aux enchères que la chose se réglait :

« L'ayant un peu élevé en haut à la vue de tous les assistants
» et faict crier lad. afferme par le Bayle à haute voix et cry
» public, avec déclaration que le dernier enchérisseur demurera
» fermier... La chandelle estant brûlée et led. feu mort... sur
» quoy... la dîme de Beyrac affermée pour 74 livres. Celle de
» Tholozette pour 105 livres et celle de St Gresse pour 518 livres
» 4 sols... » (1).

En 1669, les revenus dimaires de la cure de Mugron sont affermés, de cette façon, par P. de Jusanx et P. de Laporte, les deux marchands, à M. Dufourc, prêtre et curé, pour la somme de 2.025 livres (2). Ces revenus se décomposaient ainsi : « 93 barriques de vin, 15 mesures de seigle, 5 mesures et une pugnaire d'abogne pour P. de Jusaux. Laporte aurait conservé 34 barriques de vin, 22 sacs, 3 mesures et 3 pugnaires de froment, 41 mesures, 11 pugnaires de seigle, 2 mesures d'orge, 30 sacs, 2 mesures, 9 pugnaires de millet, 127 douzaines de lin, sans avoir porté l'estat du panis. »

Nous voyons, par cette afferme, que le revenu de la dîme pour le curé de Mugron, au XVII⁰ siècle, se composait de : 127 barriques de vin ; 56 sacs et 11 poignées de seigle ; 22 sacs, 3 mesures et 3 poignées de froment ; 7 mesures d'avoine ; 30 sacs, 2 mesures, 9 poignées de millet ; 127 douzaines de lin, et voilà tout...

<hr>

(1) Etude Lamoli.
(2) Étude Lanefranque, 2) juin 1660.

CHAPITRE XIII

Droits et préséances des Officiers Municipaux.

Régir la communauté telle que la travaillaient les nouvelles idées à la fin du XVIIe siècle n'était pas chose facile. Les affaires, paraît-il, y étaient nombreuses, et pour les expédier les vacations des magistrats se multipliant de jour en jour, la gratuité des charges devenait de plus en plus onéreuse.

De justes réclamations arrivèrent à ce sujet jusques aux pieds du trône et une ordonnance de Sa Majesté vint, en 1756, attribuer à chaque magistrat un traitement annuel compensateur (1). Le maire l'eut de 56 livres, les jurats de 30, chaque conseiller de 6, le procureur syndic de 30, le greffier de 20, le trésorier de 24, chaque valet de ville, (ils étaient quatre), de 30. Le char communal traîné de la sorte n'en marcha pas mieux ; l'argent ainsi distribué n'aplanissait pas les difficultés. D'après les procès, soulevés et soutenus pour des motifs souvent trop futiles, nous voyons qu'il en était alors comme aujourd'hui ; l'intérêt particulier l'emportait toujours sur le dévouement à la chose publique.

Ce traitement donné aux magistrats appauvrissait-il un peu trop la caisse communale, ou bien les abus inhérents à cet ordre de choses devinrent-ils trop criards ? Toutes ces suppositions sont naturelles.

---

(1) Déjà cependant nous trouvons que le maire recevait une certaine indemnité. Le budget de 1676 lui attribue 13 livres 12 sous par an.

Une seconde ordonnance du roi, publiée le 17 septembre 1767, vint couper court au mal.

« Vu les états des revenus patrimoniaux et d'octroys montant à
» 3.093 livres, l'état des charges locales à 12.629 livres et 16 sous,
» attendu que les officiers municipaux des villes et bourgs
» doivent remplir leurs fonctions sans rétribution, Sa Majesté
» n'ayant point voulu qu'il y eut une récompense pécuniaire
» attachée à ces places qui sont purement honorifiques, qui doi-
» vient être remplies par des habitants distingués qui ne cher-
» chent d'autre récompense que l'honneur de servir gratuitement
» leur patrie. En conséquence, nous avons supprimé et suppri-
» mons les gages et rétributions cy-dessus accordés aux maires,
» jurats et conseillers de la ville de Mugron et procédant à la
» fixation des charges locales et ordinaires, les avons réglées à
» la somme de 737 livres, savoir : au receveur syndic, 48 livres ;
» au secrétaire greffier de la communauté, 90 ; aux quatre
» valets, 200 ; pour le gage de celui qui entretient l'horloge et le
» fourniment des cordes des cloches, 30 livres ; pour les frais du
» feu de la ville (veille de la St Jean), et fourniture des cierges,
» 110 livres ; pour la rente du capital, la somme de 1.200 livres ;
» à l'hôpital, pour le flambeau de cire, fief annuel au Seigneur
» du lieu, 6 livres ; pour l'affièvement de la lande, 3 livres ; pour
» la fourniture du bois de chauffage, des chandelles et du papier
» 100 livres ; pour les directeurs de l'Hôtel-de-ville, 30 livres ».

D'après ce budget, Mugron avait son importance, il n'est donc pas étonnant que ses magistrats, flattés par la gratuité, prissent au sérieux leurs fonctions et tinssent aux honneurs qui y étaient attachés. Aussi, voyons-nous s'élever souvent, dans leurs rangs, des contestations au sujet des préséances. Roi, Intendant, Évêque, sont, à plusieurs reprises, mis à contribution pour qu'aucun de leurs droits ne fut ni confondu, ni usurpé.

C'est en 1733. La communauté n'est pas en bonnes relations avec son Baron. Le Duc prétend s'immiscer dans toutes ses affaires, tant budgétaires qu'administratives et policières. Le désaccord, s'affirmant de plus en plus, passe à l'état aigu.

L'autorité de Monseigneur de Montmorin, évêque d'Aire, est invoquée par les deux parties, et le prélat, usant de son influence, met la paix entre les mécontents.

Désormais, les officiers du duc de Biron seront exclus de

toutes les réunions tenues pour affaires de police. La communauté nommera deux jurats chargés de la représenter à la barre du juge, si le Baron donnait un lieutenant à ce dernier; dans le cas contraire, un seul magistrat contrebalancera l'autorité de son représentant dans le tribunal. Les prisons seront communes aux deux juridictions qui, d'accord, en nommeront le geôlier; la salle d'audience appartiendra aux deux, mais à des heures différentes et une clef spéciale sera dans la main du greffier de chaque partie.

Enfin, les réprésentants du Baron et de la communauté auront leurs places réservées à l'église, conformément à l'arrangement conclu en 1696.

Malgré cette sentence qui réglait si bien les droits de chacun, la paix ne régna pas toujours entre les deux autorités.

Fort de la dignité et de la protection du duc, la justice jalousait les prérogatives de la Jurade. Le 23 juin 1744, l'on vit, au grand scandale de la population, le juge Lanefranque, arracher des mains du valet de ville le flambeau réservé au jurat pour allumer le feu de joie. Douze ans plus tard, une scène plus scandaleuse encore vint jeter le trouble dans la paroisse.

C'était le jour de la Fête-Dieu, nous dit le procès-verbal de cette équipée, une mouche des plus inquiètes piqua encore le juge Lanefranque, ainsi que ses officiers. Tandis que la procession s'organisait, les branches du dais furent prises d'assaut à l'exclusion des membres de la communauté : en vain se présentèrent le maire, revêtu de ses insignes, les conseillers, et les jurats couverts de leur chapeau officiel; pas un gland, pas un bâton du dais ne fut cédé; les justiciers du Baron s'arrogèrent tous les honneurs. L'affaire fut loin de se terminer par une simple dispute. Le Parlement de Bordeaux en fut saisi, et les chambres des Tourelles eurent à se prononcer. Le procès coûta 42 livres et 14 sous.

La communauté eut gain de cause.

CHAPITRE XIV

L'Hôpital. — Les Médecins.

Nous abordons une question qu'une plume plus autorisée que
la nôtre a déjà traitée (1). Mais, notre travail serait incomplet, si
nous n'en disions pas un mot à notre tour.

Mugron avait, depuis longtemps déjà, dans les âges passés,
son hôpital, sa maison de refuge pour toutes les misères physi-
ques de la vie. La pauvreté, la maladie, les infirmités, que la
vieillesse amène avec elle, avaient, dans cette maison, un asile,
un secours, un soulagement. A quelle époque peut-on faire
remonter la fondation de cet établissement? Nous savons, par
les quelques mots que nous avons trouvés sur le passage de nos
investigations, qu'elle est due à cette grande et religieuse association qui, dans le moyen âge, parait, avec un soin et un dévouement que la foi seule peut inspirer, aux difficultés des grands
pèlerinages de l'époque.

Nos *Roumieux*, comme on aimait à appeler alors, les grands
dévôts ou les pénitents qui, le gourdon à la main, se rendaient
aux divers lieux de dévotion, partaient en toute sécurité et sans
souci aucun des difficultés du voyage, assurés de trouver, sur
leur chemin, des maisons hospitalières où les secours de route
leur étaient toujours ménagés.

------

(1) *L'Hôpital de Mugron*, par l'abbé FOIX. *Bullet. de la Société Borda*, 1895;
3e trimestre, pp. 143, 150.

Mugron se trouvant sur un de ces itinéraires, possédait, comme étape marquée, son établissement de repos (1). Nous lisons, en effet, sur les registres mortuaires de l'année 1648, que, le 15 avril, mourut à Mugron, allant à Saint-Jacques, un nommé Jean de Lapieux, pèlerin *valon*, âgé de 50 ans.

L'hôpital était dédié à St Jacques. Où se trouvait-il placé? Les archives de cet établissement nous disent « qu'estant basti sur le bord d'un précipice », donc en dehors de la ville, il fut transféré, en 1680, par les soins de son syndic, Jean de Labeyrie, dans l'intérieur même de ses murailles.

On lit sur le vieux parchemin qui sert de couverture au livre des délibérations de l'hôpital de Mugron, que J. de Labeyrie, sieur de Cazalieu, syndic de l'hôpital, aliéna, en faveur de Dominique Lanefranque, sieur de Mugron, la maison, appentis, matériaux et tuiles qui « y a servi d'hôpital », jusqu'à la nouvelle acquisition faite de la maison appelée Coulin. D'après l'acte de vente donnant les confrontations de cette ancienne maison, l'hôpital aurait été placé au fond du bourg, du côté de Saint-Sever, sur le chemin de Nerbis. Le local abandonné aurait été vendu en 1680, pour la somme de 160 livres.

L'hôpital existait avant 1631 ; car, à cette date, nous trouvons qu'un certain Menjou Despoys, à Pécoste, en Labarthe, laisse, par testament, 30 livres, au denier quinze, pour l'entretien des pauvres de l'hôpital (2).

Peu à peu, les pèlerins cessèrent leurs voyages ; mais dotée et entretenue par la charité des fidèles, la nouvelle maison n'en continua pas moins d'ouvrir ses portes à l'indigence et à la misère publiques.

En 1717, l'hôpital n'avait que cinq lits ; la garde-malade, qui y séjournait, recevait 20 livres par an pour chaque infirme ou malade. Ses administrateurs, au nombre de onze, dont 6 élus, et les cinq autres directeurs-nés de l'établissement, tels que le juge, le procureur fiscal, le maire, le premier jurat et un conseiller s'occupaient de ses affaires temporelles. L'Hôpital de Mugron

----

(1) Voir *Histoire de Lanne Dufourcet,* page 278.
(2) Lamoli **P.**

relevait de l'autorité ecclésiastique. Aussi, voyons-nous Monseigneur de Gaujac venir, le 12 février 1744, vérifier ses comptes et en arrêter les capitaux au chiffre de 5.263 livres, 3 sous et 6 deniers.

A cette époque, 2.861 livres 3 sous et 1 denier d'intérêts lui étaient dus par plusieurs débiteurs, auxquels le trésorier prêtait au denier vingt. Ces débiteurs étaient représentés par les plus honorables maisons de la paroisse, telles que les Baffoignes, les de Bats, les Darbo, etc. Nous trouvons même, dans le nombre, le Baron de Sauveterre. Ces grandes familles regardaient comme un honneur et un devoir de charité de se constituer ainsi les bienfaiteurs de l'hôpital.

Quinze ans après la visite faite par Monseigneur de Gaujac, son successeur, Monseigneur Playcart de Raigecourt, voyant que la Maison hospitalière de Mugron tombait en ruines, en ordonna la reconstruction et força sieur Jacques de Brun, à la faire reconstruire en sa faveur par son frère aîné (1777). La nouvelle maison eut 16 pieds de profondeur sur 46 de longueur. Elle comprenait une cuisine, deux petits appartements au-dessus, deux salles au premier, une pour les hommes et une autre pour les femmes, ayant six lits chacune. Son personnel se composait d'une hospitalière et d'une servante. Les revenus étaient de 800 à 1.000 livres.

Lorsque la Révolution éclata, l'hôpital de Mugron se trouvait dans un état prospère, les administrateurs étaient de vrais pères de famille, et l'hospitalière, une femme admirable de dévouement et de charité. Mais, à peine l'esprit nouveau se fit-il jour dans la localité que tout changea d'allure. Les tuteurs des pauvres refusèrent le patronage des patriotes, que l'administration leur imposa. Le vicaire général de l'Evêque constitutionnel Saurine se vit rebuté par tous ceux qui, de près ou de loin, avaient des rapports avec la maison, surtout par l'hospitalière Stéphanie Lafosse, sur le compte de laquelle nous aurons à revenir.

Prévenant les errements d'aujourd'hui, on jugea à propos de renvoyer cette noble et sainte femme, pour la remplacer par une citoyenne aux bons principes et comme, après tout, ceux qui, dans ces moments de trouble, avaient osé prendre la responsabilité de la gérance de l'hôpital trouvaient que le choix fait de la

remplaçante n'était pas précisément des plus heureux, Dartigoeyte écrivit à la municipalité la lettre typique qui suit :

Saint-Sever, le 12 mai 1792, l'an IV de la liberté.

Une femme patriote ne doit pas être écartée d'une place parce qu'elle se
trouve mariée... Il n'y a pas d'inconvénient à ce que le mari couche avec sa
femme, mais il faut veiller qu'on ne dilapide pas. Le syndic s'en apercevrait
bien vite. Mais du reste, un peu de viande ou quelque autre chose d'aussi
mince valeur ne doivent pas empêcher de recevoir une personnne très propre
pour la direction des malades.

Le procureur syndic du district de St-Sever,

DARTIGOEYTE.

Et l'on accepta la femme Lacassaigne ! Mais son séjour ne fut
pas de longue durée dans la sainte maison, car on fut obligé de
la renvoyer quelques mois après.

L'hôpital traversa péniblement la période révolutionnaire. Nous
l'avons constaté, sa caisse était assez ronde, tandis que celle de
l'État était bien plate. Aussi, y eut-il virement de fonds ; mais
un de ces virements qui, sous un nom des plus euphémiques,
visa ce qu'on peut appeler aujourd'hui, tant la chose est ordinaire, le vol légal.

Les capitaux de l'établissement, mis si sagement en réserve
par les anciens administrateurs, furent saisis de par l'autorité
supérieure, et, du coup, 21.854 livres lui appartenant tombèrent
dans le trésor public. Il fallait prendre l'argent quelque part...
Comment fait-on aujourd'hui ? Les procédés revolutionnaires ne
sont pas toujours inspirés par l'honnêteté. Le milliard des religieux en est une preuve. Quand cette aliénation d'un genre alors
tout nouveau eut lieu, les Mugronais se récrièrent et, profitant
du passage dans leurs murs du citoyen Dartigoeyte, obtinrent un
remboursement d'une source assez peu légale.

Les archives de la mairie nous édifient sur ce point, en nous
donnant, en date du 3 frimaire, an II, l'arrêté suivant signé par
le représentant du peuple en tournée.

« Attendu les besoins urgents de l'hôpital de Mugron, l'admi-

» nistration renvoie au Conseil général du département des Lan-
» des pour prendre dans une des caisses des receveurs du dis-
» trict, une somme de 3.000 livres et la faire verser en mains du
» syndic trésorier de l'hôpital de Mugron, et ce, par emprunt à
» la charge de remboursement que le département ordonnera
» par une taxe sur les gens riches, cy-devant nobles, parents
» d'émigrés de la commune de Mugron. »

Sur ces entrefaites, le gouvernement de la Révolution ayant
mis les enfants trouvés et les illégitimes à la charge des hôpi-
taux, · l'administration de celui de Mugron se trouva fort embar-
» rassée. Les fonds sont épuisés, écrivait Pierre Caubin, et les
» nourrices menacent d'abandonner les enfants. » Un nouveau
virement de fonds s'impose sur la caisse municipale. Tout est
à sec. Ennuyé autant qu'embarrassé de cet état de choses,
Caubin donne sa démission. Jean Mora, son successeur, l'imite
après quelques jours d'exercice. M. d'Antin, proposé par l'accla-
mation publique, refuse la charge. Finalement, l'hôpital se
meurt, faute de ressources et d'administrateurs.

Pour le galvaniser, les patriotes toujours dévoués en paroles,
mais récalcitrants en acte, obtiennent, le 15 pluviose an VI, un
arrêté du Conseil général par la force duquel le Département
abandonnait à l'établissement quelques anciennes créances
nationales à recouvrer

« Ces créances fantastiques, dont le chiffre atteignait, sur le
» papier, 20.703 livres, ne furent pas, naturellement, prises au
sérieux » (1).

La Révolution touchait à sa fin. Le 28 frimaire an XII, le conseil municipal, restituant le presbytère au curé, transporta l'hôpital dans son ancien local, à l'extrémité ouest de la ville, à
l'entrée de la place du Parisien (2).

Plus tard, la municipalité ayant vendu cette maison, fit l'acquisition de la demeure Lafaurie, située presque en face du presbytère. C'est là qu'a été établi, d'une façon très confortable, l'hôpi-

---

(1) Abbé Foix, *Bullet. de Borda*, 1893 ; tome III, page 149.
(2) Aujourd'hui maison Dulau (boucher).

tal actuel. Les sœurs de l'Immaculée Conception de Bordeaux
le desservent (1). Deux métairies, sises en Hauriet, laissées par
la famille Laplacette, donnant un revenu de 2.000 livres par an,
et une certaine somme, placée en rentes sur l'État, forment tout
son revenu.

Les médecins étaient, à l'époque dont nous nous occupons, ce
qu'ils sont encore aujourd'hui, des personnages importants ; ils
formaient une corporation spéciale qui avait ses règlements, ses
us et ses coutumes adaptés au service de l'humanité. Poquelin
en avait lu les principaux statuts ; cependant quelques-uns
avaient échappé à sa mordante sagacité.

Nous avons trouvé dans les liasses de M. Lancfranque (2), un
contrat ou accord, passé en 1726, entre deux disciples d'Esculape
mugronais qui nous montrent ces antiques praticiens sous leur
véritable aspect. Le rasoir, la lancette et la vulgaire pompe de
M. Purgon étaient les signes symboliques de leurs fonctions.
On les voyait appendus à leurs huis illuminés, mais il ne faut
pas croire que leurs mains délicates, habituées, comme ils
disaient, à l'artistique maniement du bistouri, aimassent trop à
les caresser. Les grandes pratiques seules, les clients honorables à la coussure sérieuse les engageaient à s'en servir.

Chaque Me Chirurgien, avait à son service un artiste que l'on
appelait Frater ou second qui, le polissoir, le rasoir, le peigne, et
les ciseaux en poche allait, le samedi et quelquefois le jeudi de
chaque semaine, faire la tête des clients de la maison. A l'approche du printemps, à la pointe de l'herbe, il se présentait à
l'abonné, envoyé par le docteur, pour ouvrir la veine au plétho-
rique de la famille ; et lorsque maître Gaster perdait de son activité, un sac allongé et mystérieux à côté, il arrivait pour remplir
près du malade, l'office que M. Fleurant rendait avec tant de
plaisir à M. Argan.

Voici cette pièce dans toute son originalité :

----

(1) Elles y arrivèrent en 1840.
(2) Etude Pussacq.

« Srs P. de Bals et J. de Lanefranque, M^{es} chirurgiens, convien-
» nent qu'ayant reconnu estre grevés par leurs agrégés ; (abon-
» nés), concernant le payement et devoir annuel qu'ils leur font
» pour la rasure, seignes et lavements et que bien loing par
» leurs dits agrégés de leur bailller chaque vendange un échacq
» de vin qui doit contenir 16 pots, mesurage de ce lieu, la plus
» grande partie des dits agrégés se contentent frauduleusement
» de ne leur en bailler que beaucoup moings par rapport aux
» fausses mesures dont ils se servent par un effait de leur infi-
» délité et ingratitude, sans considérer les peines soings que les
» dits s^{rs} se donnent pour les servir avec exactitude.....

» Ont délibéré de faire porter pour son regard et aux pressoirs
» de chac. de leurs agrégés un pot de mesure qui contiendra six
» demis tessoirs pour prendre leur payement suivant l'usage
» d'un échacq de vin tenant 16 pots... Ils ne pourront prendre
» aucun des agrégés que chacun d'eux servent actuellement à
» pagne (sous peine), de 50 livres que le contrevenant sera obligé
» de payer à l'autre.....

» Si les agrégés tombent malades et demandent l'un ou l'autre,
» ils iront ; mais pour visiter, traiter et pansement et médecine,
» ils se partageront le bénéfice par moitié » (1).

Cet acte se passait chez le notaire Lanefranque, en 1721.

Quatorze ans plus tard, nous voyons maître Bals s'associer de nouveau avec un autre praticien nommé Domenger.

Le contrat est pour huit ans. La teneur de cette pièce nous a paru tellement originale que nous ne pouvons pas résister au plaisir d'en citer quelques passages, ne serait-ce que pour bien faire connaître la simplicité avec laquelle nos bons docteurs d'autrefois agissaient avec leur clientèle.

Bals et Domenger, les deux, chirurgiens, s'associent pour huit ans. Bals aura « le quart du grain et du vin (des abonnements),
» ainsi que le quart de l'argent que les abonnements pourront don-
» ner. Il sera en sus obligé de payer aud. Domenger le quart des
» gages en argent qu'il conviendra de donner aux garçons pour

---

(1) Étude Lanefranque Pussacq.

» servir les chalands et pratiques ; le dit S' Domenger tiendra
» les garçons chez lui, leur payera les autres 3/4 de gages en
» argent et leur fournira la *dépanse* et *norriture* et retirera à
» lui les 3/4 du grain, vin et argent. Et pour parvenir à ramasser
» les dils fruits et grières, led. S' Bats supportera le quart des
» frais. »

Si Bats meurt, Catherine de Jusans, sa veuve, pourra continuer à jouir des avantages de cette société... Les contractants
gagnent 180 livres par an. Voilà certes de bons confrères ! Les
malades s'en portaient-ils plus mal ?... Nous ne le croyons pas.

La mortalité de ces années n'eut rien d'anormal. Suivons le
relevé que nous en avons fait :

Nous avons sous les yeux les chiffres du mouvement démo-
graphique opéré dans la paroisse, de 1650 à 1740. La moyenne
annuelle des décès est de 35, celle des naissances, de 70. Les
registres portent 23 morts en janvier, 14 en février, 16 en mars,
26 en avril, 39 en mai, 25 en juin, 20 en juillet, 8 en août, 4 en
septembre, 6 en octobre, 3 en novembre et 5 en décembre.

Il y eut cependant, durant ce laps de temps, des années vraiment désastreuses au point de vue de la mortalité ; des années
durant lesquelles le glaive de l'ange exterminateur jeta la désolation et le deuil dans toutes les familles.

Ainsi, en 1652, Mugron perdit 62 habitants et Nerbis 43.
L'année de 1694 fut plus terrible encore ; la mort faucha avec
une telle cruauté que les fossoyeurs firent défaut (1). Les cadavres, abandonnés, durent attendre, à la porte du cimetière, des
journées entières avant de pouvoir être jetés dans leurs sépultures dernières. Nous disons à dessein jetés, car le même cercueil
servait pour tous ; le *coffre,* comme on l'appelait, était commun.
Les ouvriers ne purent point suffire à en construire un pour chaque cas. 304 décès sont consignés, cette année-là, dans les registres mortuaires de Mugron et 62 dans ceux de Nerbis. Les années
1686, 1722 et 1729 furent aussi bien malheureuses, la centaine
des décès fut dépassée. En 1672, 45 enfants s'envolèrent dans le

____

(1) Arch. com.

ciel. Que de pleurs, que de larmes ces anges laissèrent sur la terre !

L'épreuve, supportée avec résignation eut sa récompense. Nous trouvons, dans le même relevé, que, dans ces années d'épreuves, les naissances furent d'autant plus nombreuses que la mortalité avait été plus grande.

En 1655, deux ans après la cruelle épidémie, 106 enfants sont présentés aux fonts sacrés de la paroisse, 103 en 1722 et 91 en 1729. Depuis que la question de la médecine gratuite a été mise à l'ordre du jour, nous avons voulu savoir si, dans leur prévoyance chrétienne, nos pères ne l'avaient point pressentie, et, sans le moindre étonnement nous avons lu que nos ancêtres n'avaient jamais reculé devant les dépenses qu'une pareille nécessité réclamait.

Dès avant 1700, la communauté de Mugron payait le médecin pour les pauvres, non seulement le médecin ordinaire, mais encore le médecin extraordinaire. En 1768, M. Laverque, médecin à Saint-Sever, reçoit 81 livres pour avoir visité les pauvres de la paroisse de Mugron. Le 7 mai de la même année, M. Lanefranque, médecin du Roi en la Sénéchaussée, touche 120 livres. C'est sur la réquisition des officiers municipaux que ce praticien de haute marque s'est rendu près des malades.

CHAPITRE XV

———

Marché de Mugron. — La Boucherie.

Le marché de Mugron fut créé légalement au XVIe siècle (1525, mois d'octobre), par la régente, Louise de Savoie, à la requête de Martin de Cauna, fils de Guilhem-Ramon de Cauna, son successeur dans la Baronnie. La mère du roi accorda à la susdite requête trois foires par an et un marché sur semaine, nous dit la note extraite du catalogue des actes de François (1).

Ce marché se tenait sur la place de l'église devant le pont-levis qui donnait accès au château.

Un acte de sous-afferme des droits de plaçage, daté du 8 octobre 1641 (2), nous édifie sur les diverses marchandises qu'on apporte sur le marché. On y vendait du seigle, des draps, du sel, de la résine, des pourceaux..., etc.

Suivant les mercuriales de l'époque, que nous avons pu nous procurer, le seigle valait 28 sous la mesure ; la morue se payait 2 sous et 6 deniers la livre ; l'huile, 8 sous ; une paire de souliers se donnait pour 3 livres et 15 sous (3).

Les droits perçus sur toutes ces marchandises, y compris les revenus du péage, procuraient au trésor, bon an mal an, une somme de 260 livres.

———

(1) *Revue de Gascogne*, novembre 1886.
(2) Etude Lamoli.
(3) Papiers commun.

Plus tard, lorsque le pont-levis eut disparu et que la ville fut ouverte, le marché en franchit les portes. Nous trouvons qu'en 1715, le fermier du plaçage, André Mora, fut obligé par la teneur de son contrat, de mettre un étal couvert et des bancs en quantité suffisante sous la halle construite au beau milieu de la rue, côté sud (1).

En réalité, la place affectée primitivement au marché était très exiguë ; les affaires se multipliant, celui-ci dut forcément empiéter sur l'artère principale de la ville.

La place dite de l'église n'avait, à cette époque, que 15 toises de longueur sur 12 de largeur. Une maison, dite de la Vigne, appartenant aux demoiselles Laplacette, obstruait l'entrée de l'église à tel point que, du seuil de cette maison, on voyait et on entendait tout ce qui se passait dans le lieu-saint. Les abords en étaient obstrués de sorte que l'entrée et la sortie des offices étaient on ne peut plus difficiles (2).

Sur la proposition du procureur du Roi, la communauté se décida à acheter cette maison, d'ailleurs, à moitié démolie.

La question du marché nous fait aborder naturellement celle du prix des divers objets que les marchands forains y apportaient. Un compte de 1644, fourni par Bernard du Domenger, au nom de la Fabrique de l'église de Mugron, nous donne satisfaction sur ce point. L'aune de camelot, en soie, se payait 3 livres ; l'aune de raie-croisée, noire, 58 sous ; la cire pour chandelle, 1 livre la livre ; le satin de Lucques, 9 livres l'aune ; la dentelle en or fin (guimpe), 5 livres 1/2 l'once.

A cette époque, la charrette de sable valait 40 sous. La barrique de chaux 45 sous, et la charrette de tuiles 32 sous.

Conformément aux usages admis depuis la fondation même de la communauté, le monopole de la boucherie appartenait à la jurade. Le Seigneur de la localité n'avait aucun droit sur elle. Ce monopole avait bien incité, à plusieurs reprises, la jalousie

____

(1) Etude Lamoli, 1621.
(2) Rapport com.

du Baron, qui, dans un but d'intérêt trop apparent, avait essayé de mettre la main sur ce privilège, mais la communauté avait tenu bon; finalement, un règlement émané du Palais de Paris, en date du 20 août 1736, avait exclu de l'adjudication le juge et le procureur du dit Baron. La forme du contrat, qui liait l'adjudicataire de la boucherie, est assez originale pour que nous nous permettions d'en citer certains extraits :

« Le boucher qui soumissionne s'engage à couper et tailler
» bœufs, vaches et moutons bien conditionnés..., de débiter le
» foy, la courade, la ventraiche sans pois..., d'exposer les ani-
» maux sous la halle le vendredi de chaque semaine, et de tenir
» leur étal ouvert et fourni tous les samedis de l'année, jusqu'à
» l'entrée du carême. »

Le prix de la viande était imposé par la Jurade. Rarement ce prix dépassait 9 sous la livre. L'afferme était généralement consentie pour cinq ans. En 1717, Jean Darbo, sr de Pé-de-Peyran, baille la boucherie de sa juridiction à un nommé Boué, dit Jeannot, boucher à Nerbis, logement compris, pour la somme de 20 livres, 50 livres de chandelles de suif, et un *guignot* (gigot) de mouton à livrer tous les quinze jours (1).

En ville, les bouchers s'engageaient à avoir leur étal approvisionné de bœuf et de mouton, depuis le jour de l'adjudication jusqu'au mardi gras; de vendre la viande par livre, demi-livre, quart et demi-quart. Chaque livre sera du poids de 40 onces (poids de marque).

Le monopole allait du quartier du Parisien à celui du Couteyot (petit *cout,* ou coin). L'adjudicataire ne pouvait, pour faire le poids, employer, ni les os de la tête, ni la tripaille, ni les pieds du bœuf, ni de ceux du mouton, à peine de 20 livres d'amende applicable au profit de l'hôpital.

L'heure de la vente, pour les habitants, était le samedi, de midi à quatre heures. Cette heure passée, les étrangers pouvaient être servis. L'adjudicataire de la boucherie paiera les droits d'octroi

---

(1) Étude Lamoli, 1717.

réservés à Sa Majesté et ceux réservés au Seigneur de Biron ou à son fermier. Il fournira une caution (1).

En 1742, Dominique Dupouy, ayant le monopole de la boucherie, vendait le bœuf gras à 7 sols et 6 deniers. Le bœuf d'herbe à 7 sols, le mouton à 10 sols, le veau à 10 sols et 6 deniers.

------

(1) Arch. de la Mairie.

CHAPITRE XVI

Mugron avant la Révolution

Nous sommes à la fin du XVII⁰ siècle. Mugron n'était déjà plus
la petite bourgade bâtie à l'ombre du donjon seigneurial. Des
constructions, dont le terrain avait été concédé par nos précé-
dents Barons, s'étaient élevées sur un plan donné formant une
rue. Le Duc de Biron venait de se déclarer acquéreur de la baronnie (1683), et, onze ans après son achat, il était comme forcé
de céder aux instances de la Jurade, qui voulait donner une physionomie urbaine à cette agglomération de maisons sur laquelle
s'exerçait son autorité. L'entrée de l'antique donjon et de la rue
qui s'ouvrait devant lui était défendue par un pont-levis, débris
de l'ancien gouvernement seigneurial. On décida de le faire disparaître, pour le remplacer par un simple pont en pierre, « qui,
dit la pièce que nous consultons (1), est au bout de la bourgade,
du costé de l'église. »

Cet acte, que nous pourrions appeler acte d'affranchissement,
ne fut cependant pas conclu sans que le Baron n'y mit ses exigences. La ville était désormais ouverte, mais en franchissant le
seuil de sa porte, le passant voyait devant lui, gravé sur sa clé,
les armes du noble Duc. Ainsi l'avait voulu M. de Biron.

Les signataires de cet accord sont : Lanefranque, syndic ;

---

(1) Etude Lamoli P.

Lapierre, jurat ; Lagraulet, jurat ; Dupeyron, jurat, et Labeyrie, juge (1694).

Si la tour d'entrée avait son écu, la Jurade avait aussi le sien. Son château-fort était devenu le symbole de son autonomie. Désormais Mugron portera d'azur au château de sable, et ses magistrats se montreront de plus en plus jaloux de son gouvernement. Le premier ainsi que son lieutenant porteront, comme signe distinctif de leur autorité, un chapeau dont le coût sera soldé par la caisse de la communauté (1).

Les officiers subalternes n'étaient pas moins favorisés. Les valets de ville, au nombre de quatre, portaient dans l'exercice de leurs fonctions, un costume d'une valeur de 410 livres, un sabre pendait à leur côté et une lance se dressait dans leurs mains. Le 4 octobre 1727, il y eut distribution de billets aux caporaux de quartiers et pour avertir ceux de leur escouade de se trouver le lendemain avec un fusil devant l'église pour y faire le feu de joie de l'heureuse délivrance de la reine et naissance de deux princesses, en exécution des ordres de M. de Duras. Dépense 228 livres 12 sols (2).

En 1785, les valets de ville sont au nombre de quatre, mais leur traitement est bien peu de chose : 30 livres pour chacun. « Ils sont en journées, dit la pièce que nous lisons, et quand on en a besoin, on ne les trouve jamais ». Et cependant, ils sont très nécessaires. « Mugron est un endroit fort peuplé, dont la juridiction est très étendue. Il y a un marché très considérable, le port est l'entrepôt des vins, et autres denrées de la haute et basse Chalosse, et d'une grande partie du Béarn, où il y a toujours grande affluence d'étrangers et de matelots qui donnent toujours lieu à des séditions, et n'étant pas à portée d'avoir des cavaliers de maréchaussée, il serait impossible d'arrêter les désordres et de faire exécuter les ordres des officiers municipaux, s'il n'y avait pas quatre valets de ville (3) ».

---

(1) En 1773, M. Dupouyo, syndic et receveur, paye à M. Dufourq, marchand à Saint-Sever, 23 livres 10 sols et 3 deniers pour le chapeau qu'il a fait et fourni à M. le lieutenant du Maire. (Etude Lamoli P.)

(2) Etude Lamoli.

(3) Rapp. munic., 1785.

Comme les charges municipales étaient devenues gratuites, les magistrats de police n'étaient pas des plus actifs. Aussi, la communauté assemblée avec les principaux habitants, il fut délibéré que, pour amoindrir les peines, chaque officier municipal, à partir du Maire jusqu'au dernier jurat, ferait, à tour de rôle, une semaine de police ; les sergents obéiraient à leur décision, et le procureur du roi devra requérir et faire exécuter les appointements de police, veiller à la sûreté publique, principalement sur les boulangers, les cabaretiers, les bouchers, etc. (1).

La paroisse était partagée en quartiers. Chaque quartier avait ses caporaux, ses collecteurs et ses aides de police. Deux feux de joie s'allumaient à chaque fête civile et religieuse, celui de la Saint-Jean, dont le maire avait l'ordonnance, était le plus solennel ; le budget municipal consacrait 10 livres et 1 sol à ses frais.

Comme les autres villes du royaume, Mugron aimait à prendre part à toutes les réjouissances publiques capables de faire vibrer la corde patriotique. Le 20 août 1782, elle vote 135 livres, 1 sol et 6 deniers à l'occasion du succès des armes du roi tant sur terre que sur mer. La naissance du Dauphin exige 156 livres, 3 sols et 4 deniers, et la Jurade prenant une délibération spéciale se déclare fière de célébrer par une fête splendide la délivrance de la reine.

Tous les soirs, le tambour sonnait la patrouille ; cette retraite, aussi gaie que bruyante, donnait à la ville un petit air de place forte dont les habitants étaient fiers. Le trésor communal dépensait, chaque année, 280 livres à cette patriotique musique (2).

En 1785, eut lieu le rétablissement de la milice bourgeoise pour faire le service de la patrouille pendant la nuit. Capitaine : Mathieu Campet ; lieutenant : Dominique Darbo Bidan. Une ordonnance de l'Intendant de Neville exécutait les ordres de M. le Maréchal duc de Richelieu, gouverneur de la haute et basse Guyenne (3).

---

(1) Rapp. munic.

(2) Ordon. du 1er juillet et 10 août 1761.

(3) Le 6 février 1640, l'édit royal nomme à cette charge M. J. Darbo habitant de Nerbis (Etude Lamoli P.).

Cette patrouille avait été établie à Mugron le 21 octobre 1761. Elle faisait la police de nuit et vidait les cabarets.

La ville avait ses 142 maisons numérotées. Chaque numéro avait été payé 6 liards. Deux notaires résidaient dans la localité, facilitant, par leur présence, les transactions à tous ceux que leurs affaires attiraient dans leurs études.

Un archer principal, nommé par édit royal, résidait à Mugron. Cet officier, qui commandait aux autres archers secondaires de la maréchaussée, était exempt de toute taille et de tout impôt.

Lorsque quelque grave question devait être soumise au Conseil, la population était consultée au préalable, et voici l'usage suivi en pareille circonstance. C'était à l'issue de la messe, au son de la cloche, après publication faite au prône, la municipalité, maire, jurats, syndics, échevins, caporaux et tous les principaux imposés se réunissaient sur la place, devant l'église ; la question, soumise à l'appréciation générale, était discutée ; un procès-verbal était rédigé, et la signature de tous ceux qui savaient se servir d'une plume, donnait à cette pièce une force relative qui avait toujours sa valeur. C'est ainsi que nous avons trouvé, le 13 septembre 1778, quarante noms apposés sur une délibération de ce genre concernant la corvée.

Cette façon de traiter les affaires donnait à la communauté une importance qui la rendait jalouse de tous ses privilèges. Le 4 juin 1787, elle prend la délibération suivante :

« La communauté entend que, conformément aux lettres roya-
» les du 9 novembre 1771, ses officiers municipaux jouissent des
» prérogatives, droits, honneurs et préséances qui leur sont
» accordés. Ces officiers se qualifieront désormais, soit dans les
» ordonnances, règlements et appointements de police, soit dans
» tous autres actes quelconques, d'officiers royaux, comme ils
» ont fait jusqu'à présent, et auront tous rang et préséance sur
» les officiers du Seigneur ; le tout, conformément à l'édit de 1771
» et aux lettres patentes données à Versailles, le 23 mai dernier,
» et signées : Louis, et, par le roi, du Baron de Breteuil, scellé du
» grand sceau de cire jaune » (1).

____

(1) **Faveur** accordée à la ville de Mugron (Arch. com.).

CHAPITRE XVII

Prodromes de la Révolution. — Hommes nouveaux. — Apparition de Dartigoeyte père. — Désorganisation municipale.

Nous sommes arrivés à un tournant de notre histoire locale. Travaillés par nous ne savons quelles idées nouvelles qui se faisaient jour, même dans les plus petits centres, les esprits se montraient, à Mugron, de plus en plus surexcités.

L'indépendance commençait à s'affirmer d'une façon inquiétante vis-à-vis des pouvoirs publics. Nous en trouvons la preuve dans un fait assez banal en lui-même, mais qui, en réalité, donne la véritable note de la situation.

Angoumeau, un des notables de la paroisse, venait d'être nommé Procureur du Roi. Fort des honneurs et des prérogatives qu'il prétendait tenir de sa nouvelle position, ce magistrat voulut faire du zèle.

Le maréchal de Richelieu avait porté, quelques années auparavant (1771), la défense expresse de faire des courses de taureaux. Cette défense, très mal accueillie, était tombée bien vite en désuétude. Angoumeau, désirant plaire aux pouvoirs publics, voulut en faire revivre toute la sévérité; il écrivit, dans ce sens, au maire, aux jurats et aux échevins de Mugron. Le terrain était mal choisi; la jeunesse n'entendit point de la bonne oreille, et, joignant sa révolte au refus de soumission des autorités communales, elle fit course.

La place affectée à ce genre d'amusement fut interdite de par le Roi, les jeunes taureaumaches en trouvèrent une autre. Barricadant avec des claies la cour d'une métairie de Soube, ils y attirèrent la population et les vaches s'en donnèrent à cornes libres.

L'année suivante, la désobéissance s'affirma avec encore plus de hardiesse, et ce fut en pleine grand'rue, en face de la maison Caubin, et l'arène fermée avec de véritables barrières, que les courses de la saint Laurent eurent lieu.

Le procès-verbal de cette journée, conservé dans les archives communales, déclare, comme pour narguer l'impuissance et l'impopularité du Procureur, que les vaches ne ménagèrent pas leurs coups. « Il y eut force blessés », dit-il.

Poussé à bout, Angoumeau déclara qu'il ne comprenait point cet amusement barbare ; de nouveau il somma le maire d'avoir à l'interdire. Mais celui-ci avait d'autres chiens à fouetter.

Deux partis se partageaient alors la population mugronaise, ces deux partis étaient d'autant plus surexcités l'un contre l'autre qu'il s'agissait d'emporter d'assaut la Mairie.

L'arrêté du Conseil royal, en date du 6 août 1782, ouvrait la porte à toutes les ambitions.

Les officiers municipaux devaient être mis à la charge de rembourser aux titulaires la finance et loyaux coûts de ces places.

L'heure d'engager la lutte était arrivée. Le clan des marchands et celui des nobles étaient en présence. Raymond Domenger, et son adjoint Bastial, tenaient la tête du premier parti. J.-B. de Poyusan et Pierre d'Antin d'Ars, conduisaient le second. Le 5 novembre 1784, l'hôtel du Baron de Sauveterre réunit les hauts bonnets des mécontents à *titres anoblis ;* le maire est sommé de remettre ses archives ; un scrutin a lieu ; la population entière prend part à la discussion ; elle vote, et le parti, dit des marchands, est vaincu.

Obligé de céder sa place à M. de Poyusan, nommé maire pour trois ans, M. Domenger se retire, mordant le frein, mais acceptant parfaitement bien le remboursement de sa finance. Il en coûta, nous font pressentir les papiers de l'époque, au grand commerçant, d'abaisser son aviron devant l'écu armorié des anciens capitouls de Toulouse, dont M. de Poyusan était le tenant.

Dartigoeyte Père

Ici apparaît, dans nos archives, un homme, dont le nom est devenu, dans la personne de son fils, tristement célèbre, non-seulement à Mugron, mais encore dans tous les environs.

Arnaud-Clément Dartigoeyte fut le père du fougueux et terrible Constitutionnel dont nous aurons tant à parler dans la suite de cette histoire. Marié le 6 février 1762, à Mlle Marie de Lanefranque-Nancy, fille de Thomas de Lanefranque, bourgeois et, à l'époque, maire de Mugron, il occupa, dans la localité, une foule de charges qui prouvent en faveur de son honorabilité.

Clerc de notaire en 1750, et praticien en 1753, il remplace son beau-père en 1760, et devient tabellion.

Les agitations municipales, le font entrer au nombre des conseillers de la communauté (1762). Frappé, dans sa famille, par la perte de sa femme, il se jette à corps perdu dans les affaires publique, devient second jurat, contrôleur, syndic de la confrérie du Très Saint-Sacrement et du Saint-Rosaire, et directeur élu de l'hôpital. Sur ces entrefaites, Clément a plusieurs enfants, entre autres Pierre-Arnaud Dartigoeyte, qui naît le 11 mars 1765.

Le 5 novembre 1784, le notaire est nommé Procureur du Roi municipal. C'est à ce titre qu'il rédige un rapport détaillé sur l'état de la communauté de Mugron à la fin du XVIIIe siècle.

Nous le transcrivons tout au long. Il donne la physionomie de la localité au moment où l'orage révolutionnaire va éclater sur elle :

« L'an 1787, et le 19 septembre, la communauté et notables
» habitants de la ville de Mugron étant généralement assemblés
» aux formes ordinaires dans l'hôtel-de-ville, à la réquisition de
» M. Arnaud-Clément Dartigoeyte, procureur du roi municipal,
» qui a dit que la présente assemblée doit délibérer sur un objet
» d'autant plus important qu'il intéresse essentiellement, non
» seulement les habitants de la juridiction, mais encore tous
» ceux de la Chalosse et d'une grande partie du Béarn, de là
» dépend la conservation du commerce, sans lequel les denrées
» perdraient leur débouché, et ce pays serait, sous peu, le plus
» pauvre, le plus inculte du royaume.

» La ville de Mugron située sur la rivière de l'Adour est l'en-

» trepôt nécessaire de toutes les denrées du canton, cette néces-
» sité fit longtemps braver les dangers que présentaient des che-
» mins totalement rompus, que présentaient surtout les avenues
» du port lui-même, parce que les revenus patrimoniaux qui ne
» s'élèvent encore aujourd'hui qu'à une modique somme de cent
» cinquante huit livres n'offraient aucune ressource pour subve-
» nir aux frais de réparations et ouvrages à faire ».

En 1743, le mal fut à son comble ; les abords de Mugron étaient devenus impossibles ; en perdant le seul débouché de ses denrées, la Chalosse perdit son commerce, la misère se déclara générale, les marchés de la ville furent absolument déserts.

Le seul parti à prendre était d'obtenir l'établissement d'un octroi ; la ville présenta une requête exposant les faits au Grand Conseil (1), qui rendit arrêt le 17 septembre 1743, portant qu'il serait levé, pendant douze années consécutives, un octroi de quatre livres sur chaque barrique de vin, qui se vendrait, en détail, dans la ville et juridiction de Mugron, à commencer le 1er janvier 1746 et finir l'année 1756, pour, le produit dud. octroi être employé, porte l'arrêt, de préférence au payement des ouvrages nécessaires, afin de garantir le port de Mugron des excursions de la rivière de l'Adour et successivement aux réparations des ports, chemins et chaussées qui conduisent à Mugron. Cet octroi fut prorogé encore pendant douze années par un autre arrêt du Grand Conseil du 20 août 1754.

Au moyen du produit de cet octroi, les réparations les plus urgentes furent faites, mais il restait beaucoup à faire encore ; faute de revenus, la communauté n'avait plus, ni hôtel-de-ville, ni sergents, en sorte que les jurats se voyaient dans l'impuissance d'exercer la police, de réprimer les désordres commis trop souvent par la foule des bâteliers et des ouvriers de toute espèce que le commerce attirait au port de Mugron. Ce chef-lieu manquait d'une horloge, d'une fontaine.

---

(1) Le Grand Conseil du conseil du roi était, dans son origine, le conseil d'Etat privé du roi. Il connaissait de plusieurs matières, tant civiles que bénéficiales et crimi-nelles... des affaires du domaine, de finances. Sa juridiction s'étendait dans tout le royaume. Sa devise était : *unico universus*.

La communauté se pourvut de nouveau au Grand Conseil qui, par arrêt du 25 mars 1755, accorda l'obtention de deux autres octrois, savoir : l'un de 3 sols, sur chaque barrique de vin qui passerait ou se déchargerait, de l'un ou de l'autre côté de la rivière de l'Adour, au port du dit Mugron ; l'autre, de 40 sols, sur chaque barrique de vin qui se consommerait en détail dans la ville et juridiction, laquelle perception serait faite, est-il dit, pendant quinze années, à commencer du 1ᵉʳ juillet 1755, et pour finir le 30 juin 1770 ; le dit arrêt portant expressément que le produit de ces deux octrois devait être employé au payement des charges ordinaires et extraordinaires de lad. communauté.

Alors les choses changèrent de face, on répara les chemins, on les *gravela,* on fit construire une chaussée, ou digue, depuis le bas du chemin de la Montagne jusqu'au bord de la rivière, afin de faciliter les embarquements, en rendant praticables les avenues du port.

Mgr d'Etigny fit valoir plusieurs ordonnances patriotiques concernant l'établissement de quatre sergents de ville, l'entretien de la patrouille, la construction et entretien d'une fontaine et d'une horloge. La communauté vit, dès lors, son port et ses marchés fréquentés et le bon ordre régner dans la ville. Ces différentes opérations absorbèrent plus que le produit des trois octrois ; on en sollicita la prolongation. Elle fut accordée pour vingt années, par arrêt du 5 janvier 1768.

Les ouvrages faits après cette prolongation sont immenses et aussi coûteux que nécessaires (1). Le Procureur du Roi s'est convaincu, par *une dépouille* des comptes, que la caisse est absolument vide, et que la communauté se trouve considérablement endettée. L'assemblée ne s'en étonne pas, elle connaît le motif et l'utilité des dépenses :

1º Il a fallu reconstruire et paver à neuf le chemin de la Montagne, qui conduit à la chaussée du port. Cette reconstruction d'un chemin, ouvert à travers une colline, coûte immensément ;

2º On a pris plusieurs sommes pour les employer au *gravelage* des chemins formant les avenues de la ville et de la rivière ;

---

(1) Rapport à M, d'Etigny par le Procureur. (Arch, com.),

3° Le Roi, par arrêt de son Conseil, du 6 août 1782, ayant réuni à la communauté les offices municipaux créés par l'édit de 1777, la communauté est restée chargée de payer les titulaires, avec clause expresse que les sommes nécessaires seront prises de préférence sur les premiers deniers libres des octrois ; cela s'exécute au fur et à mesure qu'il rentre des fonds ; la plupart des titulaires ont été remboursés.

Les charges de la commune sont considérables :

1° Les gages des sergents de ville, sont portés, par ordonnance de Mgr d'Étigny, à 120 livres ; leur habillement, chaque trois ans, fixé à la somme de 148 livres ;

2° Les gages des officiers municipaux, du secrétaire-greffier et trésorier-receveur, à 150 livres ;

3° Les gages des deux régents, un maître d'écriture et un maître-latin, à 200 livres chacun, à eux deux, 400 livres ;

4° L'entretien de l'horloge, abonné 30 livres ; feu de la St Jean, abonné 10 livres ; une rente à l'hôpital ;

5° Pour la patrouille, attendu que, sans cela, il serait impossible de faire régner le bon ordre, et de contenir, surtout les jours de fête et de marché, les bâteliers, ouvriers, artisans, étrangers qui s'attroupent dans les cabarets du port et de la ville, la communauté dépense la somme de 300 livres, chaque année, accordées par plusieurs ordonnances des Seigneurs Intendants, et notamment, par ordonnance de Mgr de Neville, rendue le 27 février 1785 ;

6° La communauté paye, pour le vingtième, la somme de 309 livres, chaque année ; elle est, en outre, chargée du payement du contrôle et papiers de délibérations et d'un fief envers le Seigneur.

Toutes ces dépenses locales s'élèvent à plus de 1.756 livres.

Le produit des octrois, d'après les dernières adjudications, monte à la somme de 2.407 livres, et les notables s'aperçoivent qu'il a fallu la plus grande économie pour avoir pu faire les ouvrages et établissements dont le public ressent l'utilité. Le revenu patrimonial consistant en 158 livres, a suffi à peine pour obvier aux dépenses particulières que nécessite l'administration municipale, telles que les consultations, voyages des officiers municipaux, non valeur sur la capitation, bois a brûler, chandelles, papiers communs pour travailler à la répartition des impositions, qui se fait en hiver et en plusieurs séances. La communauté doit au sieur Caubin cadet, la somme de 1.300 livres, par ordonnance de Mgr de Neville, à l'occasion de l'entretien du chemin de la Montagne.

Elle doit, pour final payement des charges municipales, savoir : 1.400 livres à M. le baron d'Antin d'Ars ; 400 livres au s^r Bernard Domenger-Laqué ; 80 livres au s^r Servat. Elle est encore tenue de la somme de 600 livres, pour trois années de gages envers Romain Baurens, régent, maître écrivain, attendu que certains créanciers de M. Baurens ont fait opposition, à son préjudice, dans les mains du trésorier receveur.

Dit, de plus, le Procureur du Roi, qu'il ne doit pas taire des choses tristes, mais par malheur trop réelles, d'autant qu'elles sont publiques.

La fontaine ne donne plus d'eau, la source étant perdue ou détournée ; les officiers municipaux, justement alarmés, ont fait fouiller pour trouver des sources que l'on peut conduire à la fontaine, afin de la fournir suffisamment ; ils ont présenté leur supplique à Mgr l'Intendant, qui, somme led. Saillard, ingénieur, aux fins de dresser son rapport et devis estimatif, mais le manque d'argent s'est opposé jusqu'à présent, à l'accomplissement de leurs vues. S'il avait été possible de le réaliser, les habitants ne seraient pas contraints de se servir de l'eau bourbeuse des puits ou des citernes.

C'est par une suite de manque de fonds que les adjudications de pavés de Hillette, de derrière l'Hôpital, et du Couteyot, n'ont pas été effectuées, quoique ce soit d'une nécessité absolue.

Dit, encore, le Procureur du Roi, que les chemins principaux de la paroisse, par où viennent aboutir au port toutes les denrées du pays, s'étant de nouveau rompus, parce que les charrois sont très multipliés et les terrains marneux, il crut d'avoir à rassembler les notables, afin d'aviser aux moyens les plus prompts de réparer le mal qui allait dans peu être sans remède. Les notables sentirent l'utilité de la reconstruction des chemins, et, par leur délibération du 5 décembre 1784, ils supplièrent Mgr de Neville de permettre que l'on commandât, par corvées, toute la juridiction. Mgr de Neville eut la bonté de rendre une ordonnance conforme. Depuis cette ordonnance, on travaille sans relâche ; déjà les chemins prennent une nouvelle forme ; il semble que le com-

merce ait pris une nouvelle activité ; les marchés sont plus fréquentés, mieux fournis, mais la communauté n'ignore pas que la
nature du terrain, lo transport des terres, exigent que les nouveaux ouvrages soient entièrement *gravelés,* et ensuite soigneu-
sement entretenus. Sans cette précaution, le mal sera plus
affreux que cy-devant. Mugron deviendrait vraiment inabordable.

Il n'y a que quinze bouviers dans la paroisse, d'ailleurs d'une
étendue considérable, mais complantée en vignes ; comment ce
petit nombre pourrait-il suffire au *gravelage ?* Il faut donc nécessairement y employer des sommes considérables, et la communauté n'a pas de revenus.

Point d'Hôtel-de-ville à Mugron, point de place pour tenir les
foires rétablies et les marchés ; ils se tiennent dans les rues, le
peuple *si amoncèle.*

Mgr l'Intendant fit lever un plan, l'année dernière, par led. sr
Saillard, de la place et hôtel commun à construire, mais la
caisse, bien loin d'offrir des ressources, présente un déficit
énorme.

Pour obvier à tous ces objets d'une utilité absolue, le Procureur du Roi observe : *Attandu* que l'octroy de quatre livres doit
prendre fin le dernier décembre prochain, et les deux autres, un
an après ; qu'il est indispensable de recourir au Grand Conseil
pour le supplier d'accorder la prorogation de trois octroys dont
il est question, au moins pour le temps et espace de trente
années, à dater, pour chacun d'eux, du jour de leur expiration.

Par ce moyen, la communauté pourra rétablir tout dans l'ordre le plus régulier, le plus exact, que les circonstances présentes exigent et que peuvent le désirer les *négotiants* et habitants,
tant de la ville que des paroisses circonvoisines.

Voici la conclusion de ce rapport :

« L'intérêt de chaque particulier se joint icy à l'intérêt général.
» Si les chemins, la chaussée, le port, ne sont point réparés et
» entretenus, le commerce tombe nécessairement..... Un peuple
» immense gémira sous le poids d'une affreuse misère... chacun
» perdant le débouché de ses denrées, perdra la subsistance,
» celle de la famille, le moyen d'acquitter les impositions réga-
» les, la culture des terres sera négligée, et bientôt on abandon-
» nera un pays où il ne serait plus possible de subsister... »

Les notables, au nombre de trente-deux, tous signés sur le livre des délibérations, ratifièrent ce rapport et déclarèrent devoir adresser leur supplique à Mgr l'Intendant de Neville.

DARTIGOEYTE FILS

L'ère révolutionnaire commence, à Mugron, à l'apparition, dans ses murs, de celui qui devait être, quelques années plus tard, la terreur du pays.

Nous avons nommé le conventionnel Dartigoeyte.

Armand-Pierre Dartigoeyte naquit à Mugron, le 11 mars 1763, de Arnaud-Clément Dartigoeyte, notaire royal, et de demoiselle Marie Lanefranque, son épouse légitime. Envoyé, par son père, au collège d'Aire (1), où ses études, faites en compagnie d'une foule d'ecclésiastiques avec lesquels il conserva, longtemps, et comme malgré lui, des rapports assez intimes, furent des plus brillantes ; il acquit, à Paris, les palmes d'avocat, et revint à Mugron, à 21 ans, couvert de lauriers, le cœur chaud et l'âme ardente pour toutes les affaires.

« D'une figure peu agréable, dit l'abbé Légé (2), mais beau
» diseur, il parlait gras, avec une douceur infinie. Il sut plaire de
» bonne heure dans les meilleurs salons de sa ville natale, à ce
» point qu'il reçut de Sophie de Foix de Candale une promesse
» que le temps et les événements ne purent jamais ni détruire, ni
» affaiblir. »

Ambitieux au point de tout sacrifier à l'honneur d'être quelque chose, il agrémentait son nom de la particule que son père n'avait jamais acceptée et signait crânement, à son débotté de Paris : Dartigoeyte de Lamarque.

Aussi, ne faut-il pas s'étonner, si on le voit, dans ses premiè-res années de combat à Mugron, se jeter, tête baissée, dans le parti qui lui paraît le plus puissant et le mieux assis ; de Poyusin

---

(1) Dartigoeyte Armand fut élevé aux frais de la famille d'Antin (l'a[illegible]iers de la famille d'Antin).

(2) *Étude de la Révolution*, 1-193,

et d'Antin sont les chefs sous la bannière desquels il aime à batailler. Nommé, par eux, avocat de la communauté, tandis que son père remplit près d'elle les difficiles fonctions de Procureur du Roi, il travaille à se rendre l'homme nécessaire, porte la main à la revision des fors de la localité, émet des avis, donne des conseils et réglemente les charges ; l'administration communale dépend de son caprice : vendeurs de poissons, pasteurs de la montagne, commerçants étrangers, revendeurs, cabaretiers, bouchers, aubergistes, sont soumis à une législation qu'il ins-pire, dont il rédige les arrêts, et qu'il fait exécuter (1).

Les trois ans de mairie, que les élections de 1784 avaient don-nés à M. de Poyusan, étaient près d'expirer. Partagés en deux camps, les esprits s'étaient aigris de plus en plus. Surchauffée par les menées des mécontents, la population allait sortir de ses gonds. Les lettres patentes du Roi, remettant définitivement les charges municipales au libre choix de la communauté, mirent le feu aux poudres.

Il est vraiment curieux d'étudier les agissements qui se prati-quaient alors dans la petite localité de Mugron au sujet des élec-tions et de les comparer à ceux dont les temps présents sont témoins. La pression et l'intimidation sont toujours les outils et les leviers dont se servent les intrigants pour atteindre leur but.

Une pièce, conservée dans les archives de la mairie, nous mon-tre le sieur Pierre Darbo de Cazaubon, chevalier de Saint-Louis, courant la ville et la campagne, un papier à la main, recueillant des protestations et, muni de quelques signatures, partant pour Bordeaux, afin d'y briguer près de l'Intendant son élection à la mairie.

Sur ces entrefaites, les Domenger rentrent de nouveau en lice, et Dartigoeyte, aristocrate de circonstance, se déclare con-tre eux. Le manche est encore aux mains de la noblesse et le futur conventionnel, mentant à son avenir, s'y cramponne avec force. Le 5 novembre 1787, les élections ont lieu ; dès le matin, la salle du vote est assiégée par la lignée dite des marchands ; parents, obligés, métayers, débiteurs, tous les partisans forcés

---

(1) Arch. com.

ou volontaires des nouveaux candidats sont sous les armes, criant et hurlant en leur faveur (1).

C'était bien le moment de se montrer ; cédant aux sollicitations de sa noble clientèle, le jeune avocat prend son courage à deux mains, et, debout sur la porte de la salle, la tête fièrement rejetée en arrière et le bras étendu : « Le mérite seul, s'écrie-t-il, donne droit aux places ! Les parents jusqu'aux cousins germains, ne peuvent former qu'une voix, sans cela, ajoute-t-il, on verrait avant longtemps, une ou deux familles occuper presque toutes les charges, s'y perpétuer, administrer en despotes les fonds communaux et les affaires municipales..... Cette nouveauté inouïe jusqu'à présent est incroyable... elle ouvre la carrière à toutes les ambitions... » et il conclut d'en déférer à l'Intendant et de suspendre les élections.

Obligés de transiger, les marchands quittent l'assemblée et rédigent une protestation. D'Antin, de Poyusan, Darbo, de Melet, veulent sortir à leur tour ; la population les arrête, l'insulte aux lèvres, la menace dans l'œil et dans les mains.

La Révolution était ouverte à Mugron. Ce qu'il y a de plus curieux dans toute cette équipée, c'est de voir le futur conventionnel, confortant les rangs de l'élément conservateur opposé à celui de la démocratie. Le 30 décembre 1785, une nouvelle assemblée a lieu.

Consulté par les deux partis, l'Intendant avait répondu qu'il fallait s'en rapporter au Conseil du Roi. C'était aussi l'opinion de Dartigoeyte. La réunion fut plus tapageuse que jamais et n'aboutit à aucun résultat ; force fut faite aux deux partis d'attendre les ordres du Souverain.

Le vendredi, 4 avril 1788, fort tard dans la nuit, un courrier mystérieux vint porter un pli à M. de Poyusan. A l'affut de toutes les nouvelles, M. Domenger cadet somme immédiatement le maire de faire connaître au Conseil le contenu des messives royales.

Le monarque demandait la convocation des notables pour élire trois sujets des plus dignes ; mais les esprits parurent tel-

____

(1) Arch. com.

lement montés qu'il fut impossible à la communauté de se
reconstituer. Les d'Antin, les de Poyusan, les Darbo, les de
Melet et le parti de la bourgeoisie et des marchands se posèrent
en chiens de faïence, et se tinrent ainsi jusques aux jours néfastes de la Révolution.

Sur la demande de M. de Neville, un second ordre royal porta
qu'il serait sursis à toute élection jusqu'à nouvel ordre. L'ancienne municipalité était maintenue.

Le conventionnel se découvre. « Il me faut un nom, disait un
jour Dartigoeyte à son ami de collège, Dominique de Labeyrie,
je veux être quelque chose ! » (1). Et voilà pourquoi, voyant la
tempête arriver, soufflant du côté opposé, Armand changea son
fusil d'épaule. Comme il ne pouvait, même avec son titre usurpé
de Lamarque, percer dans les rangs de la noblesse, Dartigoeyte
se jeta, à corps perdu, dans la tourbe des mécontents, lesquels
devinrent bientôt les révolutionnaires de l'endroit.

M. Batistant, mort juge de paix de Mugron, écrit, dans le
cahier de ses notes, le fait suivant : Un jour, c'était en 1789,
Madame de Melet, née de Capdeville, entra dans un salon où se
trouvait, pérorant, Dartigoeyte. « Enfin, Madame, s'écria-t-il, en
» frappant du poing sur la table, enfin la noblesse est abo-
» lie ! — Peste ! Monsieur, lui répondit-elle, vous ne parliez pas
» ainsi autrefois ! — Non, Madame, répliqua le jeune tribun, je
» ne parlais pas ainsi, parce que j'était opprimé ! ».

« De fait, ajoute l'abbé Foix, citant ces paroles, Dartigoeyte
» fut bien opprimé par le peuple qui n'entendait pas se laisser
» opprimer par lui ».

Sur ces entrefaites, arrive enfin l'ordre de convoquer les États
Généraux (24 janvier 1789). Tandis que les petites ambitions se
poussaient du coude, dans chaque ordre appelé à l'honneur de la
grande représentation nationale, et que Saint-Sever, menacée
d'être décapitée de son titre, travaillait à obtenir la restauration
du bailliage des Lannes, Mugron envoya, comme représentant
du Tiers-État dans cette ville, Dartigoeyte père, Procureur du Roi
et Lanefranque-Larey, jurat. L'assemblée de Saint-Sever déci-

---

(1) Légé, 1, 194.

da la réunion des trois ordres de la Sénéchaussée à Dax, pour
le 23 février 1789.

Quelles furent les doléances particulières que les Mugronais
firent présenter à cette réunion? Les Archives de la mairie ne
les ont pas conservées.

Désorganisation Municipale

L'orage commençait à gronder.

La municipalité mugronaise, de Poyusan en tête, avait donné
sa démission. Dartigoeyte père n'était plus juge de paix ; l'élément démocratique tenait les rênes du char communal. Une nouvelle administration, dont la présidence était échue à M. Domenger fils cadet, s'était constituée comme provisoire. Mais, déjà, le
souffle révolutionnaire remplissait l'air de ses bouffées désorga-
nisatrices ; bourgeois et ouvriers, se livrant à son courant, rêvè-
rent d'une situation spéciale pour Mugron. Sous l'impulsion de
ce ferment, ils se réunirent en assemblée extraordinaire ; eux
aussi voulaient figurer dans ce qu'on appelait le réveil national,
et, pour faire preuve de leur vitalité nouvelle, ils s'enhardirent
jusqu'à envoyer à l'assemblée nationale, l'adresse suivante :

Nos Seigneurs,

La commune de la ville de Mugron dont les sentiments patriotiques égalent
ceux des autres villes du royaume est à regret venue des dernières à vous offrir
les justes hommages de sa soumission et de sa reconnaissance.

Des circonstances locales *enchenoient* ses volontés. Assemblée aujourd'hui,
par ses électeurs, devenus ses administrateurs par son choix, sur la démission
des anciens municipaux, tous les citoyens, libres d'exprimer leurs vœux, s'em-
pressent, nos Seigneurs, de délibérer d'une voix unanime : Qu'ils sont pénétrés
du plus profond respect pour les Augustes représentants du peuple français,
qu'ils ont la plus entière confiance dans le zèle qui les anime pour la cause
publique, dans la sagesse de leurs opinions, et dans la justice de leurs décrets ;
qu'ils sont saisis d'admiration à la vue des travaux immenses qu'ils ont eu le
courage d'entreprendre et de continuer, au milieu d'une faction puissante et
armée ; qu'enfin, ils adhèrent de cœur et d'âme aux fameux décrets des 4 et 5

avant-derniers, ainsi qu'à tous ceux qui ont été prononcés jusqu'ici et se prononceront à l'avenir, promettant de les observer, d'en maintenir l'exécution
et de les défendre par tous les moyens qui sont et qui pourront être en leur
pouvoir, même au péril de leur vie...

Et avons signé avec le secrétaire greffier...

Trente trois signatures sont apposées au bas de cette pièce,
dont la rédaction est due à une de ces têtes chaudes et exaltées
que le moindre mouvement populaire met toujours en ébullition.

M. de Basquiat représentait, alors, à l'Assemblée nationale,
les intérêts de la contrée. Chargé, par elle, d'adresser des félicitations aux Mugronais, le député de Saint-Sever écrivit aux
signataires, à la date du 9 décembre, la lettre suivante :

Messieurs,

C'est en manifestant votre zèle pour l'intérêt de la chose publique et votre
parfaite reconnaissance pour tous les travaux de l'assemblée nationale que
vous vous asseurez, à jamais, l'estime et la confiance de vos concitoyens.

L'adresse que vous m'avez fait l'honneur de m'envoyer a été mise, aujourd'hui,
sous les yeux de l'assemblée. Elle a applaudi aux sentiments aussi généreux
que patriotiques de la commune de votre ville ; il en sera fait mention dans le
procès-verbal de ce jour.

Paris, 9 décembre 1789.

BASQUIAT.

Les Mugronais se montrèrent d'autant plus fiers de cette
réponse, qu'obéissant à un édit royal, en date du 16 octobre, ils
avaient déjà réformé, ce que nous appelons aujourd'hui, leur
cour de justice criminelle. Malgré l'abolition de tous les privilèges qui avaient entouré, jusqu'alors, une certaine classe de
citoyens, d'une considération qui s'imposait (1), les habitants

____

(1) Révolution 1789 (Arch. com.).

entendaient encore, avec un certain orgueil, leur tribunal retentir des noms les plus en honneur dans la communauté : J.-B. Brun,
écuyer ; Pierre-Romain Labeyrie, sieur du Cazalieu, écuyer et
conseiller du Roi, rapporteur du point d'honneur ; Bernard
Domenger fils cadet, et Pierre Coudroy, avocat au Parlement,
étaient les nouveaux assesseurs chargés d'éclairer l'instruction
des procès criminels. Ces noms, synonymes d'honneur et de
loyauté étaient, pour eux, comme une garantie leur assurant,
dans ces temps troublés, une appréciable sécurité, d'autant plus
que déjà commençaient d'émerger, dans leurs assemblées, des
personnages nouveaux dont la hardiesse s'affirmait avec un peu
trop d'insolence, tels que les Chatelet, les Lafosse, les Laboudigue, les Tauziet, les Lagraulet.

Or, tandis que les anciennes familles essayaient de résister
ainsi à la poussée démocratique, que les prudents, toujours pusil-
lanimes, se perdaient dans la foule, et que, faisant bon marché de
leurs privilèges abolis, les notables cachaient leurs prétentions
de la veille sous le décor menteur d'une magistrature précaire,
un bruit désagréable se répandit dans la ville, froissant les sentiments patriotiques de tous. Non ! cela ne pouvait être ! Mugron
ne devait pas déchoir. On apprenait, en effet, que Montfort, cette
petite bourgade, que rien encore ne recommandait à l'attention
du gouvernement, briguait l'honneur de posséder une assemblée
de district. Ses prétentions étaient soutenues par les agissements
des députés Ramonbordes et Betbebat, le turbulent prébendier
de la cathédrale de Dax.

A cette nouvelle, les magistrats de la ville font un appel à
l'honneur de la communauté. Appuyés par les notables, qui
jusque-là semblaient bouder la foule, tels que les d'Antin d'Ars,
les Lanefranque et les de Castelnau, ils rédigent une adresse et
l'envoient hardiment à leurs représentants près de l'Assemblée
nationale.

Voici cette pièce :

Nos Seigneurs,

La commune de la ville de Mugron a l'honneur de vous représenter humblement qu'elle vient d'être instruite que, pour la formation d'une assemblée de
district dans la Sénéchaussée des Lannes, on travaille sourdement à en faire

établir une dans le bourg de Montfort, qui est un petit endroit ressortissant au siège de Dax.

La poursuite de cette affaire est confiée à des gens qui sont partis de la ville de Dax pour en solliciter la réussite auprès de l'assemblée nationale.

La ville dé Mugron est justement alarmée de ce projet ; elle soutient avec confiance qu'elle mérite d'avoir un district par préférence à Montfort, et il ne lui est pas difficile d'en faire sentir les puissantes raisons.

D'abord la ville de Mugron est pour le moins aussi éloignée de la ville de Saint-Sever et de Dax que le bourg de Montfort l'est de l'une et l'autre ville ; ainsi en raison des distances le bourg de Montfort ne peut point l'emporter sur la ville de Mûgron. Si l'on considère les circonstances locales, le bourg de Montfort ne peut point entrer, sous aucun rapport, en parallèle ni en concurrence avec la ville de Mugrou.

Mugron est une ville où il y a eu, de tous temps, un corps municipal, confirmé par arrêt du conseil, et lettres patentes enregistrées ; ce corps est composé d'un maire, d'un lieutenant du maire, de deux jurats, deux assesseurs, d'un procureur du roi municipal, d'un secrétaire greffjer, d'un trésorier et d'un contrôleur, tous habitants de la ville ; ils ont l'administration de la police.

La Justice ordinaire est distribuée par des officiers et sept procureurs, les tous domiciliés et résidants. Il y a deux notaires royaux, un bureau des contributions des actes, un hôpital et un bureau de charité. Une garde bourgeoise veille au bon ordre, elle est établie depuis l'époque la plus reculée par le gouvernement. Les marchés et foires y existent depuis plusieurs siècles. La ville de Mugron est considérable par la populatiou et l'étendue de son territoire ; dans sa juridiction sont comprises les paroisses et communautés de Pouyaller, Saint-Aubin, Ségas, Labarthe, Lourquen, Boucosse, Pé-de-Peyran et Tingon. Dans le nombre de ses habitants on compte deux gentils-hommes, deux secrétaires du roi, un conseiller rapporteur du point d'honneur, deux officiers de la grande Louveterie, des militaires et chevaliers de Saint-Louis, plusieurs maisons qui font fleurir le commerce, nombre de bourgeois de la première et seconde classe et des artistes et artisans de toute espèce et profession.

Il y a eu de tout temps deùx régents ; l'un humaniste et l'autre d'écriture, établis par arrêt du conseil.

Mugron est situé sur le bord de la rivière navigable de l'Adour ; son port est l'entrepôt général des denrées du Béarn, de la haute et basse Chalosse qui descendent vers Bayonne. Il y a un patron de la navigation pour la police de la rivière et un syndic des classés de la marine.

Notre ville est la quatrième de la Sénéchaussée des Lannes ; nous marchons devant Aire par notre population qui est de 4000 âmes et par nos impôts qui montent à 17.000 livres.

Le bourg de Montfort enfoncé dans les terres n'a aucun de ces avantages et l'on ajoute même que les ressources y sont si petites que, non seulement les officiers de justice, et même les postulants sont tous étrangers et résident à distance de plusieurs lieues du siège. Cet endroit est sans police, attendu qu'il n'y a pas de corps municipal, et il est impossible que les étrangers y puissent trouver logement.

La ville de Mugron espère, nos Seigneurs, que touchés par ces considérations, vous voudrez bien lui accorder une assemblée de district. Elle croit mériter cette distinction par son zèle et son adhésion aux décrets de l'assemblée nationale qu'elle a eu l'honneur de lui adresser ; elle continuera même de signaler son patriotisme par sa contribution, dont celle de Montfort n'approche pas.

A ces considérations, signées par les quatre électeurs et les notables cités plus haut, on ajouta, dans une seconde lettre (22 décembre 1789), les contributions patriotiques des deux localités. Celles de Mugron atteignaient le chiffre sérieux de 24.000 livres, tandis que celles de Montfort arrivaient à peine à celui de 1.000 livres.

Dernier argument invoqué par les signataires : Mugron a toujours été attaché au siège de Saint-Sever et ne veut pas le quitter. Hélas ! Mugron et Montfort perdirent leur cause, un troisième larron arriva. Tartas eut le district. Blessée dans son petit orgueil de ville méprisée, Mugron devint un centre contre-révolutionnaire des plus actifs et des plus bruyants.

A partir de cette époque, le trouble dans les idées, résultat forcé du trouble social qui agitait les populations, ne fit que s'accentuer de plus en plus. Ne voulant pas juger des intentions que nos édiles portèrent dans l'accomplissement des divers mandats qu'ils n'osèrent point refuser, nous allons nous contenter d'enregistrer, au jour le jour, les divers événements qui s'accomplirent à Mugron pendant le temps qui va suivre. Nous prendrons ces événements dans nos archives communales, laissant à chaque agent sa responsabilité personnelle.

Les morts sont morts... Leur mémoire, quelle qu'elle soit, ne sera point touchée par notre plume ; il est des silences qui s'imposent, nous les garderons.

CHAPITRE XVIII

———

La Révolution en marche. — Mugron se lance dans le mouvement. — Mugron en pleine Révolution.

Nous sommes en 1789. Pressée par le besoin d'argent, l'Assemblée nationale a lancé son décret du 6 octobre. Répondant à cette contribution extraordinaire, dite patriotique, Mugron déclare vouloir se saigner aux quatre veines (1). C'est l'expression énergique des patriotes.

Dartigoeyte père ouvre la série des généreux ; il verse 150 livres au trésor ; tel n'est pas le sacrifice de son fils. Grand et généreux en sentiments et surtout en paroles, comme le sont généralement les hommes de son acabit, le futur Conventionnel se montre ladre en fait d'écus. La déclaration qu'il a le cynisme de produire au receveur des offrandes nationales, doit figurer dans l'histoire de son pays. La voici telle que nos archives l'ont conservée :

« Je soussigné, Pierre-Armand Dartigoeyte de Lamarque
» déclare, avec vérité, que mon revenu ne va pas à 100 livres et
» que je contribuerai au besoin de l'État pour la somme de
» 30 livres (1) ».

Comme il appert de cette déclaration, notre démocrate croyait

———

(1) Arch. com.
(2) Cette pièce porte la date du 8 mars 1790.

encore, à cette époque, à la puissance et au décorum d'un titre nobiliaire ; il signe de Lamarque. Mais les événements tournent à l'envers de ses idées ; bientôt il jette au vent sa particule, paraphe Dartigoeyte Lamarque, et, dès le mois de mai 1790, ne retient plus que Dartigoeyte tout court.

L'heure de s'affranchir des anciens préjugés a sonné, le voilà lancé dans un monde nouveau.

Le 6 octobre 1789, furent publiés, à Mugron, à grands renforts de tambour, les décrets des 4, 7, 8 et 9 août, détruisant tous les régimes féodaux, abolissant les justices seigneuriales et les dîmes, établissant la Déclaration des Droits de l'homme, contre-signée par le roi, le rachat des dettes foncières, la suppression de la vénalité, des offices de judicature et de municipalité, celle du droit de casuels dans les cures de campagne, celles des privilèges pécuniaires personnels ou réels en matière de subsides, l'abolition des privilèges établis en faveur des provinces, des principautés des pays, des cantons, des villes et des communautés.

De ce fait, Mugron perdit le droit d'exhiber ses armes et d'accoler à son nom le titre pompeux de ville. Désormais, Mugron ne figurera plus dans les actes publics que sous la dénomination nouvelle de « commune ». Mais, par contre, le même coup de baguette apprit aux habitants que, désormais, ils seraient tous admissibles à toutes les dignités et fonctions ecclésiastiques, civiles et militaires. La proclamation se termina en déclarant à grands renforts de voix de la part du héraut communal : *Le roi Louis XVI, restaurateur de la Liberté française.*

Ces magnifiques prérogatives furent loin de satisfaire la population, surtout lorsque, quelques jours après, elle entendit le même agent faire appel, au nom de la nation, à sa générosité forcée. L'État venait de frapper la fortune publique d'une contribution extraordinaire, sans précédent jusque là.

Le fisc, en effet, réclamait le quart des revenus dont jouissait tout citoyen, déduction faite des charges foncières ; de plus, il imposait une taxe de deux 1/2 pour cent sur l'argenterie, les bijoux d'or et d'argent, et sur tout le numéraire de même nature qui constituait la fortune particulière. Bien que cette taxe ne fut exigible qu'en trois termes assez éloignés, le 1er avril des années 1790-91 et 92, on trouvait qu'elle pesait trop lourdement sur la généralité des citoyens. Aussi, les titres ne sortaient pas de leurs cassettes et les réserves pécuniaires s'enfonçaient de plus en plus dans les profondeurs des bas de laine des familles aisées. Ajoutez à toutes ces vexations, d'un ordre aussi vexant que nouveau, la défense formelle d'exporter les grains, de les vendre ou de les faire circuler sans une déclaration ; la loi martiale contre les attroupements, l'obligation faite aux municipalités de requérir la force militaire pour maintenir l'ordre public ; le drapeau rouge hissé à la principale fenêtre de la maison commune, faisant appel à la garde nationale et à la maréchaussée, le cri sinistre jeté aux oreilles de la foule par les officiers de ces diverses troupes : *On va faire feu!... Que tous les citoyens se retirent!...*

Ajoutez la menace de fusiller, séance tenante, les citoyens récalcitrants, et vous aurez la physionomie que Mugron présentait dans ces jours où les faveurs de la Liberté lui étaient octroyées.

Non ! l'ère n'était ni belle ni rassurante dans la dite commune, et les divers récits que les archives nous livrent sur cette époque ne nous édifient que trop sur l'état des esprits qui la gouvernaient. L'idée religieuse surtout paraissait fortement troublée.

La loi nouvelle disait bien qu'à la suite de la suppression de la dîme, du casuel, et de tous les biens de l'Eglise, le prêtre ne serait pas mis à la misère, l'État devant, selon son engagement formel, pourvoir à son entretien comme à l'entretien du culte et au soutien des pauvres ; mais où étaient les ressources ? Le peuple se le demandait ; les biens du clergé avaient été mis à la disposition de la nation et son trésor était à sec.

L'année 1790 éclata au milieu de toutes ces préoccupations. Loin de se calmer, l'esprit d'inquiétude ne fit que s'affirmer de jour en jour et il arriva, à Mugron, ce qui arrive partout en pareilles circonstances, le sentiment public s'éloignant de la paix tourna à l'aigre, l'inquiétude et la turbulence s'imposèrent à la foule.

Jusque là, la Jurade s'était contentée de tenir ses réunions dans une chambre louée, donnant au couchant des fossés ; la commune porta ses visées plus haut. Elle loua la maison Dupérier, y installa ses bureaux et son corps de garde, et par ce fait, se crut à la hauteur de sa mission. A peine établie dans son nouvel hôtel, la représentation communale, regrettant l'ancien écusson de ses franchises d'antan, fit l'achat d'un cachet aux armes de l'Assemblée nationale, sur lequel on trouva assez de place pour graver au milieu de deux lances dressées les mots : Commune de Mugron. Ces deux pointes, nous disent sérieusement les archives, ne sont que le symbole de l'étymologie de Mugron. Ce sceau peint sur de grandes dimensions fut appendu à la porte de la nouvelle mairie ; trois copies en furent faites pour être placées, les jours de marché, à l'entrée de la halle afin d'indiquer aux revendeurs et aux étrangers l'heure à laquelle les grains, les diverses denrées et la volaille pouvaient leur être livrées (1).

L'inquiétude s'affirme de plus en plus dans la population ; on dirait que la foule a conscience de la nouvelle force qui l'a envahie ; on réclame de grandes réunions dans lesquelles chacun puisse affirmer son autorité et faire valoir son initiative. C'est sous la pression de ces exigences que, sur la demande de l'électeur Marsan, l'église est réclamée comme lieu de discussion publique, et, le 2 février, sa nef est profanée.

Une ère nouvelle va commencer pour Mugron. Au fond de la ville, du côté du Levant, se trouvait une petite place, appelée par dérision, sans doute, *Couteyot,* le petit coin. Cette place n'offrait point le périmètre nécessaire au déploiement des forces que la nouvelle municipalité pouvait mettre sur pied. Prévoyant les besoins de l'avenir, le citoyen Fosses émit le vœu d'acheter la prébende dite de Condrette, appartenant aux religieuses de Tartas, située dans le voisinage, pour en faire le Champ de Mars de la garde nationale. Le marché, mené rondement par l'officier municipal auteur de la motion, fut conclu, le 8 juin 1791, pour la somme de 3.250 livres (2).

130 ormeaux y furent immédiatement plantés à raison de 32 sous l'un, et le nom pompeux de Champ de Mars remplaça sur les actes publics celui trop commun de Condrette.

Le plan de la place fait par le citoyen Saillard coûta 72 livres, et la plantation des ormeaux fut entreprise par le citoyen Hiard, pour la somme de 88 livres et 16 sols.

---

(1) 27 janvier 1790.
(2) Les cahiers de l'enregistrement portent 390 livres.

La postérité n'a jamais ratifié cette appellation de Champ de Mars un peu trop prétentieuse. Les fils des édiles acheteurs, tout comme leurs petits neveux, n'ont jamais abandonné la première dénomination ; aujourd'hui, comme avant 1791, les promeneurs vont à Condrette. Seuls, les officionados vont au Champ de Mars, devenu le champ des arènes des courses (1).

Avec ces idées d'agrandissement, Mugron cherchait à affirmer de plus en plus sa personnalité. Nous lisons dans les papiers de la mairie (2), que les préposés au service de la communauté, nommés autrefois valets de ville, ne trouvant pas leur rôle, tout à fait secondaire, entouré d'ailleurs d'assez de considération, vinrent hardiment déposer leurs insignes sur la table de l'hôtel-de-ville, le tambour y porta lui-même sa caisse, mais non ses baguettes.

La grève des quatre policiers n'eut d'autre résultat que de mettre à la disposition d'autres nouveaux agents les casaques et les chapeaux des démissionnaires. On fit retourner les habits des valets, mis au *rancard,* pour 5 livres et 4 sols et des écharpes neuves furent fournies aux officiers municipaux ; coût 24 livres et 14 sous avancés au citoyen Domenger.

Mugron n'était plus, comme on le voit, la bourgade tranquille des anciens jours ; le courrier de Paris, arrivant une fois

---

(1) Nous plaçons ici, en note, pour servir à l'édification de nos contemporains l'acte de vente du grand magasin Domenger, sur lequel des légendes plus ou moins conformes à la vérité courent encore dans la population. Nous l'avons pris dans le registre des actes civils retenu par le contrôle :

Du 9 octobre 1790, vente d'un magasin appelé du Servat, sol et échalassier attenants, y compris une échalassière appelée de Lauranne, située à Mugron. Bien du Seigneur du dit lieu, moyennant la somme de 15.000 livres ; plus ont été dus les meubles en dépendant, consistant en chaudières, foudres, futailles, etc. et *ustanciles,* ensemble tout le vin, grains récoltés, et à *récolter* dépendant de la dîme de Mugron et de Nerbis de la présente année pour et moyennant la somme aussi de 15.000 livres, consenties par Pierre Brethous négociant habitant de Saint-Sever, agissant au nom et comme fondé de pouvoirs duement en forme, en date du 23 septembre, de Jean-B. Servat habitant de Paris en faveur des sieurs Dominique et Bernard Domenger, frères, négociants, habitants de Mugron. Le payement de cet acte m'a été fait, monnaie courante, avec l'intérêt de trois livres quatorze sols. (Acte passé à Mugron en l'étude Laulon, le 5 octobre 1790).

(2) 14 juin 1791,

par semaine, y apportait toutes les nouveautés politiques capables de caresser les utopies des nouvelles couches.

Un club, dit de *la Société des amis de la Constitution,* dont le président était un personnage marquant de la localité, nommé Laboudigue, se réunissait régulièrement dans la maison du sieur Lapierre, à l'heure où le facteur de Tartas y déposait ses dépêches. Les fortes têtes de la ville, entassées dans une chambre patriotiquement aménagée pour elles, discutaient à grands renforts de poumons toutes les questions déjà agitées dans la capitale. Quoique démocrates, les principaux membres de cette assemblée, au petit pied, signaient toujours leurs délibérations du titre de *notables;* tant il est vrai que l'homme se dépouille difficilement de tout ce qui peut le grandir aux yeux de ses semblables.

Le 9 août 1791, eurent lieu à Mugron les grandes élections des six délégués qui devaient représenter la commune aux assemblées de Mont-de-Marsan. La réunion se tient dans l'église. Les registres d'appel portent 555 inscrits ; 100 votants seuls se présentèrent. La population sembla être retenue par la profanation imposée au lieu-saint. Les noms qui sortirent de l'urne furent : P. Fossats, 70 voix, Dominique Domenger, 65 ; Pierre-Arnaud Dartigoeyte, 58 ; Pierre Lanefranque, 57 ; Dominique Caubin, 56 ; le sixième ne fut élu que le lendemain, J. Lapierre obtint, ce jour-là, 164 voix.

Les élections faites en temps de trouble ont toujours le même résultat. On est sensé consulter la population tout entière, en réalité, les agités seuls répondent. Le dixième des inscrits envoya Dartigoeyte fils représenter Mugron à Mont-de-Marsan. Ce succès bien relatif n'en enflamma pas moins la fougue de notre futur député.

Mis ainsi en évidence, Dartigoeyte se hâta de changer son fusil d'épaule. Son républicanisme s'affirma de telle sorte qu'il devint l'orateur attitré de tous les clubs. Du 16 août au 1ᵉʳ septembre 1790, on l'entend pérorer au sein de toutes les commissions en faveur des idées les plus exaltées.

Dans le courant de ce même mois, les électeurs du district de Saint-Sever se réunirent pour nommer leur administrateur. Le nom de Dartigoeyte sortit le premier de l'urne démocratique. Le voilà acclamé membre du Directoire, dont le citoyen Lacoste est

le président ; bientôt il devient substitut du fougueux Méricamp ;
puis son procureur syndic, et, quelques jours après, il le remplace dans ses redoutables fonctions.

Cependant Mugron s'agitait singulièrement sous la poussée
des idées nouvelles, que l'esprit révolutionnaire répandait dans
la foule. Revenant à leurs anciennes rancunes, les deux partis
Poyusan et Domenger se dressèrent plus que jamais l'un contre
l'autre. Il s'agissait de faire rentrer dans l'armoire aux archives
communales toutes les pièces que l'ancienne administration
détenait. La faction, qu'aujourd'hui on qualifierait de réaction-
naire, avait eu, comme tenant principal, Dartigoeyte père, autrefois homme lige des familles Poyusan et d'Antin, dont il était le
notaire ; dans sa sincérité de patron, il avait rédigé un mémoire
tendant à prouver que tous les papiers de ses clients avaient été
remis. Mais ce travail ne paraissait pas aux yeux des adversaires contenir toute la vérité. Poussé par son âme damnée,
Deyris, le citoyen Domenger souleva des difficultés et, sur ses
instances, le département ordonna à la commune de lui présenter un inventaire de tous les titres déposés (1).

Il y eut houle, ce jour-là, à l'hôtel-de-ville. Poyusan, Darbo,
Lanefranque et leurs adeptes ne vinrent point apporter à la réunion le concours de leurs lumières. Et, chose bien naturelle pour
les hommes de l'époque, Dartigoeyte père, fit comme son fils, il
vira prudemment de bord. Brisant avec l'ancien régime, il brigua
la charge de juge de paix qu'il obtint, grâce à l'influence de son
fils, devenu personnage important dans la nouvelle société. 373
voix contre 103 données au citoyen Fossat, consacrèrent sa nomination.

L'assesseur de Dartigoeyte père dans la charge de juge de
paix fut un perruquier, nommé Lafosse Martin, sur lequel nous
aurons bientôt des choses très intéressantes à dire. Avec l'ascen-
sion du père aux charges rétribuées, celle du fils suivait un progrès analogue.

Réunie le 21 juin 1791, l'assemblé primaire de Mugron désigna
le futur Conventionel, pour aller à Mont-de-Marsan prendre part

---

(1) 9 juin 1791,

au renouvellement partiel des conseillers départementaux. Sur 558 votants que portaient les listes de cette assemblée, 55 se présentèrent devant l'urne, et 44 donnèrent leur voix à Dartigoeyte. Ces élections, faites sous la pression de l'intrigue et de la peur, ont toujours le même résultat, et c'est ainsi que s'exprime, dit-on, la volonté du peuple. En réalité, ce que l'on appelle la majorité n'est toujours qu'une véritable minorité, exprimée par les plus hardis.

Le citoyen Lagraulet, procureur commissaire des six sections, était plus qu'un ambitieux. Tous les procès-verbaux du temps nous le représentent comme un turbulent. Voici une pièce qui nous le montre sous son véritable aspect.

La nouvelle de l'arrestation du Roi venait d'arriver à Mugron. Le Procureur sort de ses gonds, recueillant ses esprits, il rédige la proclamation suivante :

Citoyens,

Les ennemis de la Constitution, de la liberté du peuple français, de cette égalité précieuse des droits qui n'admet de distinctions que celles qui sont le prix des talents, de l'amour de la Patrie, des vertus, conçurent dans leur désespoir, l'exécrable projet de l'enlèvement du roi et de la famille royale ; ils l'exécutèrent la nuit du 20 au 21 de ce mois. Citoyens ! cet événement a, sans doute, affligé tous les bons Français, mais aucun n'a désespéré de la chose publique. La fermeté de l'assemblée nationale, le courage éprouvé des gardes nationales, le patriotisme, la bravoure des troupes de ligne nous assuraient que les derniers efforts de la rage des malveillants seraient sans succès, qu'ils serviraient seulement à faire connaître les auteurs de ces trames odieuses.

Méditez les deux décrets de l'assemblée nationale du 20 de ce mois, pénétrez-vous de l'esprit de sagesse qui les a dictés, et reconnaissez que nos augustes représentants ont été plus grands, plus fermes dans cette journée trop fameuse que dans celle où ils se constituèrent en assemblée nationale.

Rapportez-vous-en à eux sur le sort de l'empire, respectez la liberté des individus, les propriétés, surveillez les ennemis du bien public ; c'est le devoir de tout bon citoyen. Mais laissez aux lois le soin de les punir. Enfin, soyez parfaitement tranquilles sur les suites de l'événement qui donne lieu à cette proclamation.

Le Roi est arrêté près de Metz, et souvenons-nous que, si nous sommes unis, il n'est pas de puissance humaine qui puisse enlever la liberté à quatre millions d'hommes armés pour la défendre !

Très certainement, Lagraulet crut avoir sauvé la France et le Roi. Cette preuve de patriotisme donnée, le Procureur poussa plus avant le souci de la chose publique. Se méfiant toujours des ennemis de la Constitution qui, paraît-il, pullulaient à Mugron, il engagea l'assemblée générale de la commune à prendre une mesure des plus vexatoires. Par ordre de cette assemblée, en date du 29 juin 1791, tous les détaillants, tant habitants que forains, tous ceux qui fréquentaient le marché, furent obligés de déclarer, dans le délai des 24 heures, la quantité de poudre et de plomb qu'ils pouvaient avoir, ainsi que le nombre et la nature des armes qu'ils détenaient (1).

Lagraulet poussa plus loin encore ces vexations. Un cabinet noir fut établi par ses soins, dans lequel devaient être dépouillées toutes les correspondances, tant publiques, que particulières, que le courrier de Tartas portait à Mugron. On venait de découvrir l'apparition de certains écrits, opposés aux idées nouvelles ; il était donc d'une suprême importance, d'en arrêter la diffusion (2).

Et, tandis que la France entière est en ébullition, Mugron est en effervescence. Cette surexcitation, dite patriotique, ne peut plus contenir ses élans, quand, le 27 juin, on apprend que les Espagnols, ont envahi le sol de la Patrie. Dominique Domenger, lieutenant-colonel de la Garde nationale, fait battre la générale. La foule, afflue sur la place de la Montagne (3), et les soldats, en armes se croient déjà à la frontière, tant leur courage paraît martial. « Tous, d'une voix unanime, nous dit le procès-verbal de » cette alerte, offrent de partir pour le besoin de la Patrie où le » cas les requerrera et de donner jusqu'à la dernière goutte de » leur sang, pour sa défense » (4).

Le courage et le dévoûment semblaient s'être emparés de tous les officiers et de tous les soldats, et tandis que la salle brûle d'un si beau feu, Dartigoeyte et son collègue Classun, envahis·

---

(1) Le citoyen Dartigoeyte poussa la générosité jusqu'à offrir un moule à balles.
(2) 30 juin 1791.
(3) Le 3 décembre 1790, la place de l'église avait reçu ce nouveau nom.
(4) Arch. de la Garde nationale.

sent le corps de garde. A la vue de ces hommes officiels, la sentinelle surprise crie : « les voilà ; ils arrivent ! » (1). Ils venaient en
effet, à la rescousse, les fameux administrateurs du district, ils
venaient, disaient-ils, organiser la résistance, et le procès-verbal
porte : « La Garde nationale leur a témoigné son patriotisme et
« sa reconnaissance, pour la peine et les travaux qu'ils se don-
« nent pour la cause publique ». Et les dits Classun et Dartigoeyte
ayant déclaré vouloir partir à l'instant pour se rendre à leur
poste, la Garde nationale arrête que dix volontaires et le major
partiront de suite, avec les adminitrateurs, afin de veiller à la
sûreté de leurs personnes, et de témoigner tant à l'administration qu'à la municipalité de Saint-Sever, de la part de la Garde
nationale de Mugron, qu'ils se rendent à Saint-Sever pour recevoir les ordres de partir au premier signal, et faire corps avec
la Garde Nationale de Saint-Sever.

Heureusement, la nouvelle était fausse ou du moins bien exa-
gérée. Un courrier extraordinaire, envoyé par le district d'Orthez, vint déclarer qu'après trois fausses attaques, les Espagnols
s'étaient retirés. Néanmoins, le district félicita publiquement les
Mugronais. « La municipalité de Mugron et la Garde nationale
ont tenu une conduite ferme et patriotique ! » Et, munis de 64
fusils à pierre avec leur baïonnette, les soldats civils se conten-
tèrent de multiplier leurs exercices, se tenant toujours disposés
à marcher au secours de la Patrie. Tout les jours, de 8 heures du
soir à minuit, et les jours de marché de 4 heures à minuit, une
faction menaçante se tint de garde aux portes de l'hôtel-de-ville.

Veut-on savoir comment la municipalité avait organisé cette
milice ? Ouvrons les registres de la commune. Deux compagnies
de 124 hommes composent la Garde nationale de Mugron. L'état-
major est formé d'un colonel, d'un major, de deux aides-major,
d'un quartier-maître, de deux capitaines, de deux lieutenants,
d'autant de sous-lieutenants, de sergents et de caporaux en nombre plus que suffisant ; un porte-drapeau, un tambour-major et
un aumônier achevaient la série des officiers, et des sous-officiers.

---

(1) *Bull. de la Garde Nat.*

Tous les membres de l'assemblée générale figuraient dans cette liste de dignitaires galonnés, et tous avaient fait le serment, sur l'autel de la Patrie, de mourir pour sa défense et son salut. On peut affirmer, qu'à partir de ce jour, la Garde nationale régna en maîtresse à Mugron. Ses caprices furent des volontés formelles, même des ordres, contre lesquels la municipalité se fit timide et impuissante. Le 20 février 1791, l'état-major se réunit pour délibérer sur une accusation, portée par le quartier-maître Jean Busquet, devant le conseil du district dont Dartigoeyte fils faisait partie. L'abbé Lagarde était accusé de jeter le trouble dans les consciences, par l'impétuosité de ses discours. Du haut de la chaire de vérité, ce prêtre, aux paroles aussi intempérantes qu'incendiaires, avait déclaré hérétiques et impies tous les ecclésiastiques, qui avaient fait le serment et osé, comme jureurs, remplacer les prêtres dans leurs fonctions. La nomination des assermentés, avait-il soutenu, était une usurpation sacrilège faite par l'Etat. Seul le Pape, pouvait nommer et casser les évêques. Ces principes catholiques, n'étaient point acceptés par la majorité de l'assemblée mugronaise ; mais un seul de ses membres la répudia publiquement. Le citoyen Caubin refusa de signer la dénonciation, et l'abbé Lagarde fut livré à l'accusateur public.

Cependant, la promulgation de la fameuse loi constitutionnelle concernant le clergé (1) avait jeté le trouble dans la France entière. Le diocèse d'Aire, dont Monseigneur de Caux était l'évêque, avait refusé, en grande partie, de faire le serment exigé. Marqué à l'encre rouge, par toute notre députation, le pontife avait été déclaré déchu de son poste, et un prélat constitutionnel nommé à sa place (2).

C'était l'abbé Saurine, député du Béarn. A peine investi de son évêché par l'État, Saurine se hâta de prendre possession de son poste. Sacré à Paris, le 5 mars, il fit annoncer à grands renforts de tambour, dans toutes les paroisses, sa prochaine arrivée dans le département. Sur ces entrefaites, le district de Saint-Sever avait procédé au remplacement de 22 curés réfractaires. Mugron

---

(1) 12 juillet 1790.
(2) 11 février 1791.

avait reçu un barnabite, nommé Robin, qui vint essayer de réduire au silence la fougue orthodoxe de l'abbé Marsan, et de paralyser le zèle que son titre d'aumônier de la Garde nationale lui permettait d'exercer. Le 17 mars 1791, la milice mugronaise reçut, conformément à l'arrêté pris à Mont-de-Marsan le 15, l'ordre d'aller à la rencontre de l'évêque constitutionnel. L'arrêté portait, que trois commissaires seraient députés par canton pour aller, en uniforme, avec *épée* et *hausse-col,* au-devant de Monsieur l'Évêque, aux limites du département, et l'accompagneraient jusqu'à Dax, ville de sa résidence. Mugron choisit le lieutenant-colonel Domenger, le major Marsan et le colonel de la compagnie de Baigts, Pinergue.

La date des événements nous met en face d'une anecdote, que le sentiment de la vérité nous force de livrer aux appréciations de la postérité. Elle est toute à l'honneur de Dartigoeyte.

C'était le 2 juin 1791. Insulté par la bande populaire des braillards, le chevalier Darbo de Cazaubon prit son fusil et, couchant en joue les assaillants, les menaça de leur faire mordre la poussière. La tourbe révolutionnaire surexcitée par ce geste, se soulève en masse, cerne la maison du ci-devant chevalier, en ébranle les portes et les fenêtres et, la vocifération aux lèvres, réclame sa tête. La nuit se passe dans la même agitation ; le matin, la garde sur pied vient prendre le malheureux Darbo, et pour le soustraire aux insultes de la municipalité que Lagraulet met en avant, le mène aux prisons de Saint-Sever (1).

A cette nouvelle, Dartigoeyte, se rappelant ses anciennes luttes contre la faction Domenger, dans lesquelles Darbo l'avait si bien servi, fait enfoncer les portes de la prison, et, usant de toute son influence, obtient une sentence de pardon en faveur de son ami. Darbo délivré rentre à Laurède, jurant de laisser désormais brailler les braillards et de rester coi dans sa demeure. Tout puissant dans le parti révolutionnaire, Dartigoeyte avait jeté le masque de ses premières années d'avocat ; il s'était déclaré ouvertement l'ennemi des prêtres fanatiques.

Applaudissant au mandement de l'intrus Saurine, il use de

---

(1) Juin.

force et de violence contre tous ceux qui ont refusé le serment.
Comme un jaguar qui, jour et nuit, va partout guettant sa proie, il
court la contrée, sonde et interroge les hameaux, pour découvrir
la moindre petite assemblée anti-constitutionnelle qui peut s'y
tenir, se fait mouchard et dénonce au district tout ceux qui lui
paraissent suspects. Il décrète la descente des cloches et les
envoie aux hôtels de monnaie ; il facilite la circulation des assignats, et préside à la vente des biens nationaux, à l'inventaire
des ornements et des vases sacrés et à la liquidation des dîmes
inféodées.

A force de zèle révolutionnaire, Dartigoeyte en est arrivé à ne
plus voir que la loi et à tout sacrifier à la poursuite de son exécution. Ses idées religieuses singulièrement modifiées ont fait,
dans sa conscience, une place nette à ses idées politiques. Il veut
une religion, mais une religion d'État. Les trois vicaires, Lagarde,
Marsan et Darbo sont, par son ordre, chassés de la commune.
Délivré des prêtre réfractaires, il s'attaque à tous ceux qui peuvent contrebalancer le zèle, moins que timide, du curé constitutionnel. Sur un signe de sa main, Lagraulet malmène le diacre
Castaignos, cet instituteur public, qui a osé manquer d'égard à
l'Évêque Saurine, lors de sa visite épiscopale à Mugron (1). L'exécution de l'abbé Castaignos se fit le 22 mars ; il fut ce jour-là, par
ordre du district chassé, *manu militari,* de son école, et son
école, la seule qui existât encore dans la commune, fermée. C'est
ainsi que la révolution entendait favoriser l'instruction populaire.

Et la révolution avançait toujours à grands pas. Les lettres et
les correspondances diverses, que le courrier de Tartas faisait
arriver à Mugron, montaient les esprits à tel point que les patriotes s'étudiaient à faire dans leur entourage ce que les avancés
faisaient à Paris. Lagraulet, boute-en-train de tout le mouvement,
se démenait entre tous les autres pour faire du zèle. La fête du
pacte fédéral se présentant, il organisa une démonstration comme la localité n'en avait pas encore vu. Le ban et l'arrière ban
des citoyens furent convoqués. Les commissaires de quartier
parcoururent leurs sections, convoquèrent tous les habitants,

____

(1) 20 Mars 1791.

firent fermer les boutiques et suspendre tous les travaux. Dès la veille, les cloches, encore suspendues dans leur beffroi, lancées à toutes volées se firent entendre jusques aux confins de la paroisse. A dix heures, l'église, grande ouverte, reçut la municipalité escortée de la troupe en armes, le prêtre constitutionnel chanta la messe. A la sortie de l'office, la foule se réunit sur la place Chantilly, devant le cimetière, où elle renouvela le serment de fidélité à la constitution. Le 14 juillet tombait le jeudi; par ordre du Procureur, le marché fut renvoyé au lendemain. Le soir, toute la ville fut illuminée.

Content de cette démonstration, Dartigoeyte écrivit une lettre de félicitations à Lagraulet qui, ne voulant pas rester en arrière de pareils encouragements, continua avec plus d'acharnement encore la série de ses hauts faits. Mugron avait alors comme hospitalière une noble et sainte femme, dont le souvenir est resté longtemps dans la mémoire de la population. Stéphanie Lafosse, tante du fameux perruquier, l'assesseur du juge de paix, avait le courage de résister aux injonctions et aux menaces du curé Labeyrie, que Dartigoeyte avait imposé à la commune par une lettre en date du 29 octobre, à la place du Barnabite Robin, tombé en trop grande déconsidération. Dans sa foi de grande et simple chrétienne, Stéphanie, toute à ses malades et à Dieu pour l'amour de qui elle les soignait, croyait bonnement que l'assermenté n'était pas le véritable curé. Dénoncée à Dartigoeyte par les soins du Procureur, elle fut chassée de l'hôpital. « Il faut, » écrivit celui-ci, il faut à l'hôpital, en qualité d'hospitalière, une » femme dont les principes de civisme soient analogues à ses » fonctions, à l'effet, ajoute-t-il, que le scandale d'une condition » fanatique ne se réitère pas, lorsque le curé sera appelé ».

Stéphanie, en effet, avait des sentiments religieux très prononcés ; son zèle pour les répandre autour d'elle était tel, que Labeyrie et son vicaire, voyaient le leur tout à fait paralysé. « Elle » détourne dans les rues, dit l'accusateur public, soit par des » gestes, soit par des paroles, les pères et les mères de faire » baptiser leurs enfants par le prêtre constitutionnel ».

De toute nécessité, il fallait que cet apôtre courageux disparut tout comme son aide et son émule, la pieuse Jeanneton.

Le 4 septembre, un repas civique réunit tous les patriotes autour de l'arbre de la liberté. Le vin coulant à flots, les têtes

s'échauffent, les esprits se surexcitent, et tandis que les plus
ardents s'épuisent à commenter la fameuse lettre de Darligoeyte,
dans laquelle il déclare que « la France doit être en état d'atta-
» quer et de surprendre, dans leurs projets, les despotes couron-
» nés et autres qui veulent enchaîner les hommes libres », les
plus audacieux envahirent la maison de Stéphanie au cri de : « En-
levons-les ! » Et les deux héroïnes sont enlevées. Heureusement la
partie saine de la municipalité, se ressentant encore de l'ancien
régime qui l'avait nommée, fit appel à tous les bons citoyens.
Stéphanie et Jeanneton furent délivrées et mises en un lieu sûr.
Mais les faux patriotes ne s'avouèrent pas battus. Le lendemain,
leurs plaintes dénonciatrices arrivèrent aux tribunaux du district, et Catherine Cassaigne, vraie tricoteuse de l'endroit, femme
patriote au dire de Darligoeyte, fut nommée hospitalière.

Jamais fatigué, dans ses manifestations, Lagraulet prenait de
plus en plus sa charge au sérieux. Il donna, le 23 octobre, une
seconde fête qui mit à Mugron toutes les cervelles à l'envers. Ce
jour-là, à l'issue des vêpres, le corps municipal, ses licteurs en
tête, sortit de l'hôtel-de-ville, revêtu de ses écharpes. Arrivé sur
le seuil de l'église, il entendit avec un respect de commande la
lecture de la loi constitutionnelle, et celle de la Déclaration des
droits de l'homme ; puis se rendit à la place du Parisien, de là à
celle de Couteyot, dite place patriotique, et revint, toujours dans
le même ordre, à celle de la Liberté, sise devant le cimetière ; partout fut faite la même promulgation. La foule entra dans l'église,
précédée de la Garde nationale, en tête de laquelle marchait le
juge de paix et les divers prêtres résidant encore dans la
paroisse. Comme pour la fête du 14 juillet, l'ordre avait été
donné d'illuminer les maisons et de prendre part à la démonstration sous peine d'amende. C'était la liberté du jour ! L'année se
termina à Mugron par deux ukases d'une rigueur toute révolutionnaire. Le premier fit déceller la croix qui couronnait le clocher pour, disait l'arrêté, le plomb en être employé à la fabrication des balles, car la Patrie était en danger ; le second exigea
que nul ne pût se dispenser de prendre part à n'importe quelle
fête patriotique, qu'il plaisait à la municipalité de célébrer.

MUGRON SE LANCE DANS LE MOUVEMENT

Cependant, le corps électoral avait été convoqué au chef-lieu du district, et, le 27 décembre, Dartigoeyte, plus heureux que dans les élections du mois d'août dernier, fut nommé député à la Convention Nationale. L'année terrible venait de sonner, 1793 ! Arrivé à Paris, l'élu de la Chalosse a hâte de prendre part à toutes les réunions de la Convention. Dès le 9 janvier, nous enregistrons son vote pour l'expulsion de Philippe-Égalité, tout comme pour l'exécution capitale du Roi. Les raisons déterminantes de son vote doivent être connues, lui-même nous les donne.

« Comme juge, je dois venger le sang des citoyens égorgés » par les ordres du tyran. Comme homme d'État, je dois prendre » la mesure qui me paraît la plus utile à la République. Or, dans » mon opinion, je crains le retour de la tyrannie, si Louis existe ; » je vote la mort et sa prompte exécution. Le républicain ne com- » pose jamais avec sa conscience ! » (1).

Saurine, Lefranc et Cadroy, ses collègues, s'étant séparés de lui dans cette circonstance, devinrent, dès ce jour, ses ennemis, et de ce fait, furent compris dans sa haine.

La députation landaise, composée de six membres : Dyzès, Dartigoeyte fils, Jean-B. Lefranc, Saurine, Roger Ducos, et Paul Cadroy, était arrivée à Paris. Le Roi condamné avait été guilloliné le 21 janvier 1793, et la France était entrée dans cette ère à jamais néfaste, appelée l'année terrible.

Prenons les archives communales et transcrivons à la honte de nos devanciers les faits, qui, sous le couvert menteur de la Liberté, se commirent à Mugron, à partir de cette funeste date. Nous sommes au 6 mars. La dénonciation contre les prêtres réfractaires est à l'ordre du jour. C'est le tour des abbés Arnaud Fossats et Raymond Duperrier, récemment ordonnés en Espagne

---

(1) Dulau n'a donc pas inventé la phrase...

par Monseigneur de Lanneville. Ces prêtres, émules des premiers apôtres de l'ère chrétienne, exercent courageusement à Mugron les fonctions sacerdotales dans des maisons particulières. Ce culte privé porte ombrage aux fougueux patriotes. Hiard, Châtelet, Coupson, Descorps, Batistant, Sourigues et Darjo, ne peuvent pas dormir tranquilles. Il faut qu'ils dénoncent, et sur leur accusation Lespès est envoyé à Mugron en qualité de commissaire enquêteur. Le 26, les poursuites s'exercent contre les ci-devant religieuses de Sainte Ursule de Saint-Sever. Quitterie de Poyusan, âgée de 65 ans, se présente devant l'enquêteur, suivie de Marie Domenger du Couvent de Sainte Claire de Mont-de-Marsan. Que faire contre ces pauvres femmes ? La population demande leur liberté. Tandis que les patriotes sont indécis, voilà qu'un ordre extraordinaire leur est communiqué au nom de la nation. La question religieuse est momentanément laissée de côté ; il s'agit de fouetter un autre chat !

Le département est imposé de 4.000 paires de souliers. A l'œuvre de nouveau, les cordonniers de Mugron : les patriotes les invitent à répondre à l'appel. Le premier effort a été trop grand. Le cuir fait défaut dans leur échoppe. Le refus de ces ouvriers porte la date du 31 mars. Le 4 avril, nouveau recours à la générosité patriotique des habitants. Cette fois, la nation demande des habits d'uniforme : habits, vestes, culottes, bas, chapeaux, tout ce qui peut équiper un volontaire sera bien reçu. Le procès-verbal de réception de ces uniformes bizarres porte que les Mugronais, se saignant aux quatre veines, comme s'exprime la pièce de la mairie (1), offrirent 19 habits, une veste, une culotte. On recueillit, en outre, 530 livres qui servirent à payer la façon de l'équipement de 29 volontaires, à raison de 14 sous par veste, 18 sous par culotte, 18 sous par guêtre et 12 sous par bonnet de police. Le 11 avril, la stupeur vint comme paralyser la hardiesse des patriotes. Sous un tas de pièces de bois adossées à l'église, on trouva un paquet de brochures incendiaires intitulées : *Méthode de conduite pour le temps de schisme ; Le cri de la Foy à tous les catholiques, Cri de Saint Jean : faites pénitence...*

---

(1) Arch. com.

Ces feuillets reconnus suspects, tendant à propager la supersti-
tion, la municipalité aux abois se hâta de lancer ses limiers
pour en arrêter la propagande. La Garde nationale dut courir
après les colporteurs, et pour quelques jours les religieuses
furent oubliées. Cependant, le curé jureur, Labeyrie, n'était pas
satisfait. Il y avait du louche, peut-être même de la connivence
dans les poursuites persécutrices. Cette négligence de la part
du conseil battait en brèche son autorité. Les prêtres réfractaires étaient trop libres, et voilà l'apostat dénonçant les magistrats au citoyen commissaire. Il faut plus d'énergie ! Et à partir
de ce jour, 21 avril, en vertu de l'arrêté du Conseil général du
département, le corps municipal est obligé de se tenir en permanence dans la salle de l'Hôtel-de-ville. Pendant 24 heures, et à
tour de rôle, un officier notable, flanqué d'un secrétaire, est assis
à la table des accusations : un piquet de la Garde nationale veille
à sa sécurité.

Tandis que Mugron tremblait sous l'étreinte de la plus terrible
persécution, Paris, craignant voir fléchir dans la province l'esprit révolutionnaire, envoya dans le département des Landes
deux commissaires spéciaux chargés d'en surexciter l'ardeur.
Dartigoeyte et l'ex-oratorien Ichon furent investis de tous les
pouvoirs pour bien remplir cette mission. Les magistrats des
nouvelles couches eurent hâte de visiter leurs domaines ; nous
disons leurs domaines, car les départements qui leur étaient
attribués furent, pour chacun d'eux, comme une terre d'exploita-
tion livrée à leur despotique ressentiment. Nantis de pleins pouvoirs, ils se mirent en marche.

Le 9 avril, Mont-de-Marsan les voit arriver précédés et suivis
de tout l'apparat de leur mission ; le 21, Bayonne leur ouvre ses
portes, et le 24, jaloux de parader avec tous ses insignes devant
ses compatriotes, Dartigoeyte annonce son entrée à Mugron.

A cette nouvelle, le conseil se réunit, et, après avoir délibéré
sur les honneurs à rendre au caractère du visiteur, décide qu'on
fera au député Mugronais une réception hors de pair.

Le 21, les tambours battent aux champs, la Garde nationale (1),

---

(1) *Bull. de la Garde Nationale.* (Arch. com.).

convoquée d'urgence, se masse en armes sur la place de la Liberté (place du Parisien). Neuf heures sonnent et le cortège formé des officiers municipaux, des notabilités de la commune et des hommes de la justice, tous en grande tenue, se met en marche au-devant du nouveau dieu.

Venant de Bayonne, Dartigoeyte arrivait par la route de Laurède. La première station se fit à Hillette. Tandis que, dans la rencontre, tous sont à la joie, aux discours, aux embrassements, deux commissaires envoyés par le district de Saint-Sever, les citoyens Basquiat et Dominique Domenger, accourent essoufflés, annonçant avec des gestes désespérés que les ennemis se sont rendus maîtres de la frontière. Béhobie, dans le territoire d'Orogne, près Hendaye est tombée entre leurs mains.

Sur l'heure et sur l'ordre du député, un registre est ouvert à l'hôtel-de-ville, sur lequel sont invités de s'inscrire tous ceux qui volontairement sont décidés à aller défendre la Patrie. On bat la générale dans les rues, le branle-bas est dans tous les quartiers; les maisons se vident, la foule hurle le chant du départ. Dartigoeyte, Basquiat et Domenger haranguent la multitude; leur parole enflammée électrise les esprits. Finalement cinq volontaires viennent s'inscrire. Trop heureux de pouvoir offrir à la République cinq défenseurs à si bon marché, le député fier de ses Mugronais fait distribuer aux volontaires des habillements déposés au greffe, et leur commande de partir dès le lendemain.

Nous sommes obligé, au nom de cette vérité qui, pour se faire jour, ne doit jamais craindre de se montrer telle que l'histoire nous la découvre, d'écrire, à la grande confusion de nos pères, que, dans cette circonstance, leur patriotisme excité par la crainte revêtit un caractère des plus révoltants, au point de vue de la réserve et du respect, dû aux mœurs publiques. Le paganisme le plus cynique inspira le cérémonial de cette trop fameuse réception. Nous en tenons les détails des témoins oculaires et des victimes participantes (1). Telles vestales dont nous avons connu les derniers jours, forcées de figurer dans cette ignoble

____

(1) Mémoire de Mme veuve Fossats.

parade, ont porté, jusqu'à leur mort, la honte et l'affront, que leur pudeur eut à supporter dans cette circonstance.

Le lendemain de cette par trop démocratique mascarade, eut lieu, à Mugron, un grand banquet, dans lequel Dartigoeyte fit preuve d'une éloquence à la mode du jour. Comme l'habitude s'en est perpétuée, les frais généraux de ces républicaines agapes, furent supportés par la caisse communale. Cela n'empêcha pas, cependant, les fournisseurs attitrés de ces sortes de repas, toujours censés agir par dévoûment à la chose publique, de réclamer, pour leurs services, une indemnité de 152 livres. Nous ne portons pas en ligne de compte la valeur des plats ou des mets que les invités fournirent à ce populaire pique-nique.

Le 26 du même mois, le décret ordonnant le dénombrement des suspects, fut publié aux quatre cantons de la ville. Aussitôt, sur la dénonciation de la municipalité, tous les nobles, anciens Seigneurs et cy-devant prêtres, sont inquiétés et voient leurs maisons fouillées. Nous avons mis la main sur un billet de ces réquisitions, libellé et signé par Batbédat, agent national du district de Saint-Sever : « Tu es requis, citoyen, sous peine d'y être » contraint par les voies de droit, de remettre dans le délai de » 24 heures à..... » Munis de ce papier, des commissaires spéciaux visitent tous les magasins, fouillent toutes les boutiques pour y chercher les diverses matières, propres à confectionner des poudres. Le salut public, exige encore que la batellerie soit réquisitionnée. Les escales de Saint-Sever, de Toulozette, de Mugron et de Laurède sont spécialement désignées (1). Pinel, Monestier et Cavaignac donnent des ordres à jets continus, toutes les armes sont saisies, même les simples fusils de chasse.

Nous voici en Germinal, an II (avril 1793).

Les dons en nature sont réclamés. Comprenant combien la situation était critique, les grandes familles y vont généreusement de leur argenterie. Les de Poyusan offrent une paire de chandeliers avec leurs girandoles en argent du poids de

____

(1) 20 Ventose.

12 marcs. La Fabrique de l'église, ou pour mieux dire le corps
administratif qui ose encore s'arroger ce titre, envoie les galons
des ornements des deux églises de Mugron et de Nerbis, les fers
de leurs portes et de leurs diverses ouvertures ; la chaire de
Nerbis est démontée pour, ses campanes, être employées au
même usage, et le tout est transporté à Saint-Sever. Toutes ces
exactions étaient loin de plaire aux familles bien pensantes.
Bientôt les murmures devinrent des refus, et force fut faite aux
patriotes de se déclarer dénonciateurs.

Dès le 22 octobre, Dartigoeyte père, voulant se conformer à la
loi, avait, comme ancien notaire, remis à la municipalité tous les
titres de noblesse et de féodalité que son étude possédait ; on vit
entassées sur la table de la mairie toutes les paperasses nobiliaires de Bertrand-Louis Lanefranque, Larrey, seigneur de
Hauriet, celles de Bernard de Melet, concernant ses biens de
Labarthe, celles du citoyen d'Antin, ci-devant Seigneur de Boucosse, et enfin toutes celles qui pouvaient donner un certain
relief aux lignées qui les détenaient. Le même jour, Jacques
Brun déposa sur le bureau ses lettres de provision de la charge
de garde des sceaux de la chancellerie, dont il avait été pourvu
moyennant finances, mais il en réclama la valeur. Dominique
Domenger remit aussi celles qu'il possédait comme lieutenant
de la grande Louveterie de France. Il y fut invité par Raymond
Labeyrie, procureur du ci-devant Seigneur de Poyanne et de
Labarthe, nommé à ce poste par le duc de Biron, ci-devant
Baron de Mugron (1).

A son tour, le citoyen Jean Busquet présenta son certificat de
garde-chasse, avec sa bandoulière ; le citoyen Lafosse, toute une
garniture de boutons d'ordonnance, le citoyen Angoumeau, ses
titres sur le moulin de Lourquen ; la citoyenne Darbo, veuve Candalle, les liasses concernant la seigneurie de Pé-de-Peyran. Le
notaire Etienne Laulon s'était déjà défait de tous les titres de
Joseph Darbo, seigneur de Pomarède, et de tous les contrats de
ferme, de halage, de péage, d'herbage et de bac, consentis par le
Baron de Mugron. Le 19, Michel Marsan alla jeter au feu, en pré-

---

(1) Papiers com., liasse 10.

sence de sa famille, qui applaudissait, sa commission de sous-lieutenant de la grande Louveterie de France. La citoyenne Domenger-Castelnau donna à son notaire Laulon l'ordre de déposer à la mairie tous les titres qu'elle possédait, ainsi que son père, sur les seigneuries de Mugron, Hagets de Pomarède et de Montaigut. Pierre Fossals, au nom du citoyen Dulion (du Lion), en fit de même pour ceux de la Caverie de Tingon, ainsi que pour ceux du citoyen Biron, comprenant les actes de dénombrement de reconnaissances, de baux à ferme, d'afflèvement, tous concernant la féodalité de Mugron, de Poyaler, de Saint-Aubin, · de Ségas et de Lourquen (1).

Hélas ! tous ces actes de soumission ne purent point sauver des rancunes républicaines les Mugronais marqués au coin de la noblesse et de l'honorabilité. Sur l'ordre de Pinet et de ses collègues, des mandats de réclusion furent lancés contre tous ceux et toutes celles que la localité tenait pour respectables, Campet, Melet, sa femme et ses fils, Danlin Darx (d'Antin d'Arx) ancien officier, Poyusan, Lanefranque, Lafaurie, officier de santé, Lane-franque, Larrey, Tauziet, ci-devant curé du Leuy, les Demoiselles Candalle et leur mère, les tous habitants de Mugron, dit la pièce (2), furent conduits à la réclusion de Mont-Adour, ci-devant Saint-Sever. Le 15 germinal, les scellés furent apposés sur tous les biens, papiers, titres et effets, appartenant aux sus-nommés. Deux jours après cette tyrannique exécution, Mugron, dans la terreur, voulant amadouer les terribles commissaires, se décida à faire acte de patriotisme. La commune porta sur l'autel de la Patrie 158 draps de lit, dont 61 en lin et 97 en étoupe. Mais ce sacrifice ne parut pas assez sérieux aux administrateurs du district. Voulant attribuer un peu de générosité à la position précaire des habitants,.ces administrateurs demandèrent à l'autorité communale le nom des patriotes indigents ; ils voulaient, disaient-ils, les exonérer des lourdes charges qui pesaient sur eux. Au demeurant, ces citoyens du district ne cherchaient qu'à être fixés sur le degré de patriotisme que marquait la population.

----

(1) Papiers Com. Liasses IV.
(2) Arch. com.

La municipalité, flairant la mèche, refusa d'obtempérer à cette demande, sous le prétexte que ces indigents patriotes n'étaient pas dignes du moindre allègement Ces magistrats y voyaient clair.

Cependant, les vexations, occasionnées par le sentiment du péril extérieur, augmentaient de jour en jour. L'agent national, écrit à la date du 25 germinal, réclamant toutes les enclumes et tous les étaux, que possédaient les forgerons de la localité, les citoyens Lapierre, Laborde, Despouy, Dupérier, Darjo et Dané sont forcés de vider leur atelier et de faire transporter à Saint-Sever, par voie d'eau, tous ces outils nécessaires à l'exercice de leur métier ; prirent le même chemin les cordes des clochers des deux églises, ainsi que tout le linge que pouvaient contenir leurs sacristies. Mais le cri de guerre a retenti ! il faut de la poudre ! et voilà que tous les chimistes se mettent en quête de recueillir tout ce qui peut servir à sa fabrication. Les vergnes, les bourdaines, les coudriers, les aulnes, les genêts, les thyms, les gabarres, les ronces, les vignes sauvages, les aubépines (1), toutes les matières salines sont coupées au pied, débitées, liées en faisceaux et réduites en charbon, les cendres non lessivées sont recueillies dans tous les ménages, et, chaque décade, des bouviers réquisitionnés dans la commune, embarquent au port tous les matériaux aptes à devenir explosibles. Il nous a été souvent répété par notre vénérée mère, issue des Domenger de Courau de Poyaler, que les caves et les murs du donjon seigneurial, avaient été alors explorés en tous sens, et en partie démolis pour fournir le salpêtre que ces vieilles constructions pouvaient contenir. Une lettre du chef lessiveur conservée dans les archives de la mairie, nous dit comment opéraient les chimistes du jour : « Le procédé de cette brûlure est simple, il se réduit à » faire un creux dans la terre sur 6 pieds carrés de largeur et 2 » pieds de profondeur, après avoir allumé le premier lit des ar- » bustes, et à mesure qu'ils se réduisent en cendre, on en met » un second et successivement un autre après la brûlure de » celui-ci, jusqu'à ce que le creux se remplisse de cendre, et

____

(1) Arch. com.

» alors on vide pour recommencer. Salut et fraternité » (1). Un
atelier de salpêtre était établi à Mugron, dans la maison d'Antin (2) ; les balances, les poids et chaudières, qui servaient à ces
opérations, avaient été prêtés par le citoyen Laplacette. Le
citoyen Dupérier qui dirigeait la salpêtrière, réclama les frais
des dépenses qui, depuis le 10 brumaire, jusqu'au 10 pluviose,
s'élevaient au chiffre de 480 livres et 18 sous. Le rapport adressé
par lui au district dit : « toutes les terres de la commune sont
épuisées, ainsi que toutes celles du canton. Il n'y a plus de terres
à lessiver » (3).

Ahuri à la vue de toutes ces nouveautés, le peuple se demandait à quoi, enfin, tout cela pouvait aboutir. Mais bientôt la poudre ne suffit pas, il faut des cartouches. Pour les fabriquer, on
réquisitionne tous les parchemins et papiers, qui ont une certaine
consistance. Les familles nobles sont encore inquiétées. Un
ordre de l'agent national, en date du 25 germinal, leur ordonne
de se defaire de ces *éléments de royalisme*. Le même arrêté exige que tous les sabres, de 30 pouces de lame et au-dessus, soient
déposés sur le bureau de la mairie. Les citoyens, chefs du district, allèrent encore plus loin. Par un ordre des plus despoti-
ques, ils exigèrent que tout citoyen, âgé de plus de 14 ans,
imposé au rôle des contributions mobilières, portât à l'hôtel-de-
ville, une livre de vieux linge, pour être converti en charpie.

Sur ces entrefaites, Pinet toujours ombrageux et méfiant, faisait inspecter les maisons les plus suspectes. Celle de Darbo
cadet, récèle, dit-on, des ci-devant religieuses : elle est fouillée
de fond en comble. Cela se passait le 15 floréal. D'accord avec
ce despote qui ne rêvait que vexations, abus de pouvoir et pro-
fanations, les patriotes Mugronais trouvèrent le moment favorable de réaliser un plan qui, dans d'autres temps, eût paru bien
naturel, mais qui, dans ces jours, fut regardé comme une atteinte
portée au respect dû aux biens de l'église. Ils firent démolir la
maison Cardenau, avoisinant la maison de Dieu pour, sans
indemnité aucune, agrandir la place publique.

----

(1) Arch. com.
(2) Arch. com.
(3) Rapp. au dist.

Le 12 ventose de la même année, l'agent national de Mont-de-Marsan, Darmaud, inquiet sur les progrès que la République ainsi comprise, et surtout ainsi pratiquée, faisait à Mugron, demanda à Lagraulet un rapport détaillé sur l'état des chóses de la commune. La réponse du citoyen commissaire est des plus catégoriques : « Tu me réitères, écrit-il, le devoir rigoureux de ma surveillance... le voici... » Et, résumant en quelques mots la situation, il couche sur une feuille en forme de notés les renseignements suivants : « Exécution des lois. Si les cordonniers n'ont envoyé que 32 paires de souliers, c'est la faute aux tanneurs de Hagetmau qui n'ont pas de cuir... Les saboliers ont éprouvé le même embarras, faute de mesures exactes, les bois ayant *été coupés* trop courts... Quant aux subsistances et aux approvisionnements, le recensement des grains a été fait le 14 pluviose ; il y avait alors à Mugron 7.000 mesures de tous grains dont 600 ont servi à payer les impositions, 2.400 ont été consommées sur place, il n'en reste plus que 4.000 pour la consommation du mois... La culture et l'ensemencement des terres n'est pas plus prospère. Les terres sont abandonnées, surtout celles des émigrés dont les métayers sont tout à fait découragés... d'ailleurs, les bœufs manquent, faute de fourrages.

» Les salpêtres sont épuisés ; le grattage des murs n'en donne que très peu... les terres sont plus ou moins salpêtrées... Il faudrait les analyser encore. La séquestration ne laisse rien à désirer... Tous les biens des émigrés sujets à la séquestration ont été saisis.

» L'esprit public ?... Depuis l'abolition du culte des prêtres, celui de la Loi est le seul connu parmi tous mes concitoyens. « Le » fanatisme ne se montre plus, et s'il existe encore parmi quel- » ques *femelettes,* il n'en est pas moins si comprimé qu'on peut » le regarder comme prochainement étouffé. La loi du maximum » a été élevée sur certains objets, tels que la boucherie, mais cet » abus est réprimé.

» Les personnes suspectes sont toutes recluses ou renvoyées » en arrêt chez elles... Nous n'avons pas de marchands d'argent, » et la répugnance pour les assignats ne se remarque que chez » quelques citoyens de la campagne.

» La loi de l'emprunt forcé a été remplie par le prêt volontaire » de presque tous les contribuables. Les volontaires déserteurs

» viennent d'être poursuivis et ramenés à leur devoir ; il en est
» qui demeurent ici malades, et ce par autorité du district. Notre
» société populaire existe depuis 1789 et fut affiliée aux Jacobins
» de Paris au commencement de 1790... Voilà, citoyen, ce que je
» puis te dire avec vérité, et je continuerai de m'entretenir avec
» toi, comme tu le désires, sur la suite des détails des mêmes
» objets... Salut et fraternité ! » (1).

Ce rapport, aussi haineux que mensonger, venait à peine d'être
expédié que, sur les injonctions de Pinet, Monestier et Cavaignac, un ordre, inspirant la terreur, vint encore jeter l'épou-
vante dans toute la population. Il fallait, à toute force, donner un
semblant de raison au factum de Lagraulet. L'honorable famille
de Laborde fut la tête de Turc sur laquelle s'abattit le ressentiment des commissaires.

Un membre de cette lignée, ci-devant curé de Miramont, voulant rester au milieu de ses ouailles, s'est fait une cachette
introuvable. Le crime est patent, les alguasirs expédiés dans
tous les quartiers sont rentrés bredouilles : un exemple de vexa-
tion terrifiant est devenu nécessaire, et de ce fait, toute la
famille du saint prêtre est englobée dans une proscription générale. Les verrous de la maison de réclusion de Saint-Sever grin-
cent sur la poussée du geôlier ahuri, et la porte de la sombre
prison s'ouvre pour donner l'entrée à tous les membres de la
lignée, sans distinction d'âge ni de sexe ; on voit arriver des
enfants de 15 ans et des vieillards de 80 ans ; les trois sœurs du
ci-devant curé et un de ses parents éloignés, du nom de
Laborde-Larquier, dont un frère ci-devant vicaire de Boulin est
émigré, complètent le nombre de ces innocentes victimes.

A la suite de cette prise, tous les biens de la famille de
Laborde furent saisis et mis sous scellés. Ce coup de filet révolutionnaire fut accompli le 2 germinal 1793. La tranquillité fut loin
de se faire dans les esprits, et cependant les exigences de la
Patrie en danger devenaient de plus en plus impérieuses. On
était au 15 germinal ; la détresse était générale. Chaque citoyen
aisé fut requis de fournir 3 paires de draps « et de bons », dit

---

(1) Arch. com.

l'ukase des commissaires. Des piques de guerre sont également réclamées pour armer la Garde nationale. « Envoyez tout... et » croyez, disent-ils d'un air suppliant, que les armes que nous » vous demandons ne seront jamais employées que pour le sou- » tien de la loi et de la République une et indivisible.

» Il faut aussi des chevaux, mais le canton de Mugron n'a » absolument aucun cheval de la taille de 4 pieds 6 pouces. » Quant aux voitures et aux chariots de fourrages, qu'on » réclame, l'agent ne peut s'en procurer, n'en connaissant pas la » forme. » Et, dans ces tristes jours où les ordres et les contre-ordres se heurtent à chaque heure, ou la peur et la contrainte essayent vainement de devenir persuasives, tout, dans l'administration, va à la plus désastreuse débandade.

Les décades sont dérisoirement tournées en ridicule : « L'af-» fection des bons citoyens de la campagne pour le dimanche et » les habitudes formées pour ce jour contribuent à maintenir le » fanatisme qui veut qu'on célèbre les ci-devant fêtes, nous ont en-» gagés à prendre la délibération, dont nous vous remettons l'ex-» trait... » dit le rapport. Et, comme dans ces moments, où le trouble de commande inspire les résolutions les plus ineptes, le ridicule ne perd jamais ses droits, les magistrats de la commune en quête de ce qui pouvait amoindrir l'excès de leur folie, jettent à la foule l'appât des grands amusements officiels. Il faut une musique aux Mugronais, la consolidation du régime exige cette institution, et dans son rapport, daté du 28 floréal an II, l'agent national de la commune écrit à son collègue de Mont-Adour : « Les hommes à grand talent dans ce genre (il s'agit de musi-» que) ne se trouvent pas dans la commune. Mais il y a de jeu-» nes républicains qui ont du goût pour les instruments mili-» taires. Nous vous en enverrons quelques-uns à la prochaine » décade pour profiter de la communication des pièces de musi-» que nationale. Nous ne négligerons rien pour que le goût s'en » propage de manière à rendre nos fêtes civiques plus intéres-» santes par le choix de cette harmonie guerrière » (1).

---

(1) Le 27 floréal an II, de la République une et indivisible, le corps municipal de Mugron étant en permanence, un membre dit que l'agent national du district ayant nvité la municipalité à envoyer un musicien, le 30 de ce mois à Saint-Sever, pour

Et voilà quand et comment la *Marseillaise* fit son entrée à Mugron. Le courage patriotique réclamait ses accents. Se trouva-t-il plus enflammé à l'audition de ses strophes? Nous n'en avons pas trouvé la preuve dans la suite des faits que nous allons enregistrer. Mais, poursuivons le simple exposé de la situation morale de Mugron en cette triste et terrible année. Le 2 messidor, l'agent national de la localité adresse un rapport détaillé de cette situation à son supérieur du district. L'instruction publique laisse beaucoup à désirer dans la commune. Décidée à rouvrir les écoles, que l'amour de l'égalité avait fermées, deux années auparavant, la municipalité se trouve fort embarrassée pour le choix de ses instituteurs. Deux candidats se présentent. Hélas! leur bagage scientifique est bien peu chargé. L'un, le citoyen Lacommet, de Caupenne, sait très bien écrire, mais le calcul laisse à désirer; l'autre, le citoyen Tauziet n'a absolument que l'écriture. Les juges compétents, tranchant la question, partagent les émoluments entre les deux, et Mugron ouvre ses écoles, en attendant que les élèves s'y rendent. Et, s'il faut s'en rapporter aux contemporains, qui l'ont tous déclaré, on attendit longtemps.

Cette grave difficulté tranchée à la façon de Salomon, les édiles s occupèrent de la translation du cimetière. Les travaux commencés avaient été suspendus, faute d'ouvriers. Le rapport demande que le salaire qui doit payer leur peine soit fixé par un arrêté départemental; on trouve peu de bras; les convois eux-mêmes ne peuvent pas être organisés. Les bâteliers sont en grève... Ce n'est pas tout, ajoute tristement le rapport. Les marchés chôment, ni vendeurs, ni acheteurs ne se présentent sur la place. Les marchandises les plus indispensables aux nécessités de la vie n'y sont point apportées, et cela en raison de la surveillance tyrannique que les agents de l'autorité exercent contre les

---

y recueillir les instructions de musique guerrière venues du comité du Salut Public, il convient de choisir le citoyen Fosses, fils, qui a les principes de musique propres à cette mission. Le corps municipal, ouï l'agent national, arrête en conséquence que le citoyen Fosses, fils, sera requis d'aller, le 30 courant, pour recevoir à Saint-Sever la communication des pièces de musique proposées par l'agent national et ont signé : Domenger, maire ; Fosses, officier M¹ ; Lagraulet, off. M¹ ; Hiard, off. M¹. (Arch. com.).

délenteurs de produits usuels. Le vin est épuisé... D'après le
rapport, cette situation n'est que « la conséquence du fanatisme
ancré dans la population. Quoique fortement comprimé, il n'est
pas entièrement détruit ». Il est difficile d'obtenir des citoyens
de la campagne qu'ils travaillent les ci-devant dimanches et les
fêtes, et nous avons besoin, ajoute Lagraulet, d'user de toute la
sévérité prescrite par l'arrêt des représentants du peuple,
Monestier de la Lozère.

MUGRON EN PLEINE RÉVOLUTION.

Nous voici en 1792. L'année s'est annoncée terrible. Les saintes hospitalières remplacées par une femme aux mœurs moins
que douteuses, l'impôt augmenté, tout dégrèvement refusé, les
prêtres bannis, leurs biens confisqués, l'esprit public poussé à
bout, se révolte, ses murmures deviennent menaçants. Une
mentalité nouvelle fait son apparition dans le pays; elle se traduit par des hardiesses aussi saugrenues qu'exigeantes, à tel
point qu'on est en droit de douter de la justice elle-même. Les
cahiers du juge de paix, que nous avons sous les yeux, nous
offrent, sur ce point, des procès on ne peut plus singuliers (1).
Le métayer se croit affranchi de toutes redevances, le loca-
taire refuse le payement de son loyer, les billets consentis à
date fixe, perdent de leur valeur; les gens simples, illettrés et
timides ne savent plus à quoi ni à qui se fier, les vieux usages,
les vieilles coutumes sont périmés, et l'on se demande avec une
anxiété troublante, où est l'autorité. C'est surtout le sentiment
religieux qui se trouve singulièrement déprimé dans les consciences dites affranchies. Forcé par l'article 2 de la Constitution,
à laquelle, nous l'avons vu, les magistrats ont juré une soumission d'esclaves, le maire se voit obligé, sur l'injonction de quelques caporaux de quartier, de livrer le bâtiment de l'église aux

---

(1) Arch. com.

insultes sacrilèges d'une réunion publique. La profanation est complète, les vociférations les plus impies s'y font entendre.

C'était le 19 janvier 1792, jour de marché. Les étrangers envahirent la grande nef comme ils auraient envahi la halle. Se repentant, mais trop tard, de leur en avoir ouvert les portes, le magistrat faiblard qui présidait alors au gouvernement de la commune, essaya vainement de faire régner un peu d'ordre dans la réunion. La foule est chez elle, et Dieu n'est plus chez lui. Et, sur la place publique, dans les rues, sur tous les chemins, même au fond des champs, on ne voit, à cette date, que les insignes de la révolution.

Dartigoeyte avait écrit à la municipalité : «Prévenez, je vous » prie, par affiches et à son de trompe, qu'il est enjoint de porter » la cocarde nationale, et que, toute autre cocarde que celle aux » trois couleurs nationales, est un signe de rébellion » (1).

On vit alors à Mugron, sur le rapport des contemporains que nous avons pu interroger, tous les inquiets du jour se mêler aux loustics facétieux de la rue, s'arrêter mutuellement, et, le sérieux factice de circonstance aux lèvres, se crier de loin : « Ohé citoyen ! et la cocarde ! » Le ridicule cotoyait la terreur.

Craignant que cet état d'esprit ne tournât en désordre, Dartigoeyte, l'âme de tout ce mouvement, avait doté Mugron d'une brigade de gendarmerie (2). Mais, cette garnison, moitié civile, moitié militaire, manquait de prestige, et malgré le dévouement de commande de ses soldats, bandés de baudriers jaunes, les événements allaient au pire.

Constitué en permanence par ordre du district, le conseil municipal fut chargé d'exercer une surveillance particulière sur les faits et gestes de chaque citoyen. Ayant fort peu de confiance dans le zèle de ses magistrats, plus *peurards* que dévoués de cœur aux idées nouvelles, Dartigoeyte court le canton ; le désir de réussir dans la poursuite de ses projets ambitieux le pousse à dresser, dans chaque commune, la liste des émigrés et à récla-

______

(1) 18 juillet 1792, Dartigoeyte.
(2) 1er mai 1792.

mer celle des prêtres assermentés ; c'est ainsi qu'il prépare son élection pour la Constituante.

« Patriotes, dit-il à ses amis, choisissez des électeurs intègres...
» pas de malveillants... Marchons franchement dans le sentier
» du patriotisme » (1). C'est le refrain qu'il répète dans toutes les réunions, dont il est d'ailleurs le président. Et se rappelant le peu de voix qu'il a obtenues aux dernières élections, il ajoute :
« Un assez grand nombre d'électeurs ne parut point l'année der-
» nière aux assemblées électorales... la confiance des assem-
» blées primaires fut trahie... »

Mugron se montra sourd à cet appel, et sa trahison fut encore plus affirmée au jour de l'élection. 21 votants seulement vinrent au scrutin, conduits par le curé constitutionnel ; sur ce nombre restreint, 6 voix donnèrent leur adhésion à Dartigoeyte, parmi lesquelles se trouvèrent celles du prêtre assermenté Labeyrie, de Dominique Domenger (fils aîné) et du trop fameux perruquier Martin Lafosse.

Et nous voici au 22 septembre 1793. L'ère nouvelle a commencé à ce même jour, portant la date du 4 frimaire an II.

Le nouvel almanach, édité par ordre de la Convention nationale, va changer la face de la France, c'est du moins, ce qu'annonçait à grands renforts de phrases, aussi sonores que philosophiques, l'instruction écrite au frontispice de la nouvelle loi.

Et voici comment Mugron opéra ce progrès.

Forcée de se réunir par ordre pour voter contre sa conscience, la municipalité, plus *faiblarde* que jamais, chasse officiellement Dieu de son temple. Elle décrète l'abolition du culte, la *déprêtrisation* du citoyen Pomiro, ci-devant curé, *dont les fonctions n'ont plus d'objet* et la démolition de certaines parties des églises de Nerbis et de Mugron, *déclarées désormais inutiles*.

Les cloches seront abattues, les sacristies renversées, une seule cloche sera conservée pour, avec le cadran de l'horloge, être placée au-dessus de la maison commune. Les autres cloches seront mises à la disposition du département. L'argenterie et les dorures, appartenant à la ci-devant église, données à la nation,

____

(1) Mois d'août.

seront envoyées à la *Monnaie* de Bayonne, à la disposition des représentants.

Cette pièce à jamais déshonorante pour Mugron porte 18 signatures, dont celle de Dartigoeyte père (1).

Cet acte sacrilège venait à peine d'être commis que, sur les exigences de la *Société Populaire,* le corps municipal décida que dans huit jours, l'inventaire des objets servant au culte serait dressé (2).

Et, immédiatement, les officiers municipaux, envahissent l'église, « *où étant, nous avons fait ouvrir le tabernacle de* » *l'autel,* et y avons trouvé un *soleil* d'argent, et n'y ayant autre » chose dans le dit tabernacle, nous avons été dans la sacristie » et en avons fait ouvrir les armoires, dans lesquelles il se » trouve 3 calices, 1 ciboire, 5 petits flacons d'argent, qui servent » à contenir des huiles, le tout pesant ensemble 3 marcs et 6 » gros, y compris le soleil. Et n'ayant trouvé d'autre argenterie, » nous avons cherché à reconnaître les autres meubles qui se » sont trouvés, scavoir : deux lampes de cuivre, dont une blan- » che, deux croix de cuivre, dont l'une blanchie. Les ornements » et linges de l'église, se trouvant entre les mains du marguil- » lier, nous l'avons requis, qu'ils nous fussent présentés. Mais le » dit marguillier, observant que la plus grande partie du linge » avait besoin d'être blanchie, pour être ensuite mis en ordre » dans les armoires, nous avons renvoyé à la semaine prochaine, » de recevoir l'état qui sera fourni par le marguillier. » Deyris, greffier » (3).

Le lendemain de cette décision, inspirée par la plus lâche des apostasies, les membres de la susdite *société* envoient à la Convention nationale l'adresse suivante :

« Citoyens, représentants, vous avez ouvert le livre de la morale » universelle, vous avez allumé le flambeau de la philosophie, » vous nous avez éclairés. *Nous ne voulons, citoyens représen-* » *tants, d'autre culte que celui de la Liberté.* Notre église s'ap-

---

(1) Arch. de la Mairie.
(2) 1er jour du 3me mois de l'an II. (Arch. com.).
(3) Voir le nom des signataires aux Arch. com.

» pellera le temple de la Vertu. *Il ne nous faut plus de curé.*
» L'argenterie de l'église va être envoyée à Bayonne et les clo-
» ches, à l'administration.

» Vive la Liberté ! Vive la Montagne. »

Suivent les signatures au nombre de 54. Darligoeyte père,
ouvre la série des apostats, et Chatelet la ferme (1).

Après la lecture de cette pièce, si déshonorante pour les famil-

Place de la Montagne en 1793 (Dessin de H. M.).

les, qui jusque-là avaient fait profession d'attachement à la foi
de leurs aïeux, on a le droit, du moins pour Mugron, de modifier
la phrase si connue : La crainte du Seigneur est le principe de la
sagesse. A Mugron, la crainte de l'homme au pouvoir fut le
principe des grandes folies de l'époque.

Dieu banni de son temple, il fallut, par une conséquence naturelle, changer le nom de la place qui l'avoisinait : on l'appela :
Place de la Montagne.

Le même jour, 15 frimaire, l'administration communale reçut
les lettres de *déprêtrisation,* présentées par le citoyen Pomiro.

C'était fini, le Bon Dieu était enterré à jamais !

L'enregistrement de toutes ces affaires valut au citoyen secrétaire Deyris une augmentation de traitement de 500. La population murmura, mais sa protestation resta platonique.

____

(1) Arch. com., 3ᵐᵉ jour de l'an II.

CHAPITRE XIX

—

Année 1793 (an II). — Année 1794 (an III). Toujours les réquisitions.

Nous avons vu que Dartigoeyte était venu parader à Mugron(1) avec le titre pompeux de représentant du peuple, député par la Convention nationale dans les départements du Gers et des Landes.

La nouvelle de l'envahissement du territoire de Béhobie nous a fait laisser de côté un trait du Conventionnel, qui nous montre à quel degré était arrivé, dans ces jours, son prestige près de ses concitoyens. Nous le mentionnons avec d'autant plus de soin, qu'il montre à quel degré d'apeurement le nom d'un homme redoutable peut faire descendre ceux qu'il tient sous sa despotique autorité. Reportons-nous au 22 mai 1793 (an II). La foule, assemblée sur la place publique, acclame avec force enthousiasme le député. Tandis que lui-même se grise de sa propre éloquence au sujet de la défense de la Patrie, un notable de Hauriet, nommé Jean Lafargue, dit Gouarmieux, réputé accapareur de plomb, attire sur lui l'attention d'un marchand attitré. Racontant, dans un groupe isolé, ses anciennes prouesses de chasseur, nombrant la quantité fabuleuse de lapins qu'il a abattus dans les domaines du seigneur de Toulouzette, il va jusqu'à

---

(1) 20, 21 et 22 mai.

faire certaines allusions sur les succès de son adresse : « Quel usage ferais-tu donc aujourd'hui de ton fusil ? » lui demande un boucher de Mugron. Et Lafargue de répondre, avec sa bonhomie de paysan : « Ce n'est pas sur les lapins qu'il faudrait tirer aujourd'hui, mais bien sur les patriotes ! » A cette déclaration par trop franche, les clameurs, les plus hostiles se font entendre, la Garde nationale accourt, et, saisissant le malheureux Gouarmieux, elle le mène aux pieds du Conventionnel, et, de là, devant le juge de paix, Dominique Domenger.

Voici le dialogue que le procès-verbal de cette séance nous livre : « Vous devez savoir que la loi désarme les aristocrates » et les suspects ! Qu'ainsi vous avez eu de mauvaises intentions » et voulu prendre partie des aristocrates, en disant que les » fusils serviront à tirer sur les patriotes ! — Je plaisantais, ré-» pond le paysan. — Y a-t-il un vicaire à Hauriet ? lui demande » le juge, et que pensez-vous sur son compte ? — Il n'y a pas de » vicaire à Hauriet, et j'en suis bien fâché, répartit Lafargue, » parce que je suis privé de satisfaire ma dévotion pour entendre » la messe. Cependant, le curé de Montaut a été dire, ce matin, » la messe à Hauriet, et ma famille est allée l'entendre. »

Le juge finit là son interrogatoire, mais, sentant que la présence de Dartigoeyte exigeait une répression exemplaire, il retint Lafargue comme suspect de délit, et l'envoya à la maison d'arrêt à Saint-Sever. Cette scène eut lieu le 20 mai 1793.

Le lendemain de cette affaire, le député conventionnel, usant de son autorité, envoyait, au bourg de Saint-Esprit, les citoyens Mounet, Dupérier aîné, armuriers, et Jean Monclor, serrurier, pour travailler à la réparation des fusils de guerre. La plume qui signait cet ordre écrivait contre les Mugronais la plainte suivante, au détriment de leur patriotisme : « Plusieurs citoyens de » Mugron faisant partie du 4ᵉ bataillon du département des Lan-» des, en garnison à la citadelle du Saint-Esprit, ont déserté » lâchement. Cette désertion opère un déficit qu'il faut remplir. » Tous les jeunes gens doivent faire leurs efforts pour découvrir » et arrêter les déserteurs... S'ils ne les font pas arrêter dans » 15 jours, ils prendront leur place. »

Cette lettre porte la date du 23 mai.

Les registres de la commune sont muets sur la suite qu'eut cette menaçante missive. Nul ne bougea, et les cachettes pour les déserteurs se firent plus nombreuses, plus profondes et plus secrètes. Plein de dépit contre la municipalité qui paraissait laisser se paralyser la fibre patriotique, Dartigoeyte la cassa aux gages. Bernard Domenger, maire, Marsan, Clavier, Brun, Hiard, Darbo, Hosseleyre furent mis de côté et remplacés par Darbo, Lespès, Lapierre, Dangoumeau, Lanefranque, Larrey, Sourrigues, Châtelet et Fossats, tous de basse extraction, à part Lanefranque et Darbo, mais tous patriotes.

Ce fut surtout sous cette dernière administration que Mugron fut terrorisé. Tous les vêtements, qui semblaient donner une certaine distinction à ceux qui les portaient, furent prohibés. « Les manteaux, les habits et les chenilles en drap bleu » furent confisqués (1), nous dit la pièce que nous avons sous les yeux ; les fusils de luxe portés à la mairie, la croix, l'encensoir et la navette d'argent de la Confrérie, envoyés au district, la croix de fer du clocher, vendue, la *fabrication des gâteaux prohibée ;* les visites domiciliaires poussées à outrance, les fêtes civiques multipliées et prises au sérieux. Tel fut, en résumé, le bilan des faits et gestes qui se passèrent à Mugron à cette malheureuse date. Le procès-verbal rédigé, le 10 août 1793, à la suite d'une des saturnales dont nous avons déjà parlé, se termine ainsi : « Le » 10 août, tous les citoyens, nous nous sommes embrassés, en » témoignage de la plus grande fraternité. » Comme cette tendresse sent la chopine !

Toutes ces folies, toutes ces débauches sociales commandées par le Conventionnel Dartigoeyte, étaient conduites et présidées par le fameux perruquier Martin Lafosse, son âme damnée. C'est ce qui ressort de la lecture de toutes les pièces conservées à la mairie concernant cette triste et fiévreuse époque. Un mot sur ce farouche patriote.

Portrait en raccourci de Martin Lafosse.

Ce perruquier exalté était le neveu de la sainte Stéphanie, la bonne et dévouée hospitalière de Mugron. Jetant aux orties ses ciseaux et ses rasoirs par trop démocratiques, cet aristo des nouvelles couches achète le 28 septembre 1794, l'office du rece-

____

(1) Arch. com.

veur municipal pour la somme de 400 livres. Six ans d'exercice
lui aliénèrent toute la population ; Lafosse la pressurait outre
mesure ; l'intendant Maur, trouvant que les droits de régie perçus
par le ci-devant *raseur* s'accentuaient démesurément, essaya
de faire valoir ses remontrances ; Martin boucha ses oreilles.
Insensible aux prières comme aux menaces, il refusa de baisser
le prix de ses droits, de rendre ses comptes et surtout de rési-
gner ses fonctions. Dartigoeyte père, et avec lui tout son parti,
durent lui rembourser la finance ; encore ne purent-ils pas lui
fermer la bouche ; toujours mécontent, toujours grincheux,
Lafosse ne discontinua pas de se plaindre contre les vexations
que les ci-devant nobles exerçaient, disait-il, contre lui. Aigri
par les mécomptes qu'il éprouvait, il se jeta tête baissée dans le
parti révolutionnaire. Nous avons recueilli sur ce personnage,
dont le souvenir est resté longtemps néfaste dans la mémoire de
ses contemporains, un trait qui le dépeint dans toute son exalta-
tion.

C'était en 1793. Martin avait eu le bonheur de se voir renaître
dans la venue d'un fils que le ciel lui donna. A peine les vagisse-
ments de cet enfant firent-ils retentir les échos de la maison,
que le père réclama pour lui le baptême républicain. Les par-
rains choisis étaient sur les lieux.

C'était le jour où Pinet, Cavaignac et Monestier honoraient
Mugron de leur présence. La cérémonie eut lieu civilement (1).
Lorsque les quatre pontifes susnommés eurent achevé leur mascarade, Martin pressant l'enfant dans ses bras alla le consacrer
à Robespierre dont le buste était dressé dans une niche creusée
sur la porte de la ville. au Levant. (2)

Il faut croire que le baptême républicain du nouveau-né eut
un effet bien opposé à celui qu'en attendait le père. Car l'enfant,
consacré au grand ennemi de l'ordre et de l'Église devint, plus
tard, M. le Chanoine Lafosse que nous avons connu grand théo-
logal du diocèse et restaurateur de son clergé.

Il nous plaît, pour bien dessiner les traits moraux de ce
Robespierre au petit pied, comme l'appelaient ses contempo-

------

(1) Légé, II, 63.
(2) Nous l'avons vue.

rains, de citer quelques traits de sa vie privée. Lafosse était, à Mugron, le délégué de Dartigoeyte. Muni des autorisations et nanti des ordres draconiens du fougueux conventionnel, Martin

Rue du Citoyen Martin Lafosse (1793).

Lafosse terrorisa la ville entière et la mit à un véritable pillage. Sans scrupule et sans vergogne, il viola tous les domiciles.

Découvrant, chez la citoyenne Castelnau, *une tapisserie* aux

attributs royaux, il condamna cette étoffe au feu. Il fit également brûler, chez la citoyenne d'Ars, des cartes géographiques autour desquelles étaient dessinées des têtes couronnées et les armoiries des diverses puissances. Par son ordre, on biffa sur un plan de la ville de Metz un dessin, datant de 1781, sur lequel était gravé le nom du ci-devant traître Broche. Les patrouilles qui, toutes les nuits, parcouraient la ville, fouillant le coin des rues, les places et les carrefours pour y découvrir les ci-devant prêtres et nobles avaient pour guide, le falot fumeux de résine à la main, Lafosse, le révolutionnaire. Que de fois les maisons Mora, Fidel-la-Léye virent, en pleine nuit, leur seuil souillé par ses visites inquisitoriales. Nous tenons, à ce sujet, des survivants de ces honorables familles, les histoires les plus dramatiques sur les façons de procéder du redouté patriote. Tantôt, c'est le champ de Cante-Coucut que Lafosse parcourt et inspecte en tous sens ; l'abbé Marsan a là une cachette. Mais où en est l'entrée ? Et les paysans, jouant de ruse et de finesse avec Martin, de lui donner les indications les plus contradictoires ; le fougueux révolutionnaire en perd la tête. Tantôt, ce sont les maisons désignées comme servant de refuge aux ci-devant. Les renseignements sont sûrs, les frères ne trahissent pas ; et minuit sonnant, Lafosse se présente au nom de la loi. L'huis secret va-t-il être ouvert ? Une bonne vieille, la quenouille au côté et le fuseau à la main, montre à l'inquisiteur la chandelle de résine qui fume sous le manteau de la cheminée ; il peut chercher et fouiller dans tous les coins. L'âtre continue à brûler dans le foyer, la plaque métallique ajustée sur l'entrée de la cachette ne bouge pas. L'appartement est minutieusement inspecté. Martin dépité s'en retourne bredouille. Heureux de l'avoir échappé belle, l'abbé Marsan sort de derrière la cheminée et va tranquillement s'allonger dans le lit qui lui est préparé (1).

Et nous voici au 11 frimaire, an III.

Le président de l'administration municipale du canton de Mugron réclame à cor et à cris la recherche des prêtres sujets à

---

(1) Narré par Mme Mora, contemporaine.

la réclusion ou à la déportation, pour les faire conduire au chef-lieu du département. De peur d'être taxé d'une modération un peu trop lâche, il écrit dès le lendemain (5 frimaire) : « Certaine-» ment nous ne manquons jamais de zèle, jamais il ne faudra » nous sommer d'exécuter la loy, parce que nous sommes péné-» trés de nos obligations ainsi que de l'importance des devoirs » qui nous sont confiés... j'espère, citoyen, que dans le compte » que vous rendez au Directoire exécutif, vous écarterez de des-» sus notre tête les préventions, qu'il pourrait concevoir à la lec-» ture de votre arrêté. » Malgré ce zèle dans les recherches, zèle inspiré et soutenu par la peur, les prêtres étaient toujours introu-vables.

« Il paraît, écrivait Dartigoeyte, que les prêtres ont quitté la » commune ou, du moins, ils se sont enfuis, dans quelque retraite » inconnue... »

Il ignorait ou feignait d'ignorer, ce fougueux patriote, ce que connaissait toute la partie saine de la population ; le champ de Cante-Coucut, situé dans le voisinage de la maison Fidel, voyait, tous les soirs, un petit homme couvert d'une *chamarre* d'étou-pes, s'enfoncer en *catimini* dans l'épaisseur d'un *baradeau* que les paysans du quartier avaient creusé en forme de petite chambrette. C'était l'infatigable abbé Marsan, le vicaire toujours invisible et toujours présent partout, que la persécution poursui-vait à outrance, et que le dévoûment des fidèles arrachait à tout danger. Pauvre Dartigoeyte, nous disait un contemporain, en a-t-il eu des dépits, pendant cette chasse à courre qu'il livrait au bon vicaire !...

Le 22 frimaire, acculé à l'inaction par la résistance de toute la population, dont la ténacité chrétienne s'affirmait de plus en plus, Dartigoeyte se décida à demander une brigade de gendarmerie : « Nous avons du zèle, dit-il, mais il nous faut une force répri-» mante. »

Le 25 vendémiaire il revint à la charge avec plus d'instances que jamais : « Les déserteurs se jouent de nos sommations, » *asseurés* que nous n'avons pas même un sergent de police... Ils » viennent durant la nuit vaquer et tapager dans les rues. Enfin, » pour dire le vrai, l'administration municipale se trouve sans » aucune considération ; c'est une espèce d'anarchie et le mal » irait croissant, si vous ne preniez de promptes mesures... nous

» vous offrons du zèle, de la fermeté, mais nous vous deman-
» dons les moyens de procurer l'exécution des loys. »

Écœuré de l'état rétrograde du canton, il rédige un autre
mémoire dans lequel se trouvent les phrases suivantes : « L'es-
» prit du canton est assez généralement bon ; il n'y a pas une
» réaction sensible. Les royalistes ont bien intrigué, mais leurs
» brigues ont échoué... Cependant il est des manœuvres sourdes
» qui n'en sont pas moins actives... Depuis longtemps, la plupart
» des transactions sur toutes sortes de denrées ne se font qu'en
» numéraire... On persuade même au peuple, que les écus répu-
» blicains n'ont pas une valeur égale aux anciens écus, d'où il
» résulte que la plupart des citoyens les refusent... Les déser-
» teurs fourmillent dans notre canton ; il paraît qu'on se coalise
» pour empêcher le complet des armées. La cause de cet état de
» choses provient de l'influence qu'ont exercée tour à tour cer-
» tains partis, certains journaux ; les diverses opinions sur les
» prêtres y ont également contribué ; elles influent même en-
» core... Les prêtres insermentés avaient fait leur soumission,
» leurs temples étaient remplis... et aujourd'hui le peuple reçoit
» des impressions fâcheuses avec d'autant de facilité qu'il tenait
» davantage aux cérémonies ou spectacles du culte. Peut-être
» eût-il été plus politique de ne pas accorder la liberté des prê-
» tres que de les rendre au peuple pour les lui ôter ensuite. La
» plupart de ces prêtres sont cachés et, sans doute, ils continuent
» leur culte sans que les *authorités* constituées soient *en* même
» de s'y opposer, ni de les surveiller, parce qu'ils trouvent une
» protection efficace dans leurs sectateurs. »

Enfin, le 6 nivose, Dartigoeyte est satisfait. La force armée a
fait son apparition dans Mugron. Quatre gendarmes se promènent
dans les rues, attendant un cinquième homme pour former la
brigade, mais la population bougonne, obligée qu'elle est de loger
cette troupe quasi volante ; la ville n'a pas de caserne. Cependant un grand sujet de mécontentement vient troubler la tranquillité apparente de Dartigoeyte. La grève de l'impôt s'introduit
dans les mœurs.

Chargé de la confection des rôles, il ne peut point réussir à en
fixer les assises. L'administration se plaint et lui, accusé de ne
pas faire assez de zèle, alors qu'il en fait beaucoup trop, de
répondre ! « Des reproches nous ont attristé, parce que nous

» n'avions pas mis dans cette opération une bonne volonté qui ne
» se démentira jamais. Mais, il y a loin de ces reproches à des
» mesures de grandes rigueurs. Il ne manquerait peut-être à ma
» destinée que de me voir ainsi payé de mes efforts pour mainte-
» nir la Constitution républicaine à laquelle tient et mon exis-
» tence politique et ma vie. Je vous ai ouvert franchement mon
» cœur, il m'importe de savoir jusqu'où va ma responsabilité. Je
» vous offre un zèle ardent. Républicain fidèle, je concourrai
» avec vous fraternellement, de toutes les facultés de mon âme,
» mais je ne veux ni ne puis répondre des actions des agents
» municipaux. »

Cette lettre porte la date du 16 nivose.

. Voulant, cependant, se relever dans l'opinion des administrateurs départementaux, Dartigoeyte ouvre plus que jamais son
œil persécuteur sur tout le canton. Doazit a un prêtre, un ci-
devant archiprêtre, nommé Mora, caché dans la paroisse ; il faut
savoir où il est, et ce qu'il fait ; Toulouzette en a un autre,
l'abbé Baron. Ces curés voient-ils beaucoup de monde ? Rassem-
blent-ils des fidèles dans leur maison, soit le jour, soit la nuit ?
leur présence est-elle une occasion d'attroupement, un aliment
de fanatisme ? Ce sont là autant de questions qu'il adresse à tous
ses agents, et dont les réponses peu satisfaisantes augmentent
ses soucis de chaque jour. A la date du 22 nivose, il revient
encore à la question des impôts et, dans sa lettre aux administrateurs, se plaint du travail qu'il doit se donner pour les faire rentrer et remplir en tous points les charges qui lui incombent :
« Comme républicain austère, je ne veux être jamais en retard,
» écrit-il. Tant que ma santé me permettra de garder ma place,
» soyez assuré que mon zèle ne se ralentira jamais et quand je
» descendrai de mon poste, j'en sortirai infirme, hors d'état de
» travailler, mais ne laissant aucune affaire en arrière.

» Eh ! qu'importe un peu plus ou moins de santé, si le peuple
» dit de moi que je l'ai servi avec probité et que je suis
» patriote..... Je préfère la bénédiction du peuple aux flagorne-
» ries du royalisme, et au sybarisme des richesses..... Comptez
» donc sur moi pour le maintien de la République, tant qu'il me
» restera un souffle de vie ». Cela se termine par le salut d'u-
sage : Salut et fraternité.

Hélas ! tant de zèle aboutit à un bien triste résultat. Voici, pri-

ses dans un rapport, adressé par Dartigoeyte à l'administration
départementale, les plaintes qu'exhala son patriotisme de plus en
plus découragé. « Il paraît que le royalisme travaille l'habitant
» des campagnes ; il persuade que la religion est perdue... que
» servir la République c'est être schismatique... Je vous ai
» donné souvent un aperçu de l'esprit public. Je *scai* que certai-
» nes gens font semblant de croire que le royalisme est une chi-
» mère ; mais les déserteurs trouvent des retraites. On refuse
» les écus républicains... on discrédite les assignats... on con-
» trarie sourdement, mais par des moyens actifs, l'exécution des
» lois, les vues sages autant qu'énergiques du gouvernement.
» Prenez-y garde ! citoyens administrateurs ! il importe de ravi-
» ver l'esprit public... de lui donner cette impulsion de sagesse,
» de dévouement, de patriotisme qui fasse le désespoir du
» royalisme et de l'anarchie... qui anéantisse ou prévienne les
» factions... qui fasse rougir les haineux, de leurs viles pas-
» sions, en un mot, qui, améliorant les mœurs nationales, rat-
» tache tous les Français autour de la Constitution républi-
» caine, comme notre seule sauvegarde. Salut et fraternité.
» *Dart. Prés.* ».

Ce factum était à peine parti que le lendemain, 7 pluviose, un
second, portant les mêmes plaintes était adressé au ministre de
l'Intérieur, Dartigoeyte les accentuait encore par ces mots :
« L'esprit public est vicié par certains journaux... Il y a, on ne le
croirait pas, du courage à être républicain, tant on prend à
tâche de les calomnier, de les dégoûter, quelque modérée, quelque réfléchie que soit leur conduite. Leur dévouement à la Constitution est un crime ». On le sent, on le voit, les affaires vont
mal à Mugron au point de vue du *sans-culotisme*.

Il faut réagir ! Dès le lendemain, 8 pluviose, Dartigoeyte con-
voque le juge de paix et tous les assesseurs ; le 11 courant, la
fête nationale en mémoire de la juste punition du dernier roi
français va se célébrer.

« Quelle auguste, quelle mémorable époque, leur écrit-il. Est-
» il un républicain à qui le cœur n'en batte de joie ! Il appartient
» surtout à la force armée de célébrer cette grande fête. En con-
» séquence, citoyens ! je vous invite et par tant que de besoin
» serait, je vous enjoins au nom de la loy : 1° de mettre sous les
» armes toute la Garde nationale, de les conduire le 11, huit heu-

» res du matin, devant la maison commune ; 2º de faire tirer le
» canon sur la place, devant le temple, à huit heures précises du
» matin et ensuite à neuf heures. On vous fournira la poudre
» nécessaire ; 3º d'inviter les citoyens Fossals fils, Baptistant-Ber-
» geron aîné, Castaignos fils aîné de Caupenne de vouloir venir
» pour jouer des airs patriotiques sur leurs instruments, à la
» tête de la Garde nationale. Vous serez responsables, citoyens,
» de l'inexécution de l'ordre ci-dessus. L'administration munici-
» pale n'admettra ni prétextes ni excuses. Vous devez former la
» liste des négligents afin qu'on les inscrive sur nos registres...
» Il est temps, citoyens, que le républicanisme se montre avec
» sagesse mais avec énergie. Il faut que l'on sache bien que
» le gouvernement veut la République et *scaura* la main·
» tenir ! » Et toujours la même rengaine : « Salut et Frater-
» nité. *Dart. Prés.* »

Qui donc oserait encore assurer, après la lecture de cette
pièce que les fiches Laferre et Ciᵉ sont de date récente.

Toutes ces exhibitions forcées, toute cette musique de commande ne parvenaient pas à maintenir les citoyens dans une bien
grande confiance vis-à-vis de la sécurité financière de l'État.
Les assignats, à cette époque, avaient singulièrement perdu de
leur valeur. Nous avons trouvé dans une pièce conservée à la
mairie que, le 28 pluviose an IV, le citoyen Lacouture, agent
municipal de Bergouey, dut payer 20.000 livres en assignats pour
la valeur de quatre barriques de vin, estimées 200 livres.

Très pratique au point de vue des émoluments qui lui sont dûs,
Darligoeyte, même après ses exclamations déclamatoires de dévouement envers la République, réclame un paiement spécial
pour ses services... « La loy n'exige pas, écrit-il aux administrateurs, qu'un président quitte de hautes fonctions pour se transformer en scribe. Il lui faut des commis, et, bien entendu, ces
commis méritent un salaire ! » Ces prétentions du président, qui
mettent ainsi son désintéressement en doute, ne grandissent pas
Darligoeyte aux yeux de la population. Mais, une occasion de
faire valoir son prestige se présente. La loi du 4 frimaire, relative à la désertion, vient d'être proclamée. Son exécution vide
les campagnes. Les terres n'ont plus de bras pour être travail-
lées. Comprenant tout l'intérêt qu'il avait à se déclarer le défenseur des opprimés, Darligoeyte écrit hardiment à l'administra-

tion centrale des Landes : « Je vous atteste, lui dit-il, que si les
» chefs de la colonie (les métayers), ces hommes précieux à
» l'agriculture, ne sont pas renvoyés de Mont-de-Marsan, où ils
» résident, grand nombre de métairies vont être abandonnées
» totalement... un nombre considérable de femmes et d'enfants
» seront réduits à la misère. »

Les réquisitions furent à Mugron, comme partout ailleurs,
sans doute, des plus arbitraires, en même temps que des plus
tyranniques. Nous en avons déjà indiqué plusieurs, mais en voici
d'autres, dont le caractère ridicule nous en découvre tout
l'odieux. Le 25 floréal, le domicile des habitants est violé ; on
enfonce les portes des granges, des celliers et des greniers,
pour connaître la quantité des grains battus ou à battre, des
javelles ou des légumes qui peuvent s'y trouver renfermés. Par
ordre supérieur, les trois cinquièmes des quantités trouvées
seront laissés à la disposition des propriétaires, la quatrième
partie sera répartie entre les divers magasins de la République,
pour l'approvisionnement des armées et de la commune de Paris,
et la cinquième mise à la disposition de la commune. Malgré, ou
peut-être à cause de ces mesures vexatoires, la misère s'affirme
de telle sorte, dans la contrée, que le capitaine de la Garde nationale reçoit l'ordre de mettre la main sur tous les étrangers men-
diants qui encombrent les chemins. Au nom de la fraternité, il
ne faut plus de pauvres sur les rues. L'arrêt municipal qui
ordonne cette arrestation, est daté du 8 prairial. Déjà, le 15 ventose, le blé d'Inde récolté par les fermiers des biens nationaux et
par les parents des émigrés, avait été réclamé.

Nous avons écrit, d'après les pièces retenues à la mairie, que
sur un ordre du Conseil communal, l'église de Mugron avait vu
le Bon-Dieu expulsé de ses tabernacles ; voici que ce bâtiment
sacré, devenu maison publique, reçoit, le 12 pluviose, une insulte
qui n'est que la conséquence de la première profanation. Tout ce
qui avait été oublié de son mobilier est définitivement enlevé.

Les vitraux sont défoncés et leurs plombs enlevés. Les procès-
verbaux dressés, dans ces jours néfastes, nous montrent les
citoyens réunis, les jours de décadi, dans le temple, dépouillé de
tout signe religieux, pour y écouter la lecture du *Bulletin des*

Lois. Nous les voyons, ces citoyens, au sortir de ces profanes cérémonies, stationner sur la place publique et former des clubs de plus en plus inquiets et tapageurs. A la suite de ces réunions, le terrorisme et le brigandage vont tellement croissant, nous dit un rapport de l'époque adressé au citoyen Monestier (1), que le Commissaire se voit obligé de réorganiser la Garde nationale sur un pied des plus disciplinés. Ce remède extrême ne guérit pas le mal.

Le citoyen Darbo percepteur des deniers publics, déclare sa caisse aux abois. Pour remplacer le numéraire qui fait défaut, il réclame, le 13 ventose, tous les cuivres qui peuvent encore se trouver dans les églises de Nerbis et de Mugron. Malgré les dernières réquisitions, il doit toujours exister quelque chose dans leurs secrètes armoires, et le Conseil communal, terrorisé, lui livre une bassine en cuivre rouge pesant 4 livres, deux lampes de cuivre jaune, dont l'une, argentée, est garnie de ses chaînes et de son couvercle, le tout pesant ensemble 8 livres et 3 onces, un encensoir sans chaîne, avec sa navette et sa cuillère, pesant ensemble 1 livre 6 onces, trois croix de cuivre jaune pesant ensemble 19 livres 12 onces, et, dans l'église de Mugron, une lampe de cuivre blanchie, deux plats et une assiette de cuivre jaune, une croix de cuivre jaune et 6 assiettes de gros étain ou de plomb. Il ne restait plus que les murs. Le Conseil les laissa aux profanateurs. Tandis que s'accomplissaient ces sacrilèges, un grand émoi vint agiter le club des patriotes. Nous le citons, car il est tout à l'honneur de celui qui l'occasionna.

Le matin du 16 germinal, une cloche se fait entendre. Le Conseil l'avait conservée, avons-nous vu, pour les besoins de la communauté. Elle sonne à toute volée, ébranlée par un bras aussi hardi que vigoureux, rappelant à la population l'heure de l'*Angelus* d'antan. Cette contravention, commise par le citoyen Lanefranque-Larrey, chargé des clés et du soin du temple, amène le courageux sonneur devant le Conseil, qui, séance tenante, le déclare déchu de ses fonctions.

« La municipalité, considérant qu'elle ne peut pas laisser le

____

(1) Arch. com.

» soin du temple au citoyen Larrey, sans partager en quelque
» sorte sa prévarication et autoriser l'idée que des citoyens sim-
» ples pourraient se former que l'exercice du culte catholique
» était rétabli, arrête :... » Et Larrey est obligé de remettre les
clés entre les mains de l'agent national Marsan, qui les confiera
au citoyen Ducasse, lequel se gardera de jamais rappeler, par
une sonnerie, l'idée d'un culte quelconque. Ducasse ne tint
pas sa parole ; le culte rétabli, il sonna longtemps l'*Angelus*,
comme l'avaient sonné avant lui les sacristains qui l'avaient précédé dans sa charge.

Les événements du 12 germinal an III, causèrent près des
patriotes Mugronais, une panique qui se traduisit par une adresse
à l'Assemblée nationale, digne de passer à la postérité. Rédigée
par le citoyen maire, elle fut contresignée par toute la municipalité.

Les Citoyens de la Commune de Mugron, chef-lieu de canton, district
de Saint-Sever, département des Landes, réunis le décadi 30 germinal, assemblée décadère.

A l'Assemblée Nationale,

Représentants du peuple français, nous venons d'entendre votre adresse au
peuple français sur les événements du 12 germinal. Nous avons frémi d'horreur, en apprenant les dangers que vous avez encourus. Nous avons tous
regretté de ne pas être à portée de partager le patriotisme ardent des bons
citoyens de Paris, et de vous servir de rempart. Nous vous félicitons du courage énergique que vous avez montré dans cette journée. Vous avez abattu la
faction des hommes de sang, qui voulaient rétablir les échafauds et les Bastilles. Elle ne se relèvera plus ! Vous êtes les dignes représentants pour la frapper, si elle croit de nouveau lever une tête audacieuse... et au premier signal,
tous les Français accourent pour vous défendre et vous venger... Vive la
République ! Vive la Convention Nationale !

Signés : Lanefranque, Fossats, Lagraulet, Lafargue, Thomas, Ducasse,
Catuhe, Ferran, Duvignau, Dagonès, Despenailles, Remazeilles, Pascalon.

Cette adresse n'ayant pas réuni assez de signatures, il en fut rédigé une seconde :

Citoyens représentants !

Nous venons vous féliciter du courage énergique que vous avez montré dans la mémorable journée du 12 germinal. Les hommes qui régnaient par la terreur, qui concentraient leur puissance usurpée par des torrents de sang, voulaient rétablir leur tyrannie exécrable. Les bons citoyens de Paris, dans ces circonstances orageuses vous ont entourés, bien décidés à vous servir de rempart..., ils ont bien mérité de la France entière !... Vous avez anéanti la faction... elle ne se relèvera plus... Car vous êtes là !

Grâces immortelles vous soient rendues ! Vive la République ! Vive la Constitution nationale !

Signés : Dominique Domenger, maire ; Hosseleyre, Lapierre, Poyusan, Hiard, Clavier, Baurens, Laborde, officiers municipaux ; Marsan, agent national.

A ces signatures, on reconnaît les trembleurs, ou ce que le bon sens populaire appelle les ménageurs de la chèvre et du chou ! Il ne faut pas se compromettre ! Mais tâchons de trouver un biais entre notre conscience et la situation. Cette race d'hommes ne s'est pas perdue ; mais jamais elle ne fournira des sauveurs à la partie vaincue.

CHAPITRE XX

Spoliations diverses

Avant d'aller plus loin dans l'histoire de la Révolution, à Mugron, il nous faut stationner ici, prendre et livrer à l'appréciation de nos compatriotes le dossier des diverses spoliations, qui se firent dans cette époque, au nom de la liberté, dans la localité et ses environs. Ce dossier, nous l'avons dressé, avec les documents, que les registres de l'État civil, de l'enregistrement nous ont livrés. On se doute peu, aujourd'hui, de la gravité des vols et des rapines qui se commirent sur la propriété, dans les jours de la Révolution. Tel propriétaire, qui jouit tranquillement et sans scrupule de son bien, serait bien étonné si, élevant la voix de la vérité, l'histoire venait avec l'autorité des terriers communaux, lui faire savoir que la terre qu'il détient n'est devenue sienne que par la force d'une vente imposée et d'un achat aussi dérisoire que disproportionné, avec sa valeur. Il est même arrivé, plusieurs fois, que la possession.de cette terre, de cette métairie n'a été que le résultat d'un abus de confiance imposé par le malheur des temps. Que d'hommes d'affaires se sont ainsi mis à la place de leurs maîtres émigrés. Nous avons trouvé, dans certaines familles, réduites aujourd'hui à une position des plus précaires, des titres sauvés du naufrage, constatant ce que la voix publique nous avait déjà appris, que si le niveau républicain avait rasé certaines familles, il en avait élevé d'autres, de telle sorte que les grands d'autrefois sont devenus les petits d'aujourd'hui. La roue de la fortune a tourné, mais il faut avoir le courage de l'écrire, ce n'est ni la main de la justice ni celle de l'honneur qui lui ont imprimé le mouvement, ou l'ont arrêtée dans son évolution. Ouvrons le dossier.

Nous citerons, en première ligne, les biens de la famille d'Abadie de Saint-Germain, sis en Maylis, consistant en 14 métairies plus un moulin. Cette confiscation se fit au profit du sieur Domenger de Poyaler, notaire. déclaré adjudicataire de l'afferme de ces biens pour la somme de 1.850 livres par an ; celle des propriétés sises en Mugron, appelées Cap-du-Bosc, fut adjugée au citoyen Lafosse pour 565 livres par an, Jouanelon, Fourron, et le Basque échurent au citoyen Baylac de Caupenne, pour la somme de 880 livres par an ; le citoyen Cabiro, Lagrange de Saint-Aubin prit les terres *dous Coumets,* pour 780 livres. La même d'Abadie de Saint-Germain, fut encore dépouillée tandis que l'émigration l'avait fait disparaître des métairies de Labat-Touyarot, Projean-Laborde et du moulin de Saint-Germain. L'afferme de ces biens, bétail compris, fut donnée à X... pour une rente annuelle de 1.066 livres. La famille de Candalle perdit, en Mugron, les terres de Pé-de-Peyran, du Bousquet, de la Croust, de l'Éyrole. Darbo les afferma pour 1.660 livres par an. Le château de Doazit, qui porte encore le nom quasi royal de château de Doazit, fut vendu, en messidor, pour la somme de 24.170 livres. A la date du 22 thermidor, an II, nous trouvons la vente des propriétés du ci-devant prêtre Vidard, déporté, consistant en une maison de maître, et les métairies de Gaulin, le Forton et la Loubère, sis en Hauriet. Le citoyen Hiard, de Mugron, afferma le tout pour 2.920 livres par an. Le Seigneur de Mugron, de Gontaut-Biron, vit également tous les biens de sa baronnie confisqués : Soube, Quillac, Grand-Jean, Maütemps, Lanot, Peyran, Tarrebas, les moulins de Cabardos, de Lourquen et de Saint-Aubin, la métairie de Castets, furent vendus et passèrent en mains étrangères. Les biens du ci-devant Laborde, prêtre déporté, comprenant une maison, un jardin, un champ et une vigne, furent séquestrés pour la somme de 600 livres. Le perruquier Lafosse, afferma les propriétés de Pébarthe, ci-devant curé de Saint-Sever, pour la somme de 1.225 livres. L'abbé Labarthe, déporté, perdit sa maison, son jardin, une prairie et une échalassière, le tout en Mugron. L'abbé Bats, émigré, ne retrouva plus, au retour de l'exil, sa propriété ; le citoyen Hiard, de Mugron,

l'avait affermée pour 45 livres par an. L'abbé Décès, déporté, fut
dépouillé de ses biens de Caupenne, de Larbey et de Saint-Aubin ;
les citoyens Duperrier et Baylac, de la même localité, en avaient
été déclarés fermiers adjudicataires pour la somme, l'un de 220 livres, et l'autre de 3.100. Despaunic, le supplicié, perdit ses métairies de Despaunic, de Gardera, de Crabenca, du Fourré, de l'Ar-
roudé et de la Coste, situées en Doazit. Le citoyen Dutoya, de
Saint-Sever, les afferma pour une rente de 2.625 livres par an.

CHAPITRE XXI

—

Les esprits s'apaisent à Mugron. — Disgrâce de Dartigoeyte.

Dartigoeyte était arrivé au sommet de sa gloire. Il avait, par ses hardiesses, et l'abus de sa puissance, escaladé le Capitole : la roche Tarpéienne n'était pas loin.

Le 30 prairial an III, le citoyen Meynard, commandant un détachement de chasseurs en dépôt à Tartas, reçoit l'ordre de se rendre, sans délai, à Mugron avec douze hommes, pour y procéder à l'arrestation de Dartigoeyte fils, caché chez son père ou chez Dupérier, ou peut-être encore chez les Candale.

Le fougueux patriote, dont l'étoile s'était si singulièrement et si soudainement éclipsée, avait pris la place des prêtres réfractaires, leurs cachettes étaient devenues les siennes. Meynard battit vainement les buissons recéleurs. Dartigoeyte se fit introuvable ; et, telle fut la déchéance du malheureux patriote, que, dans quelques mois, il devint, par un juste revirement des choses humaines, la bête fauve de ses propres partisans.

Par ordre des administrateurs du département, la chasse lui fut donnée dans tout le pays. Nous avons trouvé dans les archives communales de Cazères, à la date du 11 messidor an III, la pièce suivante qui concerne cette battue à l'homme ouverte contre lui ;

L'administration du district de Mont-de-Marsan, aux officiers municipaux de la commune de Cazères.

Citoyens,

Une lettre de l'administration centrale du 4 de ce mois nous prescrit que le
représentant Dartigoeyte frappé d'un décret d'arrestation par la convention
nationale vaque, sous un déguisement, dans quelque commune du département et qu'il a dîné le 5 du courant à la vieille poste de Lesperon. Cette
administration vous invite à prendre des mesures pour assurer l'arrestation de
ce représentant.

Vous voudrez bien, en conséquence, employer tous les moyens possibles
pour découvrir l'antre où se cache ce rebelle à la loi, afin qu'il puisse subir la
peine qu'elle a prononcée contre lui.

Son signalement doit être gravé dans l'esprit de tous les citoyens, ainsi nous
ne vous le rappelons pas. Vous nous ferez part du résultat et des suites de vos
démarches pour que nous puissions les transmettre à l'administration centrale.

Salut et Fraternité.

PAUNADE, COURALET, LAVERALUDE, Secrét. g¹ (1).

Quel avait été le crime de Dartigoeyte! De quelle trahison
était-il accusé?

Ouvrons la *Gazette Nationale* de l'époque (2).

Nous trouvons dans l'article du septidi, an III, une charge à
fond contre les buveurs de sang et les dilapidateurs : L'article
est signé : Durand, Maillard, Président du comité de la législation, nommé par la Convention nationale.

------

(1) Arch. com. de Cazères.

(2) *Moniteur Officiel*, nᵒ 258 ; 17 plairial, an III. (An III, 1795, 5 juin, vieux
style).

« ...C'est le ciel qui les accuse, dit la pièce citée. C'est la jus-
» tice qui les poursuit, cette justice éternelle ; mais on est sûr
» qu'elle arrivera et elle est arrivée... » Et, sur ce, commence
l'énumération des crimes commis par les députés dénoncés.

Dartigoeyte est accusé tout à la fois d'effusion de sang, de
dilapidation, de dépravation inouïes de mœurs.

« Cette dénonciation est beaucoup trop justifiée par des pièces.
» C'est à la Convention à témoigner si elle désire en entendre la
» lecture. Je la préviens qu'on ne peut rien entendre de plus
» révoltant et qui soit mieux prouvé. Cependant, on trouve parmi
» les papiers des témoignages honorables à Dartigoeyte de la
» part des sociétés populaires, où on l'accuse d'avoir commis
» tous ces excès... »

La première pièce que lit le rapporteur est une dénonciation
faite par Pérès du Gers «... Je l'accuse, dit ce témoin, d'avoir
» voulu anéantir dans Auch la morale publique par des dis-
» cours...

» Je l'accuse d'avoir déshonoré l'autorité nationale, lorsqu'il
» était en mission dans le département du Gers, en paraissant en
» public, toujours pris de vin, et en vomissant toute espèce
» d'obscénité aux personnes du sexe qui allaient réclamer jus-
» tice.

» Je l'accuse d'avoir forcé les mères de famille, sous la
» menace de réclusion, de conduire leurs filles à la société popu-
» laire ou ailleurs, pour les témoins des sentiments qu'il mani-
» festait et qui n'étaient fondés que sur des prostitutions sur
» l'immoralité.

» Je l'acuse d'avoir insulté publiquement, à la comédie, dans un
» entr'acte, toutes les femmes qui s'y trouvaient, de leur avoir
» donné des qualifications les plus humiliantes et d'avoir fini
» cette scène scandaleuse en se montrant tout nu, au grand éton-
» nement d'indignation de tous les spectateurs.

» Je l'accuse d'avoir dégradé l'humanité en faisant manger,
» dans les crèches d'une écurie, les reclus, et d'avoir permis que
» des sicaires leur enlevassent, le plus souvent, leurs aliments.

» Je l'accuse d'avoir toléré, avec connaissance de cause, des
» vols publics, faits qar les nommés Gomy et Quinrac, et d'en
» avoir profité dans ses orgies.

» Je l'accuse d'avoir assisté avec son secrétaire à l'encan des

» meubles de Darpé, condamné, d'avoir fait retenir les plus pré-
» cieux chez lui, qu'il se fît ensuite adjuger au prix qu'il voulut,
» ayant fait prévenir ceux qui étaient chargés de la vente que la
» réclusion attendait ceux qui s'aviseraient d'enchérir sur les
» objets qu'il s'était déclinés.

» Je l'accuse d'avoir, dans la séance tenue par la société popu-
» laire d'Auch, le 20 frimaire de l'an II, provoqué la dissolution
» de la Représentation nationale, en votant une adresse à la
» Convention pour demander la mort de tous les membres qui
» siègeraient au côté droit.

» Je l'accuse d'avoir, dans une séance du 10 octobre 1793, fait
» délibérer une adresse à la Convention, pour demander qu'il fût
» désormais consacré. le 3 octobre, une fête civique en mémoire
» de l'arrestation de 73 députés.

» Je l'accuse d'avoir, sous prétexte d'un assassinat supposé,
» laissé organiser dans Auch une boucherie de chair humaine,
» en permettant qu'une commission militaire, gorgée de sang et
» de vin, condamnât, dans l'espace de quarante-huit heures, neuf
» citoyens à la peine de mort, et d'avoir fait livrer à l'exécuteur
» le citoyen Delong de Martion, sans jugement préalable.

» Les comités de Gouvernement ont reconnu l'atrocité de cet
» assassinat, en rendant le bien à son fils...

» On a lu quelques procès-verbaux de la société populaire
» d'Auch, du temps que Dartigoeyte la dominait : il y a proposé
» et y a fait voter une adresse à la Convention pour demander la
» mort de tout le côté droit de l'assemblée.

» Guillotine, déportation, réclusion, confiscation, tel était l'or-
» dre du jour.

» Il était question d'une comédie de société ; on ouvrit un
» registre dans la société populaire pour inscrire le nom de
» ceux qui voudraient contribuer à ces divertissements, et la
» société déclara que les citoyennes qui auraient des talents et
» qui ne s'inscriraient pas seraient regardées comme suspectes.

» Un autre jour, on apporta une feuille du Père Duchesne,
» Dartigoeyte dit que, dans ce journal, la raison s'exprimait
» dans le langage le plus énergique ; il lut le numéro, et les
» applaudissements les plus bruyants témoignèrent le plaisir
» qu'éprouvaient la Société et les Tribunes.

» Un autre jour, il fut proposé de ne laisser à aucun particu-

» lier plus de 1.000 livres de revenus, et de confisquer le sur-
» plus au bénéfice de la République. »

Le rapport officiel dont nous venons de citer une partie conclut : L'arrestation de Dartigoeyte mise aux voix est décrétée ;
les scellés seront apposés sur le champ sur tous ses papiers.

La loi du 10 juin 1793, donnée comme pâture aux nombreux
mécontents leurrés de plus en plus par les fallacieuses promesses des patriotes, demeurait toujours menaçante, ne demandant
qu'à être sévèrement appliquée. Le 17 novembre, quelques jours
seulement après la réception de l'ordre des recherches à faire
contre le citoyen représentant tombé en disgrâce, un grand
branle-bas se produit à Mugron. Le temple de la Liberté est
envahi ; tous les citoyens et citoyennes, âgés de 21 ans, sont convoqués dans son enceinte. Les partageux vont enfin être satisfaits. L'heure de la grande curée est arrivée Les communaux
vont être lotis entre tous les déshérités. Hélas ! C'était la lune à
donner aux enfants ! Le 9 thermidor sonne, et les promesses
s'évanouissent. Le Conseil communal, sentant la nécessité de
donner une diversion aux idées qui agitent la foule, revient au
décret du 2 pluviose.

« Considérant, dit-il, que la Révolution du 9 thermidor a déli-
» vré la République de la *tirannie* la plus odieuse dont les
» annales de l'univers fassent mention, et qu'il n'est pas de bon
» citoyen qui ne doive s'empresser de donner des marques
» éclatantes de la reconnaissance envers la Convention natio-
» nale, ordonne : Que ce jour sera célébré, à Mugron, une fête
» nationale avec une pompe toute républicaine.

» La veille, la cloche conservée sera mise en branle pour la
» circonstance, les tambours battront avec résonnance ; le jour,
» dès 5 heures, répétition des mêmes sonneries ; à 9 heures, la
» municipalité se rendra à la maison commune d'où, en corps et
» en écharpe, précédée de la Garde nationale, du bureau de
» paix, et suivie de tous les citoyens, elle se rendra au temple.
» La voute de la ci-devant église retentira d'un discours patrio-
» tique et des accents de l'hymne *Marseillaise,* le serment à la
» Constitution sera renouvelé » (1).

____

(1) Arch. com.

L'ordre fut exécuté, dit le procès-verbal, « avec *l'antousiasme* de la joie et du républicanisme ». Le maire présida.

Le 20 thermidor, même fête fut célébrée pour consacrer celle du 10 août (1). Une course aux taureaux fut donnée sur la place de la Liberté (2) ; et, comme la majeure partie de la population tient encore à honorer Saint-Laurent, la Garde nationale abdiquant, ce jour-là, son farouche républicanisme, se rend sur les lieux pour empêcher tout désordre. On est bien patriote : mais avant tout on est catholique ; le jour du patron doit être célébré !

Cette fête, donnée un peu contre les inspirations de la municipalité, en l'honneur d'un saint, que l'almanach républicain avait bien biffé de son dyptyque profane, mais que l'antique foi des aïeux tenait encore pour sacré dans le diptyque chrétien, donna du cœur aux réactionnaires.

Le 8 fructidor, les citoyens J.-B Marsan, Jacques Lafaurie, Raymond et Pierre Dupérier, sortirent hardiment de leurs cachettes, et, comptant sur les dispositions de la majorité, osèrent se déclarer ouvertement prêtres catholiques, apostoliques et romains.

Leurs principes religieux ne leur ont pas permis, disent-ils, de faire le serment prescrit par la loi du 26 septembre 1790 et du 17 avril 1791 ; ils ont été condamnés de ce fait à la déportation ; mais, l'amour pour la Patrie et pour leurs concitoyens les ont retenus dans le territoire où ils ont toujours résidé. La loi du 12 floréal ne peut donc plus les atteindre. Ils ont vécu longtemps cachés ; de nombreux témoins (leur nom figure dans la pièce que nous résumons), déclarent qu'ils ont exercé leur ministère dans la paroisse. Se fiant dans la bonne foi et dans la reconnaissance de leurs concitoyens, ils déclarent, sans rien renier de leur foi, se soumettre aux lois de la République.

Le même jour, vu la pétition de plusieurs citoyens, le temple dit de la Liberté et de la Raison, est débaptisé et remis, comme église, à la disposition des prêtres catholiques.

____

(1) La Saint-Laurent.
(2) Place du Parisien.

Voici le libellé de la pétition que ces citoyens adressèrent à ce sujet à l'agent national de la commune, le citoyen Hiard, oncle :

Au citoyen agent national,

Veuillez, en conformité de la Loi, permettre que des citoyens paisibles, se réunissent dans le temple, où, jadis, les fonctions du Sacerdoce se faisaient, afin d'y célébrer les actes d'adoration dûs à l'Être suprême.

La police du culte, dans cette commune, vous appartient, vous y verrez que rien d'étranger à cet acte d'adoration n'aura lieu ; aimant et chérissant le régime constitutionnel de l'an 3 (trois) pour lequel nous vivons, vous pouvez être assuré d'avance du bon ordre, du maintien décent et du bon esprit qui sans-cesse anime et animera les vrais Républicains.

Salut et respect.

La Placette, Bareux, Ferran, Sourrigues fils, P. Caubin, Lagraulet, Lamaignère fils.

Mugron, le 15 frimaire an 6 de la République française une et indivisible (1).

L'arrêt municipal est signé par tous les fougueux révolutionnaires du lieu, heureux de se défaire enfin de cette robe de Nessus, qui pesait si lourdement sur leurs épaules chrétiennes : Domenger, Hiard, Baurens, Clavier, Poyusan, Hosseleyre, Lespès, Marsan, Laborde et Deyris, greffier, apposèrent, avec bonheur, leur paraphe au bas de cette pièce, qui fut et resta dans les archives, comme la grande réparation des apostasies passées.

Six jours après, l'église de Nerbis voyait son écriteau sacrilège disparaître également du fronton de sa façade, et ses portes se rouvraient aux saintes cérémonies du culte romain. Jean Luc et Joseph Castaignos furent les prêtres qui se présentèrent pour y exercer le Saint ministère.

Cependant, les tenants du régime, apeurés un moment par cet élan de hardiesse de la part de leurs adversaires, paraissent se

____

(1) Arch. com.

raviser sous la pression de l'administration qui talonne leur manque de vigueur. Accusé de tiédeur, Lagraulet écrivit au département, demandant que les Communes environnantes mettent plus
d'ardeur à la répression des lâchetés commises. Voulant se
grandir auprès de ses chefs, il les tutoie : « Je te remercie, dit-il
dans sa correspondance à l'Agent national du district, des envois
faits durant la dernière décade. »

Hélas ! cette familiarité républicaine, qui s'étale sans vergogne
dans les rapports administratifs, n'empêche pas la misère d'aggraver la situation.

Mugron n'avait dans ses greniers que 1.277 quintaux et 75 livres de subsistances. Le pain se faisait avec du son (1).

L'agent a beau écrire à la députation (19 frimaire, an III). Tout
« nous montre la magnanimité de la Convention, au milieu
» des dangers les plus éminents, et combien elle est digne de
» représenter le peuple français. »

La population se montre hostile. La société populaire de la
localité avec son patriotisme outré ne peut rien pour la calmer.
Les désertions continuent de plus en plus nombreuses. Malgré
cet apeurement, le sentiment de la Patrie est tellement vivace
dans les cœurs, qu'au seul mot de danger les dons en nature
affluent pour sa défense. Le général Lebreton, à Bayonne, reçoit
de la municipalité de Mugron un tonneau plein de charpie, 178 livres, et 33 chemises ; les mots suivants accompagnent cet
envoi : « Vous n'ignorez pas que nous avons supprimé toute mar
» que extérieure de fanatisme et nous n'aurions pas tant attendu
» de demander la réforme des signes de féodalité, s'il en demeu
» rait des traces, dans les noms ou dans les établissements quel
» conques de notre municipalité. Nous nous ferons toujours un
» devoir de suivre la ligne de conduite que vous nous tracez
» dans le républicanisme le mieux prononcé. »

Et sur ce, heureuse de trouver un renouveau d'excitation dans
la publication que l'administration centrale du département fait
d'un extrait de ses délibérations au sujet des signes de ralliement,
que tous les citoyens doivent arborer, la municipalité fait

---

(1) Rapport du 7 frimaire, an III.

tambouriner, aux quatre coins de la ville, qu'il est absolument
défendu de paraître sans cocarde ! que les arbres de la Liberté,
arrachés déjà depuis quelque temps, doivent être rétablis ; que
les collets verts, les cadenettes et toutes autres marques de
bonne tenue sont absolument prohibés (1). Mais déjà la comédie n'a plus le même prestige à Mugron. La population ouvre
enfin les yeux du bon sens ; elle voit clair dans la situation.

La monnaie, qu'on lui sert d'office, a perdu tout crédit, même
toute valeur. Le louis d'or se vend en assignats à 205 livres l'un,
bientôt il descend à 1.900 livres...

L'assignat de 1.000 livres vaut 4 livres, et vers la fin de l'année, il descend à 3 sous. La fortune publique baisse d'autant ;
c'est ce qui explique la déchéance de certaines familles de Mugron ruinées, du coup, par trop d'attachement au régime.

J'ai vu, dans ma jeunesse, tandis que je me livrais à mes
jeux d'enfant, avec mes camarades des maisons déchues, des
malles pleines de ces papiers sans valeur : j'en ai fait des cor-
nets. Un de mes contemporains, on ne peut plus digne de foi,
m'a raconté que, chez lui, le four à cuire le pain en était rempli.
Taine ne se gêne pas de déclarer, dans son *Histoire de la Révolution* (2), qu'une pareille baisse apporte le désarroi dans les
affaires publiques.

L'ESPRIT RÉVOLUTIONNAIRE DÉCROIT A MUGRON

Et nous voici en 1797, l'an VI de la République. Comme nous
l'avons vu dans le chapitre précédent, les affaires allaient mal à
Mugron, au point de vue du maintien des idées républicaines.
Les édits, quelles que fussent leurs opinions, étaient mal vus et
très soupçonnés en haut lieux. Leur influence avait tellement

---

(1) La pièce porte les signatures de L.-B. Balbedat, président ; Bonnal, Cazalès,
Durrieu, Duron, Dyrès et Dulamon.

(2) TAINE. *La Révolution, Les Gouverneurs*, pages 290-291.

baissé et leur action était tellement nulle, que l'administration
centrale du département les cassa aux gages. Le 8 vendémiaire,
dans sa séance du matin, elle décréta : que « l'administration
» municipale du canton de Mugron serait changée.

» Considérant que le canton de Mugron est le repaire vérita-
» ble du fanatisme, par le fait de la faute de l'administration qui
» y a protégé l'exercice des cultes, sans nulle formalité ni pré-
» caution ; qui a accueilli les prêtres réfractaires déportés ou
» émigrés indifféremment ; qui a permis ou souffert sans nulle
» opposition la sonnerie des cloches (il en était resté une dans
» chaque clocher) même des rassemblements dangereux dans
» les églises et notamment dans celle de Nerbis (allusion à
» l'affaire Dupérier) ...l'administration cantonale est et demeure
» cassée. »

. Un vrai chambardement se fit dans les municipalités. Le
citoyen Hiard cadet, négociant, fut nommé agent principal ou
maire ; Sourrigues devint son adjoint (1).

Le remède fut hélas ! trop anodin, et bien que les nouveaux
élus se montrassent tout dévoués aux exigences révolutionnaires, la vie communale se paralysait de plus en plus. Sur ce, la
Convention nationale fut dissoute. Le ressort républicain se
casse dans le canton ; on se désintéresse des affaires publiques ;
les assemblées primaires ont beau être convoquées, on ne vote
plus. Les Archives nationales nous disent, au rapport de
Taine (2), que sur six millions d'électeurs, cinq milions manquè-
rent à l'appel.

Pour tout résumer, nous transcrivons la parole de cet historien
qui a fouillé partout :

« La voix des mécontents, et ils sont nombreux, se traduit par
ces mots : Nous ne voulons plus de Convention. Nous ne voulons que des honnêtes gens pour nous gouverner » (3).

A la Convention succéda le Directoire. Pendant quelque temps
encore les Jacobins ont le dessus.

---

(1) Cet arrêté est contresigné par Dulamon.
(2) Pages 3, 638.
(3) TAINE. *La Révolution*, page 346.

Cependant, 1798 ne voit pas, de quelques jours, la paix s'asseoir solidement dans le canton de Mugron. Hiard fait toujours la guerre au Dimanche, qui s'entête à ne pas céder sa place à la décade ; il agit en sectaire pour tuer le vendredi, jour maigre, ainsi classé par la ci-devant Église, et, par son ordre, la commune est obligée de se réjouir tapageusement aux anniversaires du 21 janvier et du 18 fructidor. Ses exhortations patriotiques sonnant mal aux oreilles des habitants, il est obligé d'employer la force pour conduire à Mont-de-Marsan les déserteurs réfractaires (1) et pour mener le peuple aux fêtes qu'il préside (2). Le 9 prairial, il demande au capitaine Baptistant un détachement de 20 hommes avec armes, pour, dès 7 heures du matin, « *veiller à ce que personne ne se permette d'étaler rien, ni ouvrir aucune boutique, afin que la fette quy doit avoir lieu demain ne soit absolument troublée...* » Il s'agit de la fête décadère (3).

Tel est le désarroi, introduit par l'administration Hiard dans la commune, que les gens les plus tranquilles et les mieux intentionnés deviennent des victimes. Les garnisaires tombent dans leurs maisons. Lanefranque, la veuve Castelnau, Bastiat, Brun, Poyusan, les deux Domenger, en reçoivent leur contingent. Les bourgeois sont accusés d'avoir refusé la livraison du froment requis.

Le 6 nivose, Mugron apprend la nomination du dacquois Roger Ducos comme membre du Directoire. La joie est grande et la nouvelle Constitution est acclamée. La ville illumine.

Mais cet élan d'un jour de joie ne modifie pas, dans la population, les effets du mécontentement au sujet de la conscription. Hiard se venge, et, le 22 nivose, il appelle, dans la localité, une garnison ; il faut, à tout prix, arrêter la désertion.

Tout se calme, et le 11 ventose, la Garde nationale, en armes, prête le serment de fidélité à la Constitution.

Nous voici enfin aux jours de l'espérance. L'armée régulière se réorganise. Bonaparte apparaît à l'horizon.

---

(1) On en compte 54 dans la commune ; beaucoup de ces jeunes gens reviennent la nuit, dans leur logis et sur leurs terres pour les travailler,

(2) Arch. com.

(3) Arch. com,

Le décret du 4 brumaire an IV a aboli tout décret d'accusation ou d'arrestation. Darligoeyte lui-même peut se promener le front haut, dans Paris (1).

D'après ce dernier passage de l'historien de la Révolution, l'ex-conventionnel aurait fui la province pour se retirer à Paris ; et c'est là que, réhabilité, il aurait enfin régularisé sa situation avec Sophie de Candale. Pour confirmer ce fait, nous citons ici une note que les souvenirs de M. Batistant, mort juge de paix de Mugron, nous ont livrée : « Quand Darligoeyte fut mis hors la loi, écrit ce magistrat, Mlle de Foix de Candale partit pour Paris, accompagnée de M. Darbo, pour aller épouser son ami » (2).

Ce mariage aurait été célébré vers la fin de septembre ou au commencement d'octobre 1795.

Quoi qu'il en soit, profitant de la Constitution de l'an III, élaborée par Sieyès et mise en vigueur par le Directoire, constitution qui avait supprimé l'administration de district et érigé Mugron en canton, Darligoeyte, revenu en province, se mit sur les rangs pour s'en faire nommer le chef, c'est-à-dire le juge.

L'esprit de vengeance qui l'animait lui donna une telle ardeur dans la poursuite de son idée, qu'après une lutte acharnée entre les divers compétiteurs, il devint seul candidat, battit Domenger fils cadet, et finit par coiffer la loge. Heureux et fier de son succès, le nouveau juge de paix, adresse aux Mugronais une lettre pour leur assurer son dévoûment absolu aux grands intérêts de la République. Mais cette lettre ne convainc pas les habitants. L'Agent national, Michel Marsan, son adjoint Hosseleyre et Fossats, ancien commissaire provisoire du Directoire exécutif, les trois, très modérés dans leurs opinions, se montrent très froids dans leurs relations avec Darligoeyte, il en est de même de tous les agents municipaux du Canton.

Les principes outrés du juge de paix ne sont pas facilement acceptés, et cependant telle est sa fiévreuse activité que tout le

____

(1) Taine. *La Révolution*, page 351.

(2) Belle personne et douce, d'excellentes qualités. C'est par suite des liens d'amitié de jeunesse qu'ils s'épousèrent ; l'un et l'autre étaient de Mugron et voisins d'habitation (Notes Batistant, manuscrit).

canton est obligé d'obéir à son impulsion révolutionnaire ; de nouveau, le *Sus aux prêtres !* retentit dans toute la contrée : « Il faut, écrit l'ex-conventionnel, rechercher sur le champ les prêtres, les faire conduire au chef-lieu du département... la loy porte contre vous (il s'adresse aux divers commissaires), si vous n'agissez pas, deux années de détention. »

La menace était terrifiante pour les pauvres agents, mais la population ne s'en émut pas, et tous ces ordres donnés *ab irato* aboutirent à faire arrêter un cadavre. Arnaud Fossals, ex-chanoine de Saint-Girons, était déjà décédé, lorsque la main du sergent s'abatit sur lui, cet échec honteux poussa l'ex-conventionnel à écrire au département. « Il paraît que les prêtres ont quitté la » Commune, ou, du moins, se sont enfoncés dans des retraites... » nous surveillons, n'en doutez pas » (27 frimaire). Et, un peu plus loin, il ajoute : « Il est peut-être essentiel d'observer que » chaque agent municipal est individuellement et *ysolément* res- » ponsable de l'exécution des lois dans sa commune respective ».

Toujours la plume dénonciatrice à la main, il avait déjà adressé, le 21 frimaire, au département et au ministère une double lettre, dans laquelle, pour expliquer son peu de considération dans le canton, il parlait de la désappréciation des assignats, du papier monnaie, des écus de la République, et surtout de la popularité des prêtres insermentés... de l'*universabilité* des désertions. Il finissait ce factum en réclamant la présence à Mugron d'une brigade de gendarmerie.

Le Département parut ennuyé de ce zèle outré, et tandis que, pour se rehausser de plus en plus dans son estime, Dartigoeyte multipliait ses vexations, celui-ci lui adjoignait, comme commissaire, un homme des plus modérés de la localité, le citoyen Brun, très connu pour ses idées réactionnaires (25 fluviose).

Le 19 floréal, il y eut à Mugron une grande fête à laquelle l'ex-Conventionnel, voulut donner un éclat peu banal. Nos archives la dénomment la fête des époux. Nous nous dispensons d'en donner les détails. Qu'il nous suffise, pour l'édification de nos lecteurs, d'écrire qu'elle revêtit une pompe inspirée par les mœurs de l'époque.

Le mois de nivose, an V, sonna la seconde déchéance de Dartigoeyte. Le peuple en avait assez, et le Conseil général du département en avait trop. L'ex-député, passé de mode pour le

moment, se retira à Lahosse dans l'ancien presbytère, dont une poignée d'assignats l'avait rendu propriétaire ; c'est de là que, venant souvent à Mugron, il tâchait par ses menées louches et dénonciatrices d'attirer encore sur lui l'attention de l'administration. Il poussa la hardiesse jusqu'à se faire inscrire dans le cadre de la Garde nationale. « Je soussigné, Pierre-Arnaud Dar-
» tigoeyte, homme de loy, âgé de 34 ans révolus, m'inscris aux
» fins de la loy » (1). Tel est le libellé de son engagement.

En cette qualité, on le vit souvent portant le fusil civil, descendre à Mugron à côté de son père. âgé de 63 ans.

Quelle roche Tarpéienne après, un tel Capitole !

Il était dur, pour l'ex-conventionnel, de rester inactif et emprisonné dans sa retraite de Lahosse. Mais, comme le dit justement l'abbé Foix, dans l'étude très sérieuse et très documentée qu'il a faite sur ce politique à la figure de Janus, étant de la race des félins, dont les chutes sont parfois des tours, esprit aussi rusé qu'astucieux, Dartigoeyte tomba sur ses pieds.

Nous allons résumer ici, pour écrire l'histoire des années de la Révolution à Mugron, le travail, que l'érudit curé de Laurède a fait sur l'ex-conventionnel ; nous le faisons avec d'autant plus de plaisir que, sûrs de son autorisation, nous sommes plus édifiés sur l'exactitude de ses informations.

DERNIÈRES ANNÉES DE DARTIGOEYTE

L'ex-député vit en demi-bourgeois à Lahosse, mais ne pouvant point se défaire de son esprit aussi fourbe que tracassier, il s'agite au fond de sa retraite, de telle sorte qu'il attire encore sur lui l'attention des hommes du gouvernement. Ses lettres de plaintes, ses dénonciations se multiplient. Les taxes prélevées sur les détenteurs de la fortune sont trop fortes, elles sont

----

(1) Arch. com,

même injustes; il les dénonce à l'Administration centrale; et
c'est ainsi que la Révolution du 18 fructidor, qui ramène à flots
les hommes d'actions néfastes, trouve Dartigoeyte prêt à reprendre le pouvoir. Balbedat est tout puissant; aussi caresse-t-il son
ambition. Mais il échoue, pour le moment, dans son entreprise.
Samson lui préfère son ami Taslet, l'ex-curé de Benquet, qui
s'était marié avec la mère du curé Barbe, de Baigts. On le voit,
les affaires se traitent en famille, Balbedat était diacre.

Pour faire arriver son protégé, Balbedat suspend la municipalité de Mugron, et nomme d'office ceux qui doivent la remplacer. Cette mesure arbitraire ne décourage pas le solitaire de
Lahosse. Un mois après l'installation de Taslet, Hiard apparaît,
faisant les fonctions de Maire, et Dartigoeyte le remplace; le
canton l'acclame, et le voilà à la tête, comme président, du conseil cantonal composé de tous les anciens terroristes parmi lesquels on compte Hiard, Fossals et Taslet lui-même.

Un regain d'activité tourmente le nouveaux président. Il faut
revenir sur la saisie des biens de d'Abbadie de Saint-Germain
qui traîne trop en longueur; et le conseil se met à l'œuvre.

Les routes sont à faire : « Du zèle donc, citoyens collègues,
» s'écrie-t-il dans une réunion. Prouvons, par les résultats, que
» nous sommes vraiment républicains, que nous savons seconder
» le gouvernement. Quel désagrément pour nous tous, si le can-
» ton de Mugron se montrait égoïste et inhumain; nous comp-
» tons sur vous... parlez aux citoyens, encouragez les colons, et
» que, dans une décade, nous puissions recueillir la satisfaction
» de voir les vœux du Directoire bien secondés. »

Ne dirait-on pas une palabre en usage dans nos comices agri-
coles! Dans ce grand souci de travailler à la prospérité de la
République, on voit percer l'ambition de reconquérir l'écharpe de
représentant. Le sectaire ne s'est pas endormi; tout au plus a-t-il
modifié son habit. Dartigoeyte lance, dans le canton, une
instruction sur le mariage civil. Plaidait-il *pro domo?* Tout
porte à le croire. Sophie n'était pas tranquille.

Mais quel temps! La nuit du 8 nivose, une bande de 20 individus s'introduit dans la ville, pour y commettre des désordres, et
la police ne voit et n'entend rien pour réprimer ses hardiesses;
les déclarations d'enfants naturels se multiplient à la commune;
les filles-mères ont une prime... enfin, les dérèglements de toute

nature s'accentuent de telle sorte que Batbedat, devant la mollesse du président, est obligé d'intervenir. Le 2 ventose, il ordonne une réquisition permanente de huit soldats de la Garde nationale dans la commune.

Ombrageux pour Batbedat, dont-il n'accepte pas le contrôle, Dartigoeyte donne encore sa démission, et, écrivant à son ami Tastet, il lui explique sa conduite ; il veut remplacer Dominique Domenger, dans les fonctions de juge de paix, dans l'exercice desquelles ses ressentiments seront plus satisfaits. Que de rêves ! que d'abus de pouvoir ! nous dit l'abbé Foix, que de mensonges furent employés pour arriver à ce résultat !

Les deux assemblées primaires, celle de Mugron et celle de Baigts, virent leurs scrutins forcés et falsifiés. Les mœurs d'aujourd'hui, sur cette matière, avaient ainsi une avance d'un siècle. La force armée, la Garde nationale, est sommée de mettre des plantons à la porte des deux mairies (1er germinal). Vingt-hommes des plus vigoureux se remplacent à ce poste, toutes les 24 heures. Finalement, Dominique Domenger l'emporte, et le voilà juge de paix, de par le vote de la première assemblée ; la seconde, il est vrai, nomme Dartigoeyte. Mais, malgré toutes les sommations que celui-ci lui envoie, même par voie d'huissier et par ordre de l'administration municipale, Dominique se tient ferme, sur son siège. Voici la réponse qu'il adresse à son adversaire ; elle est consignée dans le procès-verbal, qui porte la date du 20 germinal : « Je ne puis, ny ne dois defférer à cette » invitation, puisqu'il est vray que Dartigoeyte n'a pas obtenu » la majorité des suffrages. »

Le ministre de la justice Lambrechts confirma Domenger dans sa nomination de juge (27 floréal).

De fait, à cette époque, Mugron se trouvait partagée en deux camps, la faction Dominique et la faction Arnaud, ayant chacune son emblême et sa devise. Il est vraiment curieux de rentrer dans ces détails. Mais la physionomie de cette double municipalité n'en ressort que plus singulière. La faction Domenger étale une Marianne tenant une pique surmontée d'un bonnet phrygien. Tastet, Fossats et Hiard, créatures de Dartigoeyte, ont pour insigne un enfant armé d'un casque tenant une pique de la main gauche, et de la main droite un sabre qui émerge du sein de feuilles de palmier, de drapeaux et de clairons.

Cependant, en thermidor an VI, le crédit de Darligoeyle baisse singulièrement à Mugron. Le Directoire a suspendu Hiard et mis à sa place Salvat-Marsan, comme agent municipal.

Fructidor de la même année voit Hosseleyre remonter au pouvoir et présider l'administration cantonale, mais avec Marsan et Taslet.

Ces gestes, plus ou moins adaptés aux circonstances, ne ralentissent pas les désertions, vrai cauchemar de Darligoeyte. Nous sommes en l'an VII ; le canton compte quarante réfractaires échappés de l'armée. Sur les agissements furieux de l'ex-conventionnel, la troupe est requise, tout le pays est rançonné, mais les soldats échappés sont introuvables.

En pluviose, Hiard, toujours tracassier, comme son âme damnée, reparaît sur la scène ; et, se déclarant contre Hosseleyre, prépare avec Taslet et Darligoeyte des élections favorables, qui ont lieu le 1er germinal.

Toutes ces élections finissent par ennuyer le peuple. Mugron et Baigts réunissent leurs assemblées primaires, sans résultat ; une seconde réunion a lieu, et les élus n'ont personne pour les installer.

Sur ce, Darligoeyte s'était renfermé, dans sa tente, à Lahosse. Mais, comme son isolemsut pesait à son activité, il agit de telle sorte, que nous le trouvons, en l'an VII, remplaçant Hosseleyre. Avec un pareil sectaire, la paix ne pouvait pas exister à Mugron. Aussi, voyons-nous les fureurs populaires se raviver, plus fortes que jamais, contre lui. Les lecteurs qui voudraient s'édifier sur ce mouvement hostile, n'ont qu'à lire les pages 245, 246 et 247 de l'abbé Légé (1).

Fatigué de tant d'oppression, le paysan se révolte. En butte aux ressentiments, que sa violence et son humeur tracassière soulèvent contre lui, Darligoeyte ne peut plus dormir tranquille ; même au lendemain de son installation de Président, il se voit méprisé et baffoué par ses subalternes. A Saint-Aubin, a lieu, le 21 messidor, une scène tragi-comique, dans laquelle son autorité n'est pas prise au sérieux... « Vous n'aurez pas mon fils, lui dit

____

(1) *Les Diocèses d'Aire et de Dax sous la Révolution.*

» crânement un nommé Dartiguelongue, et avant deux décades,
» vous sortirez de place ou j'y perdrai le cou... » Son crédit a
baissé partout, même à Lahosse, où son ami Daverat lui fait
savoir que les habitants de la commune ont donné, chez Larrey,
une course et un bal en l'honneur des déserteurs et des aristocrates. La tête étourdie par toutes ces plaintes, Dartigoeyte ne
trouve rien de mieux, pour s'accréditer dans l'opinion, que de
mettre la force armée au service de tous ses collègues. Vains
efforts, le canton tient pour les déserteurs ; il les cache et les
défend, coûte que coûte.

Enfin, arrive la loi d'amnistie du 30 messidor, tout en faveur
de ces réfractaires, et l'ex-conventionnel se fait agneau... « Allez
» de porte en porte écrit-il à ses collègues, avertissez, exhortez,
» procurez, par des moyens de douceur, l'exécution de la loy. »
Le canton ne reconnaît pas cette voix, et sa révolte n'en devient
que plus audacieuse. Il faut lire, sur ce point, les archives des
mairies de Maylis et de St-Cricq. La guerre se déclare commune
par commune et quartier par quartier ; on se dispute, on se bat,
on se tue (1). Débordé dans ses intentions, Dartigoeyte fait appel
à son ami Tastet, et les deux, à la tête de la force armée, font,
dans le canton, une promenade militaire dont les résultats sont
nuls. Des plaintes sont adressées par eux au Conseil général,
et Dyzès, qui trône à Mont-de-Marsan, y répond en lançant
son fameux arrêté du 5 brumaire, dans lequel ordre est donné à
tous les agents du gouvernement de lire la loi, d'assister aux
fêtes décadères ; aux établissements publics, de vaquer ; aux
cabaretiers de fermer leurs salles, sauf les jours de décades, pas
de courses, pas de bals, pas d'amusements les autres jours ; le
peuple ne doit s'amuser qu'au gré de ces bons républicains.

C'est la liberté au rebours. N'avons-nous pas eu un échantillon
de ces mœurs dans la fameuse course de Dax, dans laquelle un
commissaire de police, par trop zélé, a joué le rôle forcé d'écar-
teur ?

Mais ce fut en vain que les lettres vexatoires de Mont-de-Marsan pénétrèrent dans Mugron ; en vain que Dartigoeyte s'efforça

____

(1) Archives de Maylis et de St-Cricq.

de leur donner du crédit ; le Dimanche ne fut point abandonné,
et les vaches vinrent faire leurs galopades dans les arênes amé-
nagées par la jeunesse de la localité. C'en est trop. Le Président
écrit à ses collègues du canton, le 26 vendémiaire : « Nos séances
» ont été fixées au quartidi de chaque décade, à 9 heures du
» matin, et la plupart d'entre vous ne vous êtes pas rendus.
» Aucun de vous, excepté l'agent municipal de Lahosse, n'a
» exécuté les dispositions relatives aux fusils de calibre, aux
» sabres et autres armes de guerre... Nous voilà en retard sur
» presque tous les objets administratifs... Que doit penser le peu-
» ple ? Que doit faire l'administration supérieure ? »

Cette lettre porte la date du 26 vendémiaire.

Et l'on en avait assez ! Mugron ne bougeait pas. Ce désintéressement voulu et calculé de la part de la municipalité vis-à-vis de
la chose publique, força l'administration départementale à lui
adresser une admonestation qui se traduisait par ces mots :

« Nous vous avons écrit, à plusieurs reprises, pour vous
» demander l'état des produits des recettes de l'an VII. Nous
» voyons avec peine que, soit négligence, soit par tout autre
» motif que vous auriez pu vaincre, vous n'avez pas daigné nous
» transmettre ce tableau. Nous vous déclarons donc, citoyens,
» que nous allons informer le ministre de l'Intérieur de votre
» refus, le prier de le faire connaître aux conseils de la Républi-
» que, si vous ne nous faites pas passer cet état par le cour-
» rier... » *Gazaillan, présid... Dalamon, secret.* (9 frimaire).

Dartigoeyte assailli de menaces, mais voulant se donner du
cœur, ne cessait de jeter aux quatre coins du canton sa fameuse
et ridicule devise : « Soyons dignes d'être républicains ! » Ses
imprimés couraient dans toutes les communes, portant, comme
cachet d'en-tête, des piques révolutionnaires et des bonnets
phrygiens. Et le peuple répondait en désertant en masse, et en
se jetant, poings fermés, sur les patriotes.

Enfin, l'an VIII arriva avec sa nouvelle Constitution. Bonaparte, maître du terrain révolutionnaire, mit au rancart le trop
fougueux Conventionnel. Avant de disparaître, Dartigoeyte
essaya de se reprendre ; il écrivit, le 12 pluviose, un rapport analogue aux circonstances, dans lequel il dépeignait, dans un
tableau aussi effrayant qu'authentique, la désertion dans le canton. Hélas ! Ce fut le chant du cygne rouge. Déjà, M. Brun était

nommé maire de Mugron, et M. Méchin préfet du département.

Les derniers actes d'Arnaud avaient été des actes d'hypocrisie. Le 24 pluviose, il avait eu la couardise de jurer fidélité au nouveau régime ; et, quelques jours plus tard, le 3 ventose, de donner l'ordre à tous les agents municipaux de rassembler, sur le champ, la Garde nationale pour opérer la même besogne.

Cependant, le nouveau préfet, arrivé avec des idées conservatrices, fortement prononcées, adressait au ministre de l'Intérieur, un rapport détaillé sur la situation générale du département. On y lisait ce passage, visant l'ex-conventionnel : « Dans ce département, il est des individus, qui ont le plus provoqué des vengeances, qui vivent dans la plus parfaite sécurité. Il en est un, entre autres, qui a fait couler, dans un département voisin, le sang de dix-sept pères de famille, et cet homme vit paisiblement » (1).

Cet homme, c'était Dartigoeyte. Nous le voyons, après son échec dans les élections de juge de paix, dans lesquelles Dominique Domenger l'emporta, et contre lequel il eut le courage, à ce sujet, de soutenir un procès qu'il perdit. Nous le trouvons retiré à Lahosse, en proie à des remords, qui ne lui laissent pas un moment de repos. Nous tenons, d'un de nos contemporains (2), les histoires les plus significatives, au point de vue du mépris, dans lequel le malheureux disgracié passa les dernières années de sa vie, celle-ci entre autres.

Un soir, c'était au commencement de l'hiver de 1812, un ouvrier de Mugron regagnait son logis momentané de Lahosse, ses outils de travail sur l'épaule. Il faisait noir ; la lune voilée éclairait mal le chemin de *la lande,* sur lequel allait se passer la scène. Tout à coup, un cri sourd, étouffé, sort de derrière un taillis : « Ne me tue pas ! Mathieu !... » Et une ombre se traîne, tremblante, aux pieds du menuisier subitement arrêté... — « Te tuer, Arnaud ? n'en as-tu pas tué assez, toi-même ? » lui répond le bon Larrère. « Lève-toi ! et vite !... Détale, ou... » Un coup de pied lancé avec mépris termina la phrase.

____

(1) Léoé, 11, 209.
(2) Larrère, dit Mathieu.

Dartigoeyte, c'était lui, se leva plus mort que vif, et disparut dans l'obscurité.

Le malheureux avait pris la scie et le valet, que le menuisier portait en bandoulière, pour un fusil vengeur de sa vie d'assassin.

L'ex-conventionnel mourut, cette même année, à Lahosse, le 26 novembre, âgé de 48 ans, d'un coup d'apoplexie.

CHAPITRE XXII

Mugron renaît

Nous voici arrivés aux jours que, pour Mugron, nous pourrions appeler jours de la renaissance.

Singulièrement refroidi, depuis surtout la disparition de Dartigoeyte, l'élément révolutionnaire avait, enfin, cédé sa place à l'élément conservateur.

M. Hosseleyre remplissait les fonctions de maire (1800). Ce commerçant de bon aloi était loin d'avoir les idées avancées de ses prédécesseurs. Aussi, ce fut sous son administration que Mugron commença vraiment à respirer. Un des premiers actes du nouveau magistrat fut de délivrer la commune de toute préoccupation politique. L'ancien fief de l'abbaye de Saint-Sever, dénommé *La Lande,* était un terrain vacant, qui donnait à peine, comme revenu, de quoi payer sa redevance annuelle due au monastère. Hosseleyre le fit complanter de chênes, et, dès cette époque, *La Lande* devint, de son entrée, au nord, jusqu'au ruisseau *du Luzen,* au midi, une des plus agréables promenades, offerte gratuitement aux prolétaires de la localité.

Hélas ! l'idée essentiellement démocratique, qui inspira cet embellissement s'est singulièrement modifiée dans l'esprit de nos modernes édiles. Nous avons vu, à la suite d'un ukase dont nous ignorons l'utilité et surtout l'opportunité, ces arbres, à peine séculaires, disparaître pour faire place, dit-on, à un vulgaire quinconce de platanes (1).

Quelle sera désormais la promenade favorite des Mugronais ? Nous nous le demandons...

La Chalosse, au sortir de la Révolution, était, d'après les feuilles publiques de l'époque, la région la plus déshéritée de la contrée (2). Le débouché de tous ses produits, le port de Mugron, présentait un accès tellement difficile que les charrois les mieux attelés avait peine d'y aboutir. Le rapport des agents, présenté au préfet Méchin, déclare que, sur les quatre grands chemins conduisant à l'embarcadère, quelques mètres seulement offraient un accès abordable. Saint-Sever, Pomarès et Dax n'avaient pas de routes directes, solidement empierrées ; des troncs d'arbres garnissaient, par-ci, par-là, les fondrières humides et quelques charretées de cailloux étaient jetées, comme au hasard, sur le reste des chaussées (3).

Mugron, localité, à l'époque, de 2.338 âmes, était donc tout à fait inabordable. Son commerce, si florissant avant les années désastreuses de la fin du siècle précédent, battait de l'aile ; il fallait un homme d'action et d'intelligence pour le galvaniser dans ses intérêts.

Le baron d'Antin de Sauveterre fut cet homme. Nous le trouvons avant même que l'écharpe de maire eut honoré ses reins, faisant partie des divers bureaux, établis dans le département, pour seconder sa prospérité. La vicinalité, l'agriculture, la bienfaisance avaient en lui un cœur aussi vaillant que dévoué (4).

Maire de Mugron, il présenta, en 1808, au préfet un mémoire sur l'état de la Chalosse, au point de vue de ses revenus et des moyens d'y établir des communications urgentes, qui témoignait, d'une manière péremptoire, de ses sérieuses études sur la matière. Ce travail, conservé dans les archives de la mairie, peut être fructueusement consulté par tous ceux qu'intéresse la prospérité du pays (5).

---

(1) Une prairie pour l'usage de l'hospice vient d'y être créée.
(2) *Journal des Landes*, 11 fruct. an XIII.
(3) *Id*.
(4) *Journal des Landes*, 1er septembre 1807.
(5) Voir *ad*

L'arachide, le mûrier, le coton, le pastel, plantes que l'administration départemantale, prônait un peu trop à l'aventure peut-être, trouvèrent en lui un chaud partisan ; il en fit lui-même l'essai sur ses terres de choix, et, si la réussite ne couronna pas ses efforts, l'échec ne put pas en être imputé, ni à son ardeur, ni à son dévouement. Sous l'inspiration, de celui qui osait toujours signer « Baron d'Antin », même alors que la mode semblait en opposition avec l'exhibition de tous les titres d'antan, des idées d'embellissement vinrent travailler l'esprit du Conseil municipal de Mugron. La construction d'un pont sur l'Adour, remplaçant le bac, fut émise par lui, et la population tout entière fut heureuse d'en adopter le projet ; un nouvel alignement des rues fut proposé, et, le pavage de la rue du Couleyat décidé. M. le Baron d'Antin fit encore construire, pour servir d'égout, un canal central, sous les principales rues ; c'est ainsi que les eaux sales, et corrompues qui, jusque-là, jetaient l'infection dans la ville, furent conduites, en dehors de ses murs, dans les bas-fonds de Mounéou (1).

Enfin, le 24 juin 1809, la Préfecture fut saisie d'un plan de halle à bâtir sur une partie du sol du cimetière non encore désaffecté.

Tandis, que s'opéraient ces transformations, et, que ces améliorations donnaient à la ville un aspect nouveau, un dépôt du 115e régiment d'infanterie, composé de douze officiers, et de 220 soldats arriva à Mugron ; ce petit corps de troupes fut bientôt suivi de 500 conscrits, venus des départements du Lot-et-Garonne et du Tarn ; de ce fait, la ville, devint une petite place de guerre, où chaque jour se faisaient des manœuvres militaires, qui donnaient aux habitants un certain air guerrier, dont les contemporains nous ont bien souvent entretenus.

Pendant ce temps, l'hôpital se remplit des malades et des blessés que la malheureuse campagne d'Espagne déversait dans toute la contrée. On en compta jusqu'à 200. Aussi, les ressources de l'établissement s'épuisèrent à tel point, que la population obligée de venir à son secours, fit entendre des plaintes qui

---

(1) Bar. d'Antin. Arch. com.

vexèrent l'Autorité. Cependant, l'engouement, que le Maître inspirait par ses victoires, donnait toujours au patriotisme des
élans de sacrifices que rien ne pouvait paralyser : « Tout ce que
» nous possédons, écrit le maire, nos fortunes et même nos per-
» sonnes sont à la disposition de l'Empereur... Mais, en vous
» entendant exiger ce que nous n'avons pas, nous tombons dans
» l'abattement. »

L'intendant réclame 300 quintaux de foin pour être envoyés à
Tartas. Mugron n'a que 16 hectares de prairies. Où trouver ce fourrage ?... Le même officier demande des charrois
pour les transports ; la commune peut à peine disposer de dix
paires de bœufs, encore sont-ils occupés aux travaux des
champs. A force de sacrifices, on s'exécute ; les bâteliers prê-
tent leurs *galupes* et l'armée d'Espagne reçoit enfin quelques
secours.

Le 29 octobre 1809, toujours en haleine de dévouement, le
Baron d'Antin fait part au Conseil de l'idée, émise en haut lieu,
de créer une Garde d'honneur pour le service de l'Empereur.
Cette proposition n'est pas très bien accueillie par les bougeois.
Brun et Mélet vont à la campagne... Hiard part pour Paris...
Lagarrigue est malade... Marsan est talonné par son directeur.
Augustin Domenger a ses affaires en détresse... Bref, la
fameuse Garde d'honneur n'a pas de tenants à Mugron, et le
Préfet écrit au maire : « Je gémis comme vous, de vous voir
» généralement si peu secondé dans le bien que vous voudriez
» faire à notre département... Je pense, toutefois, que votre petite
» ville, comparativement au reste du département, a certainement
» fait des efforts relatifs à ses moyens » (1).

M. Brun a remplacé le baron à la mairie. Comme son prédécesseur, il ne sait où donner de la tête, tant les affaires deviennent multiples et vexatoires en même temps. Aussi, son passage
au gouvernement de la commune est-il de peu de durée.
Et 1812 ramène M. de Sauveterre à l'hôtel-de-ville.

M. d'Antin constate, dans un rapport détaillé (2), qu'à cette

---

(1) Arch. com.
(2) Arch. com.

malheureuse époque, Mugron n'avait pour les besoins de l'agriculture que douze charrues ; vingt bêtes à laine se trouvaient à
peine dans ses étables. A la suite de l'appauvrissement de ses
marchés, le prix du froment était de 33 francs l'hectolitre ; un
décret impérial, daté du 8 mai 1812, ne permit point que ce prix
fut dépassé.

1813 ! C'est le commencement de la débacle impériale. Les cohortes sont créées ; le canton de Mugron doit fournir un contingent de 200 hommes de 18 à 40 ans, et de 230 de 40 à 60 ans. Où
les trouver ? Quant aux chevaux réquisitionnés, c'est à peine si
la commune peut en donner dix-neuf ayant la taille requise (1).

Le nombre des réfractaires se multiplie tellement qu'aux
plaintes de l'administration vient s'ajouter l'envoi de garnisaires on ne peut plus coûteux pour la population. Pour un seul
soldat faisant défaut à l'appel, une garnison est imposée à la
commune (2), dont l'entretien lui coûte 14 francs par jour.
M. d'Antin, accablé de soucis, écrit à l'administration : « Je vous
» supplie de prendre en considération les preuves multiples
» que nous vous avons données de notre soumission aux lois, et
» de notre attachement au Gouvernement, et, par ce motif, faire
» cesser cet impôt énorme qui pèse sur la commune depuis
» plus d'un mois. »

Hélas ! ce n'était encore que le commencement des tribulations. L'Espagne, obligée de fournir des troupes à l'Empereur,
en inonde le pays. Mugron en reçoit un dépôt, composé d'abord
de 20 officiers et d'un nombre équivalent de soldats, sous le commandement du général Maxti (3). En outre, arrivent encore, le
5 juillet, quatre détachements des 6ᵉ léger et des 76ᵉ, 69ᵉ et 39ᵉ de
lignes avec tous les officiers, leurs fourgons et les équipages
annexés. Le branle-bas est partout. Bros, attelages, bâteaux
tout est réquisitionné pour le transport des fourrages.

------

(1) Arch. com.
(2) 28 avril 1812.
(3) *Estado de la administration militar al 108 vici de S. M. C.* (Arch. com.).

Du 3 juillet au 8 août, Mugron fournit, en nature, la valeur de 2.680 francs. 80 chevaux sont cantonnés dans ses écuries, 15 blessés en dépôt à l'hospice ; et, cependant, tel est l'engouement que le seul nom de l'Empereur inspire à la population, que, se faisant l'interprète des sentiments de ses administrés, le maire écrit : « Nous verrions même doubler ce nombre de malades sans faire des réclamations, comptant toujours sur la charité immense de nos concitoyens. » Bientôt le mobilier de l'hospice ne suffisant plus, les offrandes les plus généreuses affluent pour procurer le nécessaire.

Le 22 septembre, les dépôts des régiments sus-indiqués quittent Mugron : mais le cantonnement ne bouge pas. A ce dernier contingent, il faut ajouter le quartier général de d'Armencey de la division Treilhard, son État-major et une compagnie de 14 dragons. Le reste du régiment était cantonné dans les diverses communes du canton : « Ma petite ville, écrit le baron » d'Antin, dont tout le territoire rural est en culture de vigno- » bles et qui paye environ 6.000 francs de contribution foncière, » a pour frais, chaque jour, pour sa garnison, une dépense de » 560 francs. Nous ne voyons de terme à nos maux que lorsque » M. le maréchal (Soult) sera éclairé sur notre affreuse position, » et nous ne savons encore qui lui adressera nos justes réclama- » tions. »

Et toujours les soldats et les chevaux périssaient de misère dans la pauvre localité. Le 23 septembre, le maire apprend encore que 70 hommes de la compagnie d'élite, restés près de M. le Maréchal, arrivent à Mugron. L'affolement du magistrat est au comble : « Qu'allons-nous devenir ?... Il ne reste plus d'autre moyen que de mettre notre commune sous la protection de M. le général, et de la livrer ensuite à la merci de la garnison... Je n'ai plus la force de demander, à l'avenir, à l'habitant qui n'a plus rien » (1).

La compagnie de dragons resta cinquante jours à Mugron, épuisant toutes les ressources en grains, farines, fourrages et argent, à tel point, qu'à bout de sacrifices, le maire écrit à Saint-

____

(1) Arch. com.

Sever : « Vu notre misère, nous demandons qu'on nous délivre,
» au plus tôt, des Espagnols ».

Ils partirent, mais le souvenir de leur séjour dans la commune
resta longtemps dans la mémoire des habitants qui les avaient si
généreusement hébergés.

1814 ! Les échos de cette date ne sont pas encore éteints dans
la contrée. On n'a pu oublier l'appel écrasant, fait à la population,
pour la formation des fameuses cohortes. Réunir, dans ces circonstances, 400 hommes, n'était pas, en effet, bien commode
pour la commission chargée du recrutement.

La révolte éclata pendant les opérations du classement. La
foule hurla sur la place et les bâtons se levèrent pour empêcher
le départ des hommes appelés. La commune de Doazit menait les
mécontents. En vain, le maire, débordé, harangua la foule,
l'hôtel-de-ville, assailli, ne fut plus un lieu sûr pour son autorité.
La commission abandonna la place et le premier magistrat de
Mugron fut assez heureux pour enjamber une croisée et se soustraire, ainsi, aux menaces et aux coups des assaillants (1). Sur
ce, le tocsin sonne à toute volée et la ville est à même d'être sac-
cagée par les mécontents ; la nuit vient heureusement sauver la
situation.

Le lendemain de la terrible bagarre, le maire, un peu confus,
adressa au Préfet un rapport dans lequel on lit ces réflexions
aussi sages que vraies : « Il me semble, M. le Préfet, que cette
» crise nous apprend qu'il est toujours dangereux de rassembler
» la population quand on n'a pas à sa disposition une force publi-
» que suffisante pour la contenir ; à Mugron, nous n'avons pas
» même un gendarme !... » Ajoutons, pour expliquer ce mouvement de mauvais aloi, que le contingent demandé de 400 hommes
était, en effet, bien exhorbitant, puisque, pour le satisfaire, on
dut faire appel aux chefs de famille de quatre ou cinq enfants.

Dans notre jeunesse, nous avons entendu parler beaucoup, et
souvent, du passage des Anglais. A Mugron, comme, du reste,

____

(1) Arch. com.

dans toute la contrée, ce prétendu passage a donné lieu à des
légendes curieuses. Nous déclarons n'avoir pas trouvé le moindre document attestant l'apparition sérieuse des troupes de
Wellington dans la localité. M. le Colonel Dumas, qui a fouillé
tous les papiers ce concernant (1), cite, dans ses notes, le journal de Woodberry. On y lit : « Lundi 28 février. Saint-Aubin. Ce
» matin, à 8 heures, la brigade a commencé la poursuite. Nous
» avons traversé St-Cricq, où les prêtres et les habitants sont
» venus souhaiter la bienvenue. L'ennemi venait de partir depuis
» une demi-heure. Ordre fut donné de prendre quartier, et on
» nous fit écarter jusqu'à Saint-Aubin-Chalosse, petit village
» d'une trentaine de maisons. » Dans un autre passage, nous re-
marquons simplement que la division Treillard (2) (des troupes
françaises), était cantonnée, à cause des fourrages, aux environs
de Mugron, de Saint-Sever.

C'est tout. Rien ne nous indique que les soldats anglais aient
montré, à cette date, leurs casaques rouges à nos compatriotes.
Nos archives sont muettes sur ce point. Celles de la guerre le
sont également. Pourquoi donner créance aux racontars fantai-
sistes de nos derniers ancêtres, qui ont voulu expliquer, d'une
façon un peu trop jalouse, l'élévation de certaines fortunes dont
le travail et l'économie ont été les seules et véritables sources ?

---

(1) *Neuf mois de campagne à la suite du Maréchal Soult.* (Colonel J.-B. Dumas).
(2) *Id.*, p. 313.

CHAPITRE XXIII

Temps nouveaux

L'Empire avait momentanément sombré, et la Restauration, voulant asseoir solidement son autorité, avait choisi, dans le pays, des hommes dévoués. Saint-Sever avait pour maire M. Basquiat, et Mugron M. Campet.

Après avoir juré fidélité au roi, le nouveau magistrat Mugronais fit célébrer, le 2 mai, un service solennel pour le repos de l'âme de Louis XVI, de la Reine, son auguste épouse, de Louis XVII, et de Mme Élisabeth de France. Les autorités se rendirent en corps à cette cérémonie, et les mêmes hommes, qui avaient applaudi à la chute de la royauté, en 1793, ne se firent pas le moindre scrupule de venir chanter le *Te Deum*, en 1814, en l'honneur de sa résurrection : *Sic volvitur orbis,* dit le sage... L'homme est toujours le même ; le soleil levant retrouve toujours ses adorateurs.

Un mois après cette cérémonie, M. Campet, répondant à l'appel du roi, qui le veut près de lui (1), donne sa démission de maire. M. de Poyusan le remplace. Le premier acte de ce magistrat est d'envoyer, à Tartas, le grand bac du port pour, qu'en raison de ses grandes dimensions, la voiture de S. A. R. le duc

____

(1) Arch. com.

d'Angoulême puisse, facilement et sans danger, traverser la rivière. Ce fut lui, aussi, qui eut la malchance de donner l'accolade
aux employés des contributions indirectes, dits *rats de caves*,
envoyés à Mugron pour contrôler l'arrivée et le départ des vins.
Nous disons, à dessein, la malchance, car l'arrivée de ces fonc-
tionnaires donna lieu à une explosion de plaintes, qui dura jusqu'à leur disparition. A peine le bureau de ces contributions anti-
populaires fut-il établi, que des troubles peu rassurants éclatè-
rent au port de Menet. La Garde nationale fut obligée d'y faire
de nombreuses descentes (1). L'ordre et la tranquillité ne purent
s'y maintenir que grâce à la sévérité de la force publique. Nos
marins n'ont jamais été tendres pour la régie. Les tablettes de
la justice de paix, conservées à la mairie, ont donné, hélas! trop
souvent raison à notre assertion.

Le 18 juin, Waterloo mit fin aux Cent jours. Napoléon était fini.
Cinq mois après ce cassement des ailes de l'Aigle impérial,
Mugron brûla, sur la place publique, le drapeau tricolore que la
Commune avait fait coudre au commencement de la Révolution,
pour donner son adhésion aux nouvelles idées. Cet étendard, il
est vrai, avait déjà été brûlé, une première fois, à la rentrée de
Louis XVIII ; mais, dit la chronique que nous copions (2), il fut
refait à la rentrée de l'usurpateur, et « j'ai l'honneur de vous pré-
» venir, M. le Préfet, que je n'ai pas cru devoir lui donner un
» meilleur usage que celui de séparer les trois couleurs et d'en
» faire la remise à l'hospitalière pour l'usage des habillements
» des enfants abandonnés de l'hospice... »

» Il n'est pas à ma connaissance qu'il existe, dans la commune,
» aucun autre signe de l'Usurpateur » (3).

Toujours la même ritournelle, le rouleau change selon que la
chanson est plus ou moins de mode, et que les hommes chargés
de tourner la manivelle aiment plus ou moins cette musique.

Et maintenant que quinze années de stabilité s'ouvrent devant nous, revenons un peu en arrière pour constater les pro-

---

(1) Arch. com.
(2) Arch. com.
(3) Arch. com.

grès que Mugron a dus aux divers magistrats qui l'ont gouverné, soit au point de vue de son embellissement, soit à celui de son agrandissement.

Nous avons vu qu'en 1642, le bourg avait été doté d'un cimetière ; avant cette date, nos morts étaient portés à Nerbis, ou bien ensevelis dans l'intérieur de la chapelle. Monseigneur Gilles de Boutault, approuvant cette innovation, avait envoyé son grand vicaire, M. l'abbé de Prugue, pour bénir le nouveau local entourant la maison de Dieu. Nos pères, que la pensée de la mort n'effrayait pas, voyaient avec consolation leurs défunts dormir à l'ombre de l'église. Mais, en 1805, alors qu'au sortir de la Révolution les idées commençaient à se laïciser, le cimetière urbain parut trop exigu et malsain. Sur l'ordre de l'administration, la municipalité chercha un local plus approprié ; son choix se fixa sur une partie du terrain communal, appelé *La Lande,* qui avoisinait précisément l'ancien *depositorium* des frères, à qui l'abbaye de Saint-Sever avait, jadis, confié la garde de leur fief. Ce choix fut approuvé par l'autorité ; et, le 7 avril 1805, jour des Rameaux, la bénédiction du nouveau cimetière fut faite, après les vêpres, un peu à contre-cœur, par le vénérable curé, M. Marsan (1).

Neuf ans après cette cérémonie, dont le souvenir s'est longtemps maintenu dans la mémoire de la population, eut lieu le défoncement du local abandonné, ainsi que le transfert des ossements, qui furent religieusement déposés sous un petit monument sépulcral, situé à droite de l'entrée du cimetière actuel.

La piété des fidèles ne pouvant plus, comme elle en avait eu la sainte habitude, aller, au sortir des offices, porter ses pieux souvenirs sur la tombe de ses chers aïeux, demandait à grands cris, que sa dévotion pût être satisfaite ; M. l'abbé Marsan comprit ces dévotes exigences. Contre vents et marée, il ouvrit une souscription, vendit des concessions et réussit à livrer à sa desti-

---

(1) Reg. de la Sacristie.

nation funèbre, en 1813, la chapelle dite sépulcrale où vont aujourd'hui dormir leur dernier sommeil, les membres de toutes les familles qui ont participé à sa construction.

Deux ans s'écoulèrent depuis cette cérémonie.

Sous l'administration de M. de Poyusan, la place de l'ancien cimetière fut complantée de platanes, reçut le nom de place Chantilly, à raison du voisinage de la maison du bourgeois qui y habitait, et devint ainsi une des places les plus agréables de la ville.

La Révolution de 1830 n'amena aucun changement dans l'administration municipale de Mugron. Les esprits s'étaient calmés ; le Département, sur les instances de la municipalité Mugronaise songea. enfin, à réaliser un plan, dont elle attendait depuis longtemps l'exécution. Il s'agissait de remplacer l'antique bac qui reliait Souprosse à Mugron, par un pont de bois dont les plans avaient étés arrêtés, le 30 septembre 1829. L'adjudication de ce travail fut donnée le 15 janvier 1830, et M. Saint-Grière, déclaré entrepreneur légal, obtint en compensation de son travail, le droit de percevoir, pendant deux ans, un péage, dont le tarif fut fixé aux chiffres suivants :

0,05 par personne,
0,10 par cheval,
0,15 par charrette à un cheval,
0,96 par routière à trois chevaux et à 0,20 en plus par cheval en plus des trois,
0,05 par bœuf, vache et veau,
0,02 1/2 par brebis mouton et chèvre.

BERNARD DOMENGER, MAIRE (1834).

Tenir Mugron au degré de bien-être, auquel l'avait élevé l'administration sage et dévouée du Baron d'Antin, fut un des grands soucis de ce nouveau magistrat.

L'attention de M. Domenger se porta principalement sur l'as-

sainissement du port. Les marais dits de Caubin, que les fréquen-
tes inondations de l'Adour rendaient on ne peut plus malsains,
furent vendus pour être desséchés ; l'ancien lit de la rivière,
appelée *l'Eau-vieille* fut traversé par un canal, permettant aux
eaux de s'écouler, et chassant loin du quartier les fièvres palu-
déennes, qui en empoisonnaient les habitants.

Toujours sous l'impulsion de la même pensée, le maire fit
dresser un plan de la ville. La rue qui sert de route départementale fut ouverte ; la porte moyen âge, qui fermait l'entrée de la
grand'rue, démolie ; et son pont-levis, devenu pont de pierre,
ouvrit un passage facile à tous ceux qui voulaient suivre, sans
encombre, le tracé des anciens fossés *(les arredious)*. Entre
temps, disparurent tous les embarras encombrant les rues, tels
que les auvents sans nombre qui, les jours de marché surtout,
gênaient la circulation.

La sériciculture, grâce à l'initiative de Mme Dubroca-Speroni,
fut importée dans la localité ; des fileuses de Montpellier vinrent,
pendant plusieurs années, extraire la soie des cocons et entretenir ainsi, dans Mugron, une industrie qui aurait certainement
prospéré, si le Département n'avait pas eu la mauvaise idée
d'ouvrir à Mont-de-Marsan, une magnanerie, dite-modèle, qui
tua l'entreprise (1).

L'instruction des enfants, donnée jusque là par des maîtres
laïques, fut confiée à deux congrégations religieuses : les Sœurs
de l'Immaculée-Conception de Bordeaux, appelées par la municipalité et les administrateurs de l'hospice, arrivèrent à Mugron
en 1840. Deux ans après, ce furent les Frères de la Doctrine
Chrétienne qui vinrent remplacer les deux instituteurs en titre.
Fondée en partie par un legs de la famille Laplacette et par un
autre de M. V. Domenger-Touton, cette œuvre fut établie dans
un local, situé non loin de l'église, dans l'ancienne maison Lane-

---

(1) La culture du riz fut introduite dans Mugron par Mme Dubroca-Speroni, qui
reçut cette denrée de son oncle d'Italie (lettre du 15 avril 1824). Dans cette même
lettre Mme Dubroca écrit : « Ma fille et moi, nous filons de la soie et nous sommes
les premières fileuses de la région, parce qu'il n'y en a pas d'autres dans le département. »

franque-Larrey, offerte gratuitement par le maire, M. Domenger, et donnée au même titre, douze ans plus tard, à la commune.

Lorsque, sur les instances et les plans de M. Tiburce Meyranx, la municipalité se décida à agrandir la place dite de l'église, les Frères, mieux lotis, transportèrent leur établissement dans l'ancienne maison Bastiat, où ils ont habité jusqu'à ce que les lois de la laïcisation eurent forcé la municipalité à livrer ce local aux instituteurs laïques.

Chassés de cette demeure, au mépris des conventions consenties entre les bienfaiteurs de l'œuvre et la commune, les Frères installèrent leurs écoles dans l'orangerie de la maison d'Antin, et leur habitation dans celle de M. le chevalier de Lagarrigue.

Revenons un peu en arrière, pour enregistrer, à l'honneur de l'histoire de Mugron, le grand deuil qui, en 1840, enveloppa la commune tout entière. Le 22 novembre de cette année, s'éteignit, dans sa demeure, Noble Pierre Jean-de-Dieu, baron d'Antin, ancien page de Louis XVI, devenu, en 1814, gouverneur général des trois départements des Landes, des Hautes et des Basses-Pyrénées, et élu, à la même époque, député des Landes. La mairie de Mugron avait eu l'honneur de l'avoir à sa tête en 1809 et en 1821 ; nous avons vu avec quel dévouement et quel talent d'administrateur ce magistrat de haute lignée s'était acquitté de sa charge.

Quelques années après la mort du Baron d'Antin, Mugron vit l'administration s'occuper enfin de la rectification de la rampe de la route, alors départementale n° 12. La raideur de la rampe du chemin, appelé jadis chemin de la Montagne, rendait Mugron presque inabordable de ce côté. Les charges un peu lourdes ne pouvaient monter qu'à l'aide de colliers de renforts. Malgré les difficultés, que présentait la rectification susdite, le travail fut résolu au grand étonnement et à la grande satisfaction de toute la commune. Mis à l'adjudication, le 25 avril 1842, il fut terminé en 1849 (1).

Ce débouché changea complètement l'aspect du quartier dit du

----

(1) Arch. d'part.

Parisien. Les grands travaux de soutènement, qu'il nécessita,
modifièrent à tel point ce côté de la ville, que les habitants se
crurent autorisés à lui donner le nom un peu prétentieux, mais
juste, de : Côté des Remparts.

1848 se défait de la Monarchie de Juillet et, pour la seconde
fois, la République est proclamée en France.

Présidée par M. Lefranc, l'administration du département
organise la Garde nationale dans les Landes, et, le 28 du mois de
mai, sur la pression d'une partie de la population, que grise
l'idée de la République, le maire de Mugron se hâte d'organiser,
dans la commune, cette milice bâtarde. Le Docteur Dégos est
investi de son commandement. Nous voyons encore ce capitaine
civil, serré dans sa tunique aux boutons brillamment astiqués, le
hausse-col militairement agrafé, marchant droit et hardi devant
son bataillon et dont aucune émotion ne trouble le sérieux. Son
commandement est bref, vigoureux, hardi ; ses officiers et sous-
officiers, tous vieux soldats d'antan, corrigent parfois ses ordres étrangers à toute théorie militaire ; les défilés se suivent
tant bien que mal, et faute de musique, les tambours battant
avec enthousiasme, entraînent la foule.

Qu'on nous pardonne de faire passer à nos neveux le souvenir
inoubliable d'une cérémonie politico-religieuse, dont notre mémoire d'enfant n'a pas perdu un seul détail.

Il s'agissait de la bénédiction et de la plantation de l'arbre de
la liberté.

C'était un dimanche. Allongé sur des tréteaux, devant la porte
de l'église, l'arbre de la liberté, bariolé aux couleurs nationales
attendait que le prêtre vint le bénir. La fanfare de Montfort, appelée pour la circonstance, se tenait prête, l'embouchure aux
lèvres, à faire retentir la place de ses plus vibrantes harmonies.
Tout à coup éclate un effroyable orage ; les portes de l'église
s'ouvrent ; le prêtre apparaît et, malgré le vent et la pluie qui
font rage, la bénédiction a lieu. La cérémonie religieuse promp-
tement achevée, le cortège, en ordre, se dirige vers la place du
Parisien. Là, sous l'auvent hospitalier de la maison Soubaigner,
tandis que l'orage soufflait en tempête, le Commissaire du gouvernement jeta à la foule un discours des plus sonores. L'idée

religieuse fit le fond de cette palabre toute de circonstance :
« Citoyens, dit l'orateur (tandis que la pluie tombait par torrents),
» lorsque Jéhovah voulut donner sa loi au monde, ce fut au mi-
» lieu des éclairs et des tonnerres qu'il la promulgua ; ainsi fait
» aujourd'hui la République... »

Vingt jours après, les enfants de la ville voulurent imiter leurs
pères ; eux aussi plantèrent leur arbre de la liberté, le même
cérémonial présida à l'exhibition de leurs sentiments patriotiques ; seul, l'orage ne fut pas de la partie, mais on y entendit le
même laïus lancé à la foule par un orateur de circonstance.

Et, les jours suivants, tandis que les cervelles étaient en ébullition et que les idées les plus baroques cherchaient à se faire
jour dans le clan ouvrier, on voyait, dans l'atelier d'un maître-
tailleur plus que patriote (1), les officiers et les sous-officiers de
la Garde nationale, commenter, à grands renforts de poumons,
toutes les nouvelles que le courrier de Paris leur apportait. Nous
avons encore les oreilles pleines des remarques saugrenues,
dont ces républicains du jour faisaient retentir l'échoppe. Nos
yeux d'enfant voient toujours un certain béret rouge, dont, plus
par crainte que par conviction, un certain comte coiffait sa tête,
tandis que la pipe démocratique brûlait sa lèvre, habituée à
humer les londrès de soixante centimes.

C'était le temps où l'urne électorale portée religieusement sur
quatre fusils, formant civière, allait de l'école communale à la
mairie, toujours gardée et protégée par un piquet de la Garde
nationale.

Les excès n'ont pas de durée. Les gourmes républicaines
furent vite jetées par la masse de la population, les promenades
militaires en Laurède, à Poyanne et dans les divers quartiers de
la commune, égayèrent quelque temps encore les enfants de la
ville ; mais elles finirent par fatiguer les bataillons eux-mêmes.
L'accalmie plate et désœuvrée succéda à cette agitation enfié-
vrée de nos civils, devenus soldats par la force de la loi, de la
mode et de l'entraînement.

1852 fit germer d'autres idées dans les mêmes cervelles.

---

(1) Le citoyen Dupouy, tailleur.

Le 2 février, par ordre supérieur, les deux arbres de la liberté furent sciés au pied, et les débris furent employés à la réparation des bauges de la maison commune.

Cette profanation ne ressemble-t-elle pas un peu à celle que commit la mairie, en 1815, alors que le drapeau national fut irrespectueusement converti en de vulgaires culottes, tant il est vrai que rien n'est stable ici-bas, surtout dans le domaine de la politique ?

CHAPITRE XXIV

Mugron se transforme

C'est comme en courant que nous allons écrire cette transformation qui, chaque jour, fait de Mugron une des plus coquettes
cités du département.

Les maires vont se succéder sans que la moindre secousse
vienne agiter les esprits.

Les dates vont affluer sous notre plume et les noms des honorables magistrats, qui ont attaché leurs œuvres à ces dates, vont
passer, sans que nous nous étendions sur le mérite de leur activité et de leur dévouement.

Ainsi l'exige la règle de l'histoire... Ceux qui laissent, sur leur
passage, le cachet de leurs œuvres, n'ont pas besoin des louan-
ges de leurs contemporains.

Nous sommes sous le second Empire. Au mois d'août 1861
le Conseil municipal décida que, désormais, la ville serait éclairée. Avec les réverbères arriva l'harmonie. Le 19 octobre 1862,
la fanfare, créée par les soins de l'abbé M....., fit, pour la première fois le tour de la ville ; une allocation annuelle de cinquante francs lui fut accordée par la municipalité.

Depuis longtemps, la population, pleine de sympathie pour
M. Domenger, son bienfaiteur et son maire, attendait de sa muni-
ficence, la reconstruction de l'église, jugée trop exiguë et trop
pauvre en architecture. Ce désir fut satisfait et, le 26 jan-

vier 1865, fut scellée la première pierre du monument projeté, qui fait et fera toujours l'orgueil et l'ornement de la cité. L'église fut bâtie par M. Fleurant, entrepreneur, sur les plans de M. Allaux, architecte Bordelais, et sur la surveillance de M. Ozanne, architecte départemental.

M. Domenger ne vit pas le couronnement de son œuvre. L'église était à peine construite que la mort vint frapper le bienfaiteur.

M. Despouys, notaire, lui succéda à la mairie. Le premier acte de ce magistrat fut de faire décider, par le Conseil municipal, comme témoignage de reconnaissance, la translation, dans la nouvelle église, des cendres de son prédécesseur. Deux jours après, Mugron entendait le sergent de ville, héraut des grandes nouvelles, annoncer à la population la dénomination des rues de la cité. La grand'rue prenait le nom de *rue Bastiat;* celle du centre, *rue Laplacette;* celle de la route départementale, *rue Neuve;* celle du Couteyot, *rue de l'Hospice.* La place Chantilly s'appellerait désormais *place Domenger* (16 mai 1865).

Tout marchait à souhait. M. Soubaigner avait succédé à M. Despouys. La nouvelle administration, allant toujours de l'avant vers le progrès, formait, le 10 février 1866, une compagnie de sapeurs-pompiers. Le 10 novembre de la même année, elle s'associait au projet formé par plusieurs habitants, admirateurs des œuvres de F. Bastiat, d'ériger un monument au célèbre économiste (1). La place qui devait le recevoir, se trouvant trop exiguë et le projet de son agrandissement accepté, la commune décida qu'un emprunt de 16.000 francs serait fait pour payer le coût de cet embellissement (19 novembre 1868).

Si les morts vont vite, d'après la légende allemande, les vivants vont plus vite encore à Mugron.

Sous la poussée de transformation, qui s'était emparée des édiles à l'époque où nous sommes arrivés, les dates de ces transformations se succèdent avec une rapidité toute à l'éloge de la municipalité. La nouvelle église est ouverte le 2 décembre 1866.

____

(1) Lacoin, Meyranx Louis, Meyranx Tiburce, Soubaigner, maire, Loustalot, Cazaux.

Maison Saint-Yors et Porte Ouest (XVIIe siècle).   (Dessin de H. M.).

Une halle-hôtel-de-ville surgit lourdement de terre, en 1882. En 1884, un pont de pierre est jeté sur l'Adour pour remplacer l'ancien pont de bois.

Enfin, la Compagnie du Midi plante ses jalons pour l'exécution de la ligne de Saint-Sever à Dax. La loi d'expropriation nécessaire à l'exécution de cet embranchement porte la date du 9 juin 1892 ; M. Bonnet est déclaré l'entrepreneur ; les travaux, commencés en 1893, sont achevés dans l'espace de six ans et, le 19 novembre 1899, la gare est ouverte aux voyageurs.

Nous devrions clôturer ici notre travail. Le photographe, quelque jaloux qu'il soit de reproduire avec fidélité les traits du sujet qui pose devant son objectif, se trouve, quelquefois, très embarrassé pour exposer son œuvre ; ou bien son cliché exige des retouches, ou bien son épreuve déplaît par sa trop grande exactitude.

Quoi qu'il en soit, devant les nombreux embellissements, dont une administration habile, active autant que dévouée, a su doter la ville et la commune, nous ne pouvons résister au devoir, qui s'impose à tout historien impartial : rendre à chacun ce qui lui est dû.

Mugron augmente et grandit de jour en jour. La vue panoramique du splendide horizon qui borne, au nord, la terrasse de la place Bastiat, n'est pas le seul sujet d'admiration qui captive le regard du touriste ; si ce touriste, émerveillé, porte ses pas dans les divers quartiers de la ville, il est quasi forcé de déclarer que, vraiment, une œuvre a été accomplie dans Mugron.

Son église, vrai bijoux gothique, dont nous avons déjà parlé ; ses places grandes et bien nivelées ; ses avenues ombragées, qui, le soir, s'illuminent d'une profusion de lampes électriques ; ses écoles spacieuses et bien comprises ; son hôpital-hospice, aussi luxueux que confortable ; ses arènes monumentales ; tout, dans cette petite ville, parle en faveur du goût et de l'activité des hommes qui ont ménagé toutes ces transformations.

Le docteur Dégos a fait de Mugron la perle de la Chalosse. Vieux camarade d'enfance, toujours Mugronais de cœur, nous sommes heureux de lui adresser, en terminant cette monographie, les félicitations qu'il mérite.

Maires de Mugron depuis 1789

DOMENGER Dominique . . .   1789-an III
FOSSATZ . . . .   an III
DOMENGER Dominique . . .   an III-an XI
BRUN . . . .   an XI-1806
DANTIN-SAUVETERRE . . .   1806-1814
DE POYUSAN.   1814-1818
CAMPET   1818-1821
Baron d'ANTIN   1821-1830
LABEYRIE.   1830-1834
DOMENGER Bernard. . . .   1834-1865
DESPOUYS Pierre   1865-1866
SOUBAIGNÉ Pierre   1866-1870
HIARD Léon   1870-1882
SOUBAIGNÉ Pierre   1882-1892
Docteur ALFRED DEGOS . . .   1892.

CHAPITRE XXV

—

Notice sur Bastiat

Le 23 avril 1878, Mugron fut en grande liesse. Ses rues, élégamment et richement pavoisées, s'ouvrirent à une foule considérable d'étrangers qui les envahissaient.

Sur la place, dénommée *Place Bastiat,* se dressait une grande estrade, aux gradins superposés, destinée à recevoir les personnages officiels, que M. le Maire avait eu l'attention d'inviter à la fête.

Il s'agissait de la remise officielle, faite à la ville par le Comité Bastiat, du monument destiné à perpétuer, près de ses concitoyens, la mémoire du célèbre économiste.

Le Ministre Léon Say, présida à cette inauguration ; et, le soir, un banquet des plus patriotiques termina cette journée, tout à l'allégresse et à la satisfaction de ceux qui vinrent prendre part à la fête.

Frédéric Bastiat naquit à Bayonne, le 30 juin 1801. Ses études, commencées au collège de Saint-Sever, sous la surveillance de sa tante, Justine Bastiat, et achevées à Sorèze, Frédéric entra dans la maison de commerce de son oncle, à Bayonne ; mais, se sentant peu de goût pour le comptoir, il s'adonna bientôt aux études passionnantes de l'Économie politique, dont J.-B. Say était, alors, un des principaux tenants.

Tandis qu'il se livrait à ces études, une période, que j'appellerais avec M. de Nouvion, période mystique, vint préoccuper son âme. Il voyait dans le catholicisme, dont ses premières études et son éducation de famille lui avaient révélé les grandeurs, un

repos de l'esprit, une route tracée, qu'il voulait suivre pour
régler sa morale et diriger sa conduite. Ce temps d'épreuve
passé, il se retira à Mugron, près de son grand-père, qui lui
laissa, en mourant, son beau domaine de Sengresse.

C'est pendant le séjour qu'il fit dans cette terre, qu'il se lia
d'amitié avec M. Félix Coudroy, adonné, comme lui, à l'étude des
grandes questions sociales. En prenant possession des ferti-
les plaines de Sengresse, Bastiat songea d'abord à une exploita-
tion agricole; mais, désillutionné, bien vite, par les difficultés
qu'il y rencontra, et par les pertes qu'il y subit, il revint à ses
chères études économiques.

1848 éclata. Bastiat se jeta dans la mêlée, et devint décidé-
ment homme politique.

Une intrigue innocente, dit M. de Nouvion, le poussa, comme
forcément, au mariage; le point d'honneur mis en avant, il céda
aux sollicitations des frères de la demoiselle qui avait paru vouloir accaparer son cœur. Mais, au soir même de la noce, l'époux
se déroba, et là finit l'idylle conjugale.

Un an après, le Gouvernement, dont il avait bourgeoisement
accepté les doctrines, sollicité par le général Lamarque, le nomma juge de paix du canton de Mugron. Bastiat en remplit les fonctions pendant quinze ans, à la grande satisfaction des clients qui
firent appel à sa grande compétence dans l'interprétation des lois.

. Mugron possédait, à cette époque, un cercle littéraire, dont la
réputation franchissait facilement les limites de l'arrondisse-
ment, à tel point que le titre d'Académie ne lui faisait pas défaut.
Bastiat aimait à fréquenter cette réunion, où parfois, les plus
graves questions coudoyaient les problèmes les plus saugrenus;
et son esprit malin et prime-sautier n'était jamais à court pour
résoudre les uns ou indiquer la solution des autres.

Ce fut à cette époque que, tout aux grandes idées qui travaillaient les esprits les plus sérieux, Frédéric Bastiat établit ses
relations avec Richard Cobden, dont il traduisit plusieurs
œuvres. Ainsi, tout à ses études, il passait à Mugron les jours
les plus tranquilles en même temps que les plus laborieux.

. Les honneurs vinrent l'y trouver. Le voilà Conseiller général (1832), et, tandis que la défense des intérêts du département
et du canton absorbent une grande partie de son temps, il se
livre avec ténacité à la divulgation de ses idées économiques.

Ses écrits, sur cette question, sont datés de 1830, 1843, 1844, 1844. En 1846, il organisa à Bordeaux une association libre-échangiste, puis alla à Paris fonder un journal hebdomadaire et coopérer à la rédaction de plusieurs journaux de propagande, tels que le *Courrier Français, Les Débats,* le *Journal du Commerce,* et d'autres organes de propagande, traîtant les même questions. Ses admirateurs, écrivains, nous le représentent au millieu de ses succès et de ses tribulations, avec ses cheveux longs, son petit chapeau, son ample redingote et son parapluie de famille, vrai provincial ; mais, la physionomie de ce campagnard était malicieuse et spirituelle, son grand œil était lumineux, et son front taillé carrément portait l'empreinte de la pensée. « *Quel feu, quelle verve, quelle conviction, quelle originalité, quel bon sens vainqueur et spirituel,* dit M. de Nouvion, *à travers cette abondance d'idées nettes, de ces piquantes et neuves démonstrations.* »

Cependant, Mugron semblait le tenir à distance, soit que ses idées, aussi neuves que hardies, déplussent à la bourgeoisie, dit malicieusement un de ses historiens, soit que ces MM. du Cercle ne le comprissent point.

Bastiat avait la louable ambition de faire, pour son pays, tout ce que son intelligence et son travail pouvaient lui fournir de ressources et de forces. Il convoita la députation. Mais, hélas ! il n'était point, dans ce temps-là, l'homme recommandé et sa candidature, libre et indépendante, échoua devant celle d'un nommé Delamarre, candidat officiel.

1848 proclama la République, porté par le suffrage universel, Frédéric arriva à la Chambre, et celle-ci le nomma, pendant huit fois, Vice-Président du Comité des finances ; charge qu'il remplit avec une habilité et une compétence, qui le maintinrent toujours à la hauteur de ces délicates fonctions.

Louis-Napoléon est nommé Président. Bastiat qui a voté pour Cavaignac, voit ses illusions battues en brèche au point de vue libéral. « *Le métier ne me va plus* », écrit-il à M. Coudroy, et sa santé devenant de plus en plus chancelante, il se demande s'il va renouveller sa candidature. Les élections de 1849, le ramènent à la Chambre, qu'il remue à plusieurs reprises par ses discours souvent applaudis. Jeté à corps perdu dans la question, si ardue, de la loi sur l'enseignement, il en défend les principes les plus sains ; mais, hélas ! l'effort est au-dessus de sa santé, et l'orateur Chalossais est obligé de dire adieu à la tribune. Sa plume ne chôme pas : ce qu'il ne peut pas publier par la voix, il cherche à le faire valoir par ses écrits. Capital, rente, travail, crédit sont des sujets qu'il traite, chaque jour, avec autant de liberté que de compétence, il ne recule même pas, devant la question des auteurs classiques, et le baccalauréat ne trouve pas grâce devant ses attaques, aussi mordantes que spirituelles. Louis Blanc, Considérant, Pierre Leroux, Proudhon sont, tour à tour, attaqués et combattus dans ses tracs et dans ses pamphlets.

Les derniers loisirs de sa vie furent donnés à la composition du monument littéraire auquel il mit toute son intelligence et tout son cœur : nous avons indiqué ses *Harmonies économiques*. Le temps manqua à l'illustre écrivain pour mener à fin ce magnifique travail. Un seul volume put être intégralement rédigé par l'auteur, qu'avait usé ses labeurs, Bastiat n'en pouvait plus. Le voilà soupirant après le repos. « Une chambre pleine de soleil, écrit-il à M. Coudroy, une plume, un ami, une douce affection, c'est tout ce qu'il me fallait pour vivre..... en faut-il davantage pour mourir. » Et, résigné, il va de Bagnères aux Eaux-Chaudes, de Mugron à Rome, et c'est dans ce dernier port, qu'au milieu des souffrances les plus aiguës, il amarre sa barque du temps pour prendre celle de l'éternité. Le 20 décembre, il se confesse : « Je veux, dit-il, vivre et mourir dans la religion de mes pères, je » l'ai toujours aimée, quoique je n'en ai pas toujours suivi les » pratiques extérieures... il faut que l'homme s'appuie sur une » révélation pour être, véritablement, en communication avec » Dieu. Quant à moi, j'ai pris la chose par le bon bout, en toute » humilité, je ne discute pas le dogme, je l'accepte. » Et, ce disant, il meurt ; il avait quarante-neuf ans.

Bastiat expira à genoux, sur son lit, saluant son Dieu par ces paroles, que les échos de Rome répèteront longtemps : « O vérité, je t'ai connue trop tard ! » C'était le 24 décembre 1850.

DEUXIÈME PARTIE

—

Partie Religieuse

———

CHAPITRE PREMIER

———

Nerbis-Mugron

Mugron fut érigé en paroisse le 1er octobre 1754. Le décret royal, qui confirme cette érection, porte la date de 1770.

Gravissons la colline, et cherchons, dans les archives du vieux Prieuré de Nerbis, les premiers documents de notre vie chrétienne, au point du vue paroissial.

La fameuse Charte, transcrite par Du Buisson, dans laquelle sont consignées les diverses terres, églises et chapelles, que Guillaume Sanche donna à l'abbaye de Saint-Sever, est datée de 1004. L'église de Nerbis-Castets, figure dans la nomenclature des biens cités dans cette pièce. Son existence est donc antérieure à cette date, déjà bien éloignée de nous. Qui l'avait fondée ? Aucun document n'éclaire ce point. Seul, le mot de *Castellum,* accolé au nom de Nerbis, nous révèle l'origine de la place romaine.

La construction d'une église vint-elle, dans ce lieu, faire, au spirituel, ce que le Castellum essayait d'y faire au temporel ? Nous ne pensons pas que les apôtres régionnaires aient mis

beaucoup de retard à accomplir cette œuvre. Saint Sever et
Saint Girons ne durent point reculer devant les fatigues d'une
pareille entreprise. Le sang, dont ils arrosèrent les terres con-
fiées à leur mission, faisant germer des chrétiens, une église ne
tarda pas à s'élever, à l'ombre même du Castellum (1). Quoi
qu'il en soit, l'étude archéologique de l'église de Nerbis, telle
qu'elle existe encore aujourd'hui, nous ramène aux temps primi-
tifs de l'époque romane.

La date de 1217, gravée sur une clé de voûte de la grande
abside, nous fixe sur l'époque de sa construction.

Et voici qu'une pièce importante (1339), extraite de la nomenclature des biens donnés à la célèbre abbaye, cite en toutes lettres le Castrum Mugronais, comme faisant partie de ses dépendances : « *Inter ejus dependentias erat castrum et oppidum de
Mugron et territorium de Gardans seu de Guardans* » (2).

Du vivant de Guillaume Sanche, Mugron dépendait de Nerbis-
Castets ; une chapelle, il est vrai, existait déjà sur son territoire.
Nous en trouvons la mention dans une Bulle, que Clément IV (3),
publia au sujet des possessions dont ce pape assurait la jouissance à l'abbaye de Saint-Sever, et dans laquelle, on lit : *Capel-
lam Sti Jacobi de Mugron.* Mais, cette chapelle n'était, à pro-
prement parler, qu'une chapelle tout au service des pieux pèlerins qui se rendaient à Compostelle. « On peut assurer, dit à ce
» propos l'abbé Foix, dont l'autorité, en cette matière, |ne peut
» être revoquée en doute, que les pélerins de Compostelle
» avaient un pied à terre à Mugron, dans la chapelle de Saint-
» Jacques. Venant de Mont-de-Marsan, ces pieux voyageurs tra-
» versaient Campagne et Souprosse, où se trouvaient des hôpi-
» taux, passaient l'Adour à Mugron, se reposaient à son hôpital
» et gagnaient celui de Larbey pour, de là, arriver à Dax par
» Mimbaste. »

Un monastère avait donc été établi à Nerbis-Castets, dès avant
le XIVᵉ siècle. Ce monastère, véritable succursale de celui de

----

(1) Les circonvallations de ce camp existent encore.
(2) *Histoire de Saint-Sever*, II, page **365**.
(3) 18 octobre 1266.

Saint-Sever, eût-il une longue durée ? Il n'existait déjà plus, comme maison monacale, en 1333. A cette date, en effet, il nous apparaît comme un simple Prieuré, dépendant encore de la grande abbaye, mais sonnant déjà le glas de la mort.

Quelques maigres revenus arrivent dans ses pauvres greniers, *sufficientes adhuc babet redditus,* écrit naïvement l'historien de Saint-Sever ; mais, ces revenus suffisent à peine à son existence ; et voici les abbés commandataires.

Saint-Sever n'a plus d'ascendant sur l'humble Prieuré ; les redevances ne sont plus payées : *Sed Commendataria non solvitur* (1), et les Prieurs, clercs et laïques, se succèdent jusqu'à ce que Henry Taillefer vint finir la liste de tous ces commandataires, en 1792.

---

(1) *Hist. Sti Severi,* II, 340.

CHAPITRE II

———

Les Curés de Nerbis-Mugron

Il ne faut pas confondre le Prieur de Nerbis avec le curé de cette église. Le premier était à la nominatian de l'abbé de Saint-Sever et du roi, et le second tenait son titre du concours. Comme le bénéfice était assez important, les deux autorités étaient rarement en désaccord ; une fois cependant, il arriva que le Parlement se mèla de la nomination (1), au sujet de l'abbé Larhède, dont la prise de possession fut assez sensationnelle. Le nouveau curé avait une âme sacerdotale ; ses œuvres paroissiales et son testament battent en brèche l'esprit détracteur et malveillant des ennemis de l'Église.

Parmi les nombreux legs, qui témoignent de sa foi et de sa charité, il faut citer celui qu'il laissa pour l'entretien d'un régent « auquel les parents du dit testateur ou parents circon-» voisins pourront aller sans payer *aulcun sallère.* »

L'abbé Larhède mourut centenaire. Il eut pour successeur M⁶ Louis Pichon, et puis Jean Dufourc, auquel la paroisse doit l'établissement de la Confrérie du T. S. Rosaire, ainsi que la restauration et l'embellissement des deux églises.

Voyant avec peine que les morts de Mugron, surtout ceux de la basse classe, étaient forcément enterrés à Nerbis, il créa un

———

(1) Voir aux arch. de la paroisse, 26 mars 1592.

cimetière, au côté nord de la chapelle (1), fit ouvrir une porte latérale pour le servir, et appela l'abbé de Prugue, vicaire général de Mgr Gilles de Boutault, pour le bénir.

Mᵉ Mathieu de Lespés succéda à Mᵉ Dufourc. Prêtre plein de zèle, de savoir et de dévouement, il consacra sa piété au travail de la conversion des âmes, et sa fortune, très considérable, à la réparation et à l'entretien de tout ce qui tenait de près ou de loin à la décence du culte. Sa mort arriva le 2 février 1754; il s'éteignit à Saint-Sever, à l'âge de 78 ans, pleuré par les indigents et regretté de tous. L'église de Nerbis reçut le dépôt sacré de ses cendres.

Le huitième curé de Nerbis-Mugron fut M. Marc-Antoine Cavari. N'ayant pas de maison dans le bourg, M. Marc s'en fit construire une, entre l'église et le cimetière. Cette maison fut vendue, à sa mort, à M. Domenger, marchand bourgeois, pour la somme de 7.000 livres (2).

M. Cavari résigna ses fonctions à M. Jean-Antoine Toirac (18 avril 1744.) L'administration du nouveau titulaire fut très laborieuse. Les registres de l'église nous affirment, en effet, que les prédicateurs étrangers affluaient à Mugron, pendant toute sa gestion. Mais, l'heure de la lutte ayant sonné, celle du schisme allait s'ouvrir.

Depuis longtemps, les bourgeois de Mugron attendaient le moment favorable pour partir en guerre. Mais, comme il arrive fréquemment dans le parti des mécontents, nul n'osait sonner la charge, nul n'osait pendre le grelot pour le faire résonner aux oreilles de l'autorité diocésaine.

Enfin, secouant toute timidité, Campet prit, un jour, sa bonne plume de légiste. Elle n'était ni tendre, ni dépourvue de bonnes raisons, la missive dénonciatrice. Monsieur l'abbé Toirac négligeait une partie de ses ouailles. *1.500 Communiants,* dont se composait la paroisse de Mugron, méritaient plus de soins. Devenu syndic de la communauté, le dénonciateur emboucha courageusement la trompette, et la bataille bâtit vite son plein.

---

(1) Le cimetière se trouvait là où est aujourd'hui la place Chantilly.
(2) Étude Lanéfranque.

La communauté avait été assemblée au bruit du tambour. C'était le 18 juillet 1752. Debout, revêtu de ses insignes, M. Campet adressa au peuple un appel des plus hardis, dont la conclusion fut de demander à l'Évêque la *désunion* des deux paroisses. MM. Martin Bats, Jean de Lanefranque-Larrey et Raymond de Marsan furent délégués près de Sa Grandeur. Le duc de Biron, seigneur de Mugron, donna son consentement à cette démarche (14 Décembre 1753) ; et, finalement, fatigué d'une lutte dans laquelle, *vu l'importance de la localité, comparée à celle de Nerbis,* toutes les raisons militaient en faveur de la séparation, l'abbé Toirac résigna volontairement ses fonctions, le 22 mai 1754, en faveur d'un chanoine de Hagetmau, nommé Monferrant.

CHAPITRE III

———

Mugron érigé en paroisse

Le 1ᵉʳ octobre 1754, Mgr François de Sarret de Gaujac, lança la pièce légale, séparant la dite paroisse de Mugron de celle de Nerbis, et érigeant la première en paroisse indépendante. Nous relevons dans cette pièce, si intéressante au point de vue de tous les droits et de toutes les convenances respectés et maintenus en faveur de l'abbé Toirac la réserve suivante :

« Nous ordonnons que, chaque année, *à perpétuité,* la paroisse
» de Mugron ira en procession à l'église de Nerbis, la seconde
» fête de Pentecôte, après vêpres ; que le marguillier de la dite
» église de Mugron offrira alors un cierge de cire blanche du
» poids d'une livre, et un écu de six livres ; laquelle offrande
» tournera au profit de la dite église de Nerbis ; et, au cas où la
» dite procession ne peut être faite au jour indiqué, à cause du
» mauvais temps, elle sera renvoyée au plus prochain jour de
» fête ou de dimanche.. .. »

L'approbation de la Chancellerie fut longue à venir, le Parlement, travaillé par des influences, sur lesquelles les archives de Nerbis et de Mugron nous édifient, se décida enfin à entériner les lettres royales confirmant la séparation (1780).

M. l'abbé Monferrant avait opté pour le bénéfice de Mugron. Trop à l'étroit dans la maison que les jurats lui avaient procurée, moyennant un loyer annuel de 83 livres 6 sols et 8 deniers, appelée à Labeyrie, le nouveau curé acheta un lopin de terre, nommé au Saujet, pour la somme de 175 livres; et, empruntant à

M. de Brun, à rente constituée, 3.000 livres, il y fit construire le magnifique presbytère, qu'à sa mort il laissa à la paroisse, pour servir de maison curiale.

Le souvenir de M. l'abbé Monferrant est resté longtemps gravé dans la mémoire des Mugronais. Ce fut, en effet, sous son active et généreuse administration que l'église, humble chapelle de quartier, prit des proportions en rapport avec la nouvelle destination.

Bâtie primitivement, mais en petit, sur le modèle de celle de Nerbis, l'église de Mugron avait son clocher adossé au mur collatéral du midi. M. Monferrant, exécutant les plans de l'architecte Saillard, le déplaça ; et, l'érigeant hardiment sur la façade de l'entrée de la nef principale, donna à cette façade cet aspect grave et sévère, que la génération qui s'éteint a longtemps admiré. Nous voyons encore ce grand mur gris et plat, sans aucune saillie, percé de ses trois portes, inégales de forme et de grandeur, avec son œil-de-bœuf monumental, ouvert un peu à droite du couronnement du portail médial : dominant le tout, sa tour carrée, aussi massive que trapue, montrant, au tiers de sa hauteur, son grand cadran de bois, muni de son trou, dans lequel, tous les jours, à l'heure de midi, apparaissait, encadrée, comme dans une guillotine, la tête hirsute et grimaçante du régulateur de l'horloge, examinant, d'une façon aussi goguenarde que curieuse, l'heure que marquaient les aiguilles. Plus haut, les grandes et larges jalousies, aux persiennes de chêne, qui permettaient aux cloches d'envoyer aux échos de la paroisse l'harmonie de leurs puissantes volées. Le toit écrasé, qui couronnait le tout, donnait à l'œil du voyageur, qui descendait la route de Saint-Sever ou montait du bas de la plaine, l'aspect d'une cheminée colossale, faisant rêver d'un gueulard d'une usine métallurgique.

Le premier curé de Mugron ne fut point récompensé, ni dans ses efforts ni dans son dévoûment à la constitution de son œuvre. Le quartier de Malabat, travaillé par des influences aussi tracassières que malavisées, refusa de coopérer pour sa part à l'indemnité du logement constitué au curé par la jurade. De là, une mise en demeure, faite par M. Monferrant, à la communauté, d'avoir à respecter le contrat accepté. Une taille spéciale de sept livres dix-neuf sols et cinq deniers fut imposée de force au quartier récalcitrant. Le principe sauvé, le pasteur prouva à

la population que l'intérêt n'avait pas été le mobile de ses prétentions. Son testament, tout en faveur des pauvres de la
paroisse, révéla au petit nombre de ses détracteurs toute la
richesse de la générosité de son cœur. Les archives de M. Dartigoeyte, notaire, disent qu'à sa mort, ce digne prêtre laisse
800 livres pour messes, 600 livres à l'hôpital, 300 livres au
bureau de charité, 50 livres à la Confrérie du Saint-Sacrement,
enfin sa magnifique maison à la paroisse. Docteur en théologie,
M. Monferrant mourut à l'âge de 78 ans, le 28 septembre 1791 ;
son corps fut enseveli dans le cimetière attenant à l'église. Le
lendemain de sa mort, le Conseil municipal prenait la délibération suivante :

« Considérant que les vertus éminentes de ce respectable pas-
» teur, ses mœurs irréprochables et sa vie toute évangélique,
» lui font un devoir impérieux de rendre ses obsèques aussi
» pompeuses que les circonstances peuvent le permettre, déli-
» bère... qu'il s'y rendra en écharpe, suivi du Conseil général de
» la commune, et qu'à cet effet, le dit Conseil général sera prié
» d'y assister, ainsi que la Garde nationale, le juge de paix et
» tous les concitoyens » (1).

____

(1) Arch. com.

CHAPITRE IV

Notre-Dame de Grâce, sise au Cazalieu.
La Chapelle de Boucosse.

Il n'est pas un Mugronais qui n'ait entendu parler de ce petit sanctuaire érigé, jadis, sur le plateau qui domine la ville, au
midi.

Nous voyons encore, à l'entrecroisement des routes de Saint-
Aubin, de Poyaler et de Labarthe, cette ancienne demeure des
sieurs de Labeyrie, sur le côté ouest de laquelle s'élevait, mo-
deste, et aujourd'hui bien délabrée, l'antique chapelle que, pendant trois siècles, les fidèles de la contrée avaient tant fré-
quentée.

Cette construction, jadis sacrée, n'était plus qu'une grange
basse et découronnée de sa croix. Sur la façade, orientée conformément aux règlements de l'Église, une petite porte du XVIe siècle, surmontée d'une niche vide de sa statue ; sur les côtés, deux
ouvertures minuscules ogivales, sans vitrail aucun ; dans l'intérieur, au fond, et derrière l'espace sur lequel s'élevait l'autel, un
retable en accolade, creusé dans l'épaisseur du mur : voilà
tout ce qui composait, il y a vingt ans encore, la chapelle du
Cazalieu.

Nos pères nous ont transmis, avec le souvenir de leur dévotion à ce pieux sanctuaire, mille légendes qui, toutes, nous ra-
content combien étaient nombreuses les grâces qu'ils y obte-
naient. Nous sommes heureux de pouvoir réveiller ces souvenirs
en transmettant, à nos contemporains et à leurs neveux, les

quelques notes que nous avons recueillies, donnant à ces légendes du passé l'authenticité que l'histoire leur a conservée.

Le 4 janvier 1511 fut un beau jour pour la double paroisse de
Nerbis-Mugron. Un concours des plus imposants s'était donné
rendez-vous sur le beau plateau du Cazalieu.

Honorable homme, Antoine Labeyrie, comme l'appelle la pièce
qui nous dit le fait, avait convoqué, dans ce lieu, des personnages de haute marque ; il s'agissait de donner toute la solennité
possible à la consécration d'une chapelle que sa dévotion venait
d'y faire construire.

Mgr Gabriel de Salucc, évêque nommé d'Aire, était présent à
la cérémonie ; à ses côtés, figurait le Pontife consécrateur, Philibert de Beaujeu, évêque de Bethléem, conseiller et aumônier
ordinaire du Roi, et maître des requêtes de la Reine, abbé commandataire de Saint-Sever.

Avant de faire procéder à cet acte religieux, qui devait mettre
sous la protection de Dieu et l'égide de l'Église le don du généreux fondateur, le curé de la paroisse, délégué par qui de droit,
avait exhibé, comme le voulaient les règles canoniques, les lettres de bonnes grâces consenties par l'abbé commandataire du
prieuré de Nerbis, Charles de Grammont, archevêque de Bordeaux, et, devant le peuple accouru de toute la contrée, la consécration avait eu lieu.

La chapelle fut vouée à la Très Sainte Vierge, sous le vocable
de N.-D. de Grâce, et l'autel enrichi des reliques de Saint Sébastien et de Saint Antoine. Des indulgences spéciales furent accordées par les trois évêques à tous les fidèles qui visiteraient le
pieux sanctuaire : un an, à tous ceux qui, le premier dimanche
de janvier, jour anniversaire de la consécration, y viendraient
réciter, à genoux et les mains jointes, trois *Pater* et trois *Ave
Maria,* ou qui y feraient dire ou y diraient une messe.

De plus, chaque évêque, en son nom propre, accorda quarante jours de pardon à tous les chrétiens qui y feraient un pèle-
rinage les jours de l'Annonciation, de la Commémoration des
Morts, de l'Assomption, de la fête de Saint Sébastien et de Sainte
Catherine. Pour gagner ces jours d'indulgences, il suffisait de
réciter, dans la susdite chapelle, trois *Pater* et trois *Ave Maria*
aux intentions de chacun d'eux et d'y faire une aumône pour son
entretien.

Nous sommes heureux de pouvoir reproduire, ici, la pièce officielle que le secrétaire du Pontife consécrateur nous a laissée *ad perpetuam rei memoriam* (1).

Nous Philibertus dé Beaujeu, par la miséricorde de Dieu, humble évêque de Bethléem, sujet sans moyen du Saint-Siège apostolique, conseiller et aumônier ordinaire du Roy, notre sire, et maître des requêtes de la reyne, abbé, seigneur de Saint-Sever ; le révérend évêque d'Aire étant au Cazalieu (2) quatrième de janvier 1541, avons sacré cette présente chapelle en l'honneur de Dieu et de sa très digne Sacrée Mère, V. M. sous le nom de Notre-Dame de Grâce, et en icelle avons pareillement sacré l'autel, auquel nous avons mis et inclus des reliques et ossements de M. St Sébastien et St Antoine ; laquelle chapelle a esté érigée, bâtie et construite par honorable homme, Antoine de Labeyrie, habitant de Poyanne et de Mugron, à sa bonne dévotion qu'il a en Dieu et la Vierge Marie, à la conservation des fidelles chrétiens, et au salut des âmes du Purgatoire, des grandes dévotions et prières du Saint-Sacrement de l'autel qu'ils fairont à l'avenir, en la confusion des hérésies ; et pour ainsi la dite chapelle être érigée et sacrée, Très Révérend Père en Dieu, Mgr Charles de Grammont, archevêque de Bordeaux, prieur, seigneur de Nerbis, Cauna, seigneur prieur et curé de Nerbis y a donné son consentement, et de l'authorisation de notre Mère Église en forme accoutumée, avons accordé le premier dimanche de janvier, qui sera toujours au jour de la Consécration de la dite chapelle, un an de pardon à tous vrays chrétien et chrétienne qui viendront en dévotion en cette dite chapelle, et à genoux et mains jointes, disant *Pater Noster* et *Ave Maria* trois fois ou qui diront messe ou fairont dire en cette ditte chapelle de l'authorité de mes Seigneurs Révérend archevêque de Bord. et évêque d'Aire quatre-vingts jours de pardon, et quarante de notre authorité, en rémission des péchés ; les dites indulgences et pardons seront gagnés par tous gens d'Église et autres chrétiens et chrétiennes, icelle chapelle visitant touts et quantes fois qui s'y rendront en dévotion temps spécial le jour de feste de l'Annonciation dominicale, au jour des Morts, à l'Assomption, de N.-D. au mois d'août et ainsy es feites de Monsieur St Sébastien et St Antoine

---

(1) Cette pièce, copiée sur l'original, était déposée dans les archives de M. Labeyrie, notaire à Mugron, portant la date du 4 septembre 1747.

(2) C'était Mgr Gabriel de Saluce, non encore sacré.

et St François et Ste Catherine, en disant 3 fois *Pater N.* et *A   M.* et aussi élargiscent de leurs biens à leur dévotion pour entretenement de la dite chapelle, prier tous Dieu disant à M. dévotement pour notre bonne intention qui avons, le jour et an que de   , Sacré la dite chapelle et pour le dit Sr Antoine pareillement fondateur de la dite chapelle, et pour tous les trépassés dites *Requiescant in pace... Amen.*

Par commande de Mgr,

Signé : De CAULINES, secrétaire.

Vingt-huit ans après la consécration de la chapelle de Cazalieu, les huguenots, en train de ravager le pays, n'eurent garde de respecter le nouveau sanctuaire. L'autel était voué à la Mère de Dieu ; à ce titre, le Cazalieu devait attirer sa haine et leurs dévastations.

Les soldats de Montgomery, commandés par Montanat, vinrent le profaner à tel point, que les offices durent y être suspendus.

La tourmente passée, les dégâts furent réparés aux frais de la pieuse famille Labeyrie. Heureux de revoir ouverte leur chapelle bénie, les Chalossais y reprenaient leurs pèlerinages, lorsque le malheur des temps voulut que la Fronde éclatât dans la contrée.

C'était 84 ans après la consécration de Notre-Dame de Cazalieu. Cette guerre de parti fut encore plus terrible pour la chapelle, que ne l'avait été celle des Huguenots. Voici en quels termes le bon Péboué, de Doazit, nous rapporte ces désastres (1) :

« Le 1er mars 1653, les cavaliers de Balthasar allèrent à » Lamothe, et ont mis le feu au château de Lamothe et ont pris » tout ce qu'ils ont trouvé de bon, et s'en sont allés dîner à » Cauna, et après ils ont passé l'Adour au lieu nommé : *lou* » *goua de l'Aiguillon, à gua,* et allèrent droit au Cazalieu, et par » le grand chemin jusques auprès de *l'espitaou de Mugron* » (2).

---

(1) *Arm. des Land.*, III.
(2) Ce qui prouve que cette maison hospitalière était hors ville.

Les ruines de la sainte chapelle pleurèrent pendant 44 ans leur triste désolation.

En 1697, Jean de Labeyrie, sieur de Cazalieu, écrivit à Mgr Armand Bazin de Besons, évêque d'Aire, lui demandant l'autorisation de relever le sanctuaire à moitié démoli. Cette faveur obtenue, le pieux Mugronais prit la truelle et rebâtit la chapelle, en la dotant d'une prébende importante (18 septembre 1698).

Notre-Dame du Cazalieu devint ainsi une chapellenie, mais sans obligation de résidence pour le prêtre qui la servait. Nommé par l'Évêque, le prébendier était tenu à dire huit messes votives, par an, soit : le premier dimanche de l'Épiphanie, les fêtes de Saint Antoine, de Saint François, des SS. Fabien et Sébastien, les jours de la Transfiguration, de l'Assomption et de Saint Jean-Baptiste.

Les patrons laïques de la chapelle, les de Labeyrie, étaient obligés de payer, au chapelain, une rente annuelle de 15 livres, et de lui faire tenir les fruits de la prébende.

Les archives de Mugron nous disent que la prébende de Gracia, ou de N.-D. de Grâce, était taxée, en 1709, 15 sols pour les décimes, et 10 sols pour secours extraordinaire et volontaire pendant la guerre.

Le Cazalieu est, aujourd'hui, quasi oublié, du moins comme antique sanctuaire. Nous savons, le tenant de leur propre bouche, que les derniers membres de la famille Labeyrie avaient toujours au cœur la généreuse pensée d'une restauration que leur foi appelait. Mais, le vent de l'indifférence de ceux qui les entouraient soufflait d'un autre côté ; d'ailleurs, les sacrifices, que cette restauration aurait réclamés, étaient au dessus de leurs ressources, et le vaillant capitaine (1), dernier rejeton de la noble race, est mort, sans que les pieuses intentions de sa sœur, Mme Mora, pussent être remplies.

La chapelle de Boucosse ne remonte pas au-delà de 1650. Nous possédons un inventaire des biens et maisons de Boucosse,

____

(1) Le capitaine Labeyrie.

retenu dans l'étude de M⁰ Lamoli, à cette même date, dans lequel il n'est fait nullement mention d'elle ; ce qui nous porte à croire que cette chapelle n'a été fondée que comme chapelle de sépulture de la noble famille, à laquelle la *propriété* appartient encore aujourd'hui. Les noms suivants sont inscrits dans les registres de l'église avec l'indication du lieu où ces défunts dorment leur dernier sommeil :

Pierre d'Antin d'Arx	1808
Bertrand d'Antin	1811
Jeanne d'Antin	1815
Louis d'Antin.	1821
Marie-Thérèse-Louise d'Antin .	1825

Les cendres de tous ces morts ont été portées dans le caveau du cimetière de Mugron, où repose aujourd'hui toute la famille d'Antin.

CHAPITRE V

Prébendes diverses fondées dans la Paroisse

Nous avons dit, dans notre *Histoire de Grenade* (1), ce qu'on entendait par *prébendes*. Résumons, en deux mots, ce que nous avons écrit sur cette question.

Les prébendes, du latin *prœbendœ, portiones prœbendœ,* étaient des biens-fonds affectés aux ecclésiastiques ou à des gens d'église, attachés aux œuvres pies, fondées pour leur utilité et la plus grande gloire de Dieu. Mugron en possédait plusieurs ; toutes hélas ! ont sombré dans le cataclysme de la Révolution, mais leur nom et leur souvenir ne sont pas encore perdus.

1° La prébende de *Dauga*. Elle était sise dans le quartier de Lamoua. Par qui avait-elle été fondée ? Nous l'ignorons. Son patron laïque, en 1733, était Maurice Desclaux de Mesplès, premier baron de Béarn et seigneur de Nerbis ; et son dernier bénéficier, en 1789, fut Jean de Maisonnave, prêtre, docteur en théologie, habitant de Lescar, près de Pau.

Cette prébende comprenait plusieurs terres, situées, soit dans le bourg de Mugron, soit dans ses environs.

Celle du bourg s'appelait *Toye ;* à côté du bourg, en bas de ses fossés, partie nord, se trouvaient les autres ; ces terres portaient, naguère encore, le nom de *Prabende*. Le *Menet,* situé au port,

---

(1) *Histoire de Grenade,* chapitre III, page 155.

sur le bord de l'Adour, appartenait à cette prébende. M. Bernard Domenger acheta le tout, en 1792, pour la somme de 8.100 fr. ; il le revendit bientôt après à M. Lafaye, qui le lui paya en assignats (1).

2° La prébende de *Lauilleron ;* elle est située au midi, sur un mamelon opposé à la ville. Cette terre comprenait 22 arpents. Avec elle se comptait celle du *Bitou :* celle-ci avait 7 arpents, relevait de la municipalité de Saint-Aubin, et avait pour patron laïque l'hôpital de Tartas, qui y nommait le titulaire.

3° La prébende de *Condrette,* consistant en 2 arpents et demi de prairie et autant d'échalassière, était sise au fond de Mugron, côté du levant ; elle fut vendue, comme bien national, à Saint-Sever, le 4 mai 1791, et achetée par la commune pour 3.250 livres, pour en faire un champ de manœuvres. Ce fut sur ce terrain que la Garde nationale exerça ses héros pendant toute l'ère révolutionnaire. Aussi, reçut-il officiellement le nom de Champ-de-Mars. Le dernier titulaire de la prébende Sainte-Catherine de Condrette, fondée dans l'église de Tartas, fut Claude-François Lallemand, vicaire général de Dax (2).

4° La prébende de *Jean Barthe,* dite aussi d'*Aiguillon* ou de *Pouchet.* Fondée en 1507, au capital de 1.000 livres, par M. d'Aiguillon, prêtre de Nerbis. Cette terre était située à Mugron, au quartier de Labarthe. Les seigneurs de cette caverie en étaient les patrons laïques et sa chapellerie était érigée dans l'église de Castelnau. M. Dupoy fut son dernier titulaire (3).

5° La prébende de *Prépré.* En 1541, le 23 août, « honorable homme, Jean Dupérier, habitant au baillage de Mugron », laissa, par testament, cette prébende à l'église de cette paroisse ; elle était formée de plusieurs lopins de terre, situés, soit dans Gouts, soit dans Mugron. Le fondateur avait stipulé que, seuls, les prêtres originaires de Mugron pourraient bénéficier de cette prébende, à charge de dire des messes et faire des prières ; de plus, le même acte de donation voulait qu'aucune partie de ses terres ne pût être aliénée.

---

(1) Étude Lamoli.
(2) *Histoire de la Révolution.* Légé, II, 338.
(3) Archives de Castelnau.

Les revenus de celte prébende étaient de 24 livres. On lit dans l'État de 1790 : « Le dit Curé de Mugron, conjointement avec ses vicaires et prêtres habitués, jouit d'un autre *préd* apppelé *Pré-pré* d'un arpent et demi. Ce *préd* a été affermé a Arnaud Baptis-tant pour 60 livres. Sur ce préd était fondé un obit dé 36 livres pour 30 messes basses ; » il était imposé à la taille.

6° La prébende du *Bray*. Nous ignorons son fondateur. Elle était fondée dans le spirituel de Nerbis et le temporel de Mugron. La contenance était de 17 arpents, ses ressources de 200 livres, pour lesquels le curé de Nerbis-Mugron était tenu de chanter 12 messes avec diacre et sous-diacre, précédées chacune d'un nocturne, et de dire 12 messes basses. »

La déclaration de M. Laburthe, curé de Nerbis, s'exprime ainsi : « Je possède encore, conjointement avec tous les prêtres, soit de Nerbis, soit de Mugron, un obit appelé *Bray*, situé dans le spiri-tuel de cette paroisse, et dans le temporel de Mugron. »

7° La prébende de *Solvit*. Le Pouillé d'Aire de 1749 porte : « Il y a encore la prébende appelée *Solvit*, dont le revenu est de 120 livres. »

CHAPITRE VI

———

Période révolutionnaire au point de vue religieux

Le premier curé constitutionnel de Mugron fut un de ses propres enfants, Vincent-Laurent Labeyrie, fils du sieur de Cazalieu et de noble Jeanne de Laborde-Pélo.

Entré en religion chez les Barnabites (1779), il jura comme la plupart de ses confrères. Tandis qu'il était religieux à Guéret, il devint curé constitutionnel de Mugron, nommé par Saurine (11 septembre 1791), qui le fit aussi son grand vicaire épiscopal.

A peine l'installation de ce dignitaire jureur avait-elle eu lieu, que la révolte éclata dans l'église de Mugron, à tel point, que la Garde nationale fut obligée d'envoyer un piquet pour y maintenir l'ordre (12 décembre 1791).

Profondément attaché à ses rois et à ses prêtres, le peuple de Mugron ne voulait pas du *jureur Labeyrie*.

L'intrus se tourna contre ce peuple ; et, pour arrêter les élans de sa piété, il dénonça ses propres vicaires. Sur sa parole, Saurine jeta l'interdit sur les abbés Lagarde, Marsan et Darbo. Quittant l'église, les larmes aux yeux, les deux premiers vicaires remirent les registres de catholicité au maire, et momentanément disparurent de la paroisse. Un second intrus les remplaça. Louis Bélissendi fut envoyé pour seconder Labeyrie, mais le crédit de cet apostat ne guérit pas le mal.

Inquiet de ce désordre, Saurine voulut frapper un grand coup. Le 20 mars 1792, il se présenta à Mugron, avec tout l'apparat

d'une entrée, on ne peut plus imposante, tant au point de vue
civil que religieux.

Cette visite fut un vrai scandale, et les protestations de la partie saine de la population prouvèrent au malheureux évêque que
le terrain n'était bon, ni pour lui, ni pour son vicaire.

A bout de mauvais expédients, Labeyrie se déclara nettement
l'adversaire de tous les tenants de la Foi.

Son acharnement se tourna, surtout, contre les marguillers
fidèles, et contre l'hospitalière Marie Lafosse, dont la résistance
se montra, dans la circonstance, aussi courageuse que désinté-
ressée. Les archives de Mugron nous livrent, sur cette grande
chrétienne, des détails dignes des premiers martyrs.

N'ayant aucune considération pour l'apostat, qu'elle regardait
comme un véritable usurpateur des pouvoirs religieux dans la
paroisse, elle refusait d'aller quérir Labeyrie, chaque fois que la
présence du prêtre était nécessaire à l'hôpital.

Devant cette résistance héroïque, la municipalité, poussée par
Labeyrie, s'adresse à Darligoeyte, qui écrit de Saint-Sever à la
date du 28 avril 1792, la lettre suivante : « J'apprends que l'hos-
» pitalière est encore en fonctions ; si cela se trouve vrai, je
» vous conjure de procéder, sur le champ, à son remplacement,
» car nous ne devons pas *mollir;* le peuple a besoin de bons
» exemples ; il faut lui apprendre qu'on doit respecter la loi et
» que les citoyens *non Patriotes* ne seront jamais *tollérés* dans
» leurs écarts ».

Sur ces entrefaites, le curé constitutionnel se brouille avec la
municipalité, à raison de ses obituaires. Celle-ci est accusée de
faiblesse vis-à-vis des prêtres réfractaires. Elle se défend, et,
par l'organe des citoyens Domenger, maire, Marsan et de
plusieurs autres, accuse à son tour Labeyrie. Sa démission est
signée le 28 mai 1793. Mais le prêtre apostat ne fait que descendre de plus en plus dans le mépris public. Darligoeyte lui-même
se déclare contre lui, et voici ce qu'au sujet de son mariage civil,
il écrit à son père. Cette lettre est en partie contre Labeyrie.

« Le fanatisme en religion, comme en royauté, déprave l'hom-
» me et le porte à des excès coupables. Élevés dans les principes
» du républicanisme, nos enfants sentiront que leur première
» vertu doit être indépendante de la politique.

» On s'est engoué pour les Prêtres de part et d'autre, les uns

» pour les sermentés, les autres pour les insermentés ; de là, une
» lutte affligeante qui a fait dévier l'esprit public ; de là des agi-
» tations, des troubles, des haines, des passions exagérées...

» Je déclare que je veux me marier suivant la loi, c'est-à-dire
» passer un contrat purement civil. Du reste, comme l'opinion
» religieuse est libre, je ne blâme celle de personne ; que chacun
» se marie comme il l'entend ; qu'il aille à la messe ou qu'il n'y
» aille pas ; qu'il soit protestant ou juif, peu importe, je regarde
» ses actions. »

Cette lettre, tombée entre les mains de Labeyrie, et dénigrée
par lui, rendit son auteur furieux, mais ne sauva point le prêtre.
En vain, l'apostat fit chorus, le 14 juillet, avec toute la bande républicaine ; en vain fit-il cadeau à la nation de son fusil et de ses
armes ; l'arrivée de Pinet et de Cavaignac, précédée de Dartigoeyte, décida de sa révocation. Poymiro le remplaça. Mais déjà
Mugron n'a plus besoin de prêtre d'aucune sorte. Quant à Labeyrie, il va à Saint-Sever, compléter devant Méricamp et Borde-
nave son apostasie ; cependant, il essaye encore de galvaniser ce
qui lui reste de foi, en demandant à l'église de Saint-Sever la per-
mission de célébrer le culte comme il s'y célébrait avant 1792.

Sur ces entrefaites, Saurine, nommé évêque de Strasbourg,
emmène avec lui le prêtre Mugronais. « Il n'était que trop temps,
» écrit l'abbé Foix. M. de Cès, curé de Saint-Sever, ne pouvait
» plus supporter ce brouillon, qui jetait la division partout. Et le
» prêtre partit ; mais, de loin comme il l'avait fait de près, son
» esprit tracassier ne cessa de maintenir le trouble dans l'église
» de Saint-Sever. Il faut lire, à ce sujet, les lettres dolentes que le
» vénérable M. de Cès écrit à Mgr Loison : elles sont lamenta-
» bles, au point de vue moral, touchant le malheureux révolté. »

Le grand vicaire de Saurine revint plusieurs fois à Mugron,
dans la maison de sa sœur, Mme Marsan, dont la religion et la piété
contrastaient si fort avec les idées de son frère. Obligé de se dé-
mettre de ses divers titres de curé et de prédicateur, il mourut à
Angoulême. Dieu lui ménagea-t-il la grâce de reconnaître ses
erreurs ?... Les péchés contre l'Esprit-Saint sont parfois irrémis-
cibles...

Le second curé constitutionnel, comme nous l'avons vu, fut un
nommé Poymiro.

Où naquit-il ? D'où venait-il ? On trouve, dans les registres de l'église de Tartas, un prêtre de ce nom qui y exerça les fonctions de vicaire de 1792 à 1793.

Ce fut sur la nomination de Dartigoeyte que Poymiro s'installa à Mugron, le 24 août 1793, et prit, à la faveur de son titre, possession du presbytère, tandis que M. Monferrant était en Espagne.

Quinze jours après la cérémonie burlesque de cette installation, l'église de Mugron fut transformée en *Temple de la Vertu*. Que faire de Poymiro ? Le Conseil demanda pour lui, en considération de son civisme, une pension de retraite. Nous sommes au 2 frimaire an II. Ne voulant pas se déjuger sur son protégé, Dartigoeyte appuya cette demande près du Département, et, le 15 du même mois, Poymiro remit, entre les mains du fougueux révolutionnaire, son protecteur, ses lettres de prêtrise, tout en faisant au Conseil, la déclaration de son apostasie. M. l'abbé Légé atteste que, *défroqué et déprêtrisé,* Poymiro obtint, quelque part, une place de juge dans un tribunal (1).

Avant de clore la liste de ces malheureux, ajoutons le nom de Jean Tauziet, dont quelques rares Mugronais peuvent encore se remémorer le souvenir. C'était le fils d'un charpentier; il se fit d'abord Barnabite à Nîmes, comme Darbo, son compatriote ;·devint vicaire-général du Gard, prêta le serment, fut nommé curé du Leuy (1792-1793), et, finalement, se déprêtrisa. Arrivé à Mugron avec une réputation des moins honorables (22 ventose an II), il mérita d'être interné à Mont-Adour (ci-devant Saint-Sever), et malgré ses déclarations, il y fut détenu. Voici d'ailleurs ses paroles : « Depuis mon arrivée à Mugron, j'y ai journellement » assisté aux instructions de décadi ; ma conduite a été celle d'un » bon citoyen; j'ai donné des preuves positives d'attachement à » la Révolution... » Hélas ! pour lui, Pinet et Cavaignac se montrèrent sourds à sa supplique.

Revenu à Mugron, après la Terreur, méprisé comme prêtre, il se fit instituteur public avec un certain Duvic, le père d'un nommé *Carotte,* dont la génération présente n'a pas oublié les prouesses.

-----

(1) *Rév.*, I, 122.

En 1793, une partie du clocher, bâti, quelques années avant, par M. l'abbé Monferrant, fut abattu, et l'église transformée en *Temple de la Vertu,* puis en salle de club, et, enfin, en maison d'arrêt. Comme partout, les cloches furent descendues, les vases sacrés violés et envoyés avec tous les ornements au district. Les registres de la commune nous édifiant sur tous ces points, nous transcrivons, à regret, la suite de cette histoire.

Darfigoeyte, l'âme de tous les désordres qui se sont passés à Mugron, tant au point de vue religieux que civil, arrivait dans la commune en maître omnipotent, le 28 brumaire an II. Réunissant immédiatement la Société, dite républicaine, que son père présidait, il prit la parole ; et, par un discours des plus enflammés, souleva et entraîna tous les membres dans le courant révolutionnaire.

Darbo se leva après lui, et, embouchant la même trompette :
» Les grands principes, développés par le représentant du peu-
» ple, s'écria-t-il, ont électrisé les âmes ; le fanatisme qui les
» enchaînait, depuis tant de siècles, ne leur inspire plus que de
» l'horreur. Le moment est venu où le peuple ne veut plus d'au-
» tre culte que celui de la raison et de la liberté. »

Et, sur ce, le Conseil général, déférant au vœu de la société républicaine arrête :

1° Que l'église de Mugron s'appellera désormais *Temple de la Vertu;* que la partie du centre et la nef serviront pour le culte qui sera rendu à la liberté ; qu'à cet effet, il sera élevé au centre une *statue* représentant une idole chérie des républicains.

2° Que les parties latérales du bâtiment, ci-devant dit : église, serviront, savoir : la partie du midi pour y établir la maison commune, et le corps de garde ; que la partie latérale du midi sera employée pour une salle servant aux assemblées populaires et pour une maison d'arrêt.

3° Que le clocher sera abattu et la sacristie démolie ; qu'une cloche sera réservée avec le cadran pour être placée au dessus de la maison commune, les autres cloches seront mises à la disposition du Département.

4° Que l'argenterie et dorure, appartenant à la ci-devant église, sont données à la nation et seront envoyées à Bayonne à la disposition des représentants.

5° Que le citoyen Poymiro, nommé curé de Mugron, a cessé

d'être connu sous ce titre, dont les fonctions n'ont plus d'objet, *la commune* ne voulant plus désormais de *prêtre ;* qu'il sera néanmois demandé en faveur du dit Poymiro, en considération de son civisme, une pension à titre de secours.

6° Que le présent arrêté sera soumis, ce jour, au représentant du peuple Dartigoeyte, qui se trouve dans la présente commune, pour être autorisé à l'éxécuter.

Cette délibération, couchée tout au long dans les Archives de la Mairie de Mugron, porte les 8 signatures des Municipaux et de 11 principaux notables de la localité. La décision prise, il fallait lui obéir. Où trouver l'argent pour transformer l'église selon l'arrêté municipal ? Le député représentant donna le secret. Les frais seront répartis sur les *gens riches,* ci-devant *nobles,* reclus, parents d'émigrés, et, cela, dans les 24 heures.

Et 61 signatures furent apposées à l'adresse que la population envoya à la Convention nationale, ce concernant.

CHAPITRE VII

———

Monsieur l'abbé Marsan

Mais, tandis que la Révolution accomplissait son œuvre de démoralisation à Mugron, au point de vue civil, l'esprit religieux, entretenu par les quelques prêtres dévoués, que la persécution n'avait pas pu chasser de la paroisse, semblait prendre un pied plus solide dans les âmes. L'histoire de ces prêtres appelés Darbo, Fossats, Castaignos, Lanefranque, Larrey, François Laborde, Bernard Batz, Nicolas Affre, offrirait certainement un grand intérêt à la saine curiosité de nos compatriotes ; mais, nous avons pensé qu'en reportant nos recherches sur une figure, qui nous a paru réunir tous les efforts et tous les dévouements de ces nobles athlètes de la bonne cause, nous atteindrions le même résultat, sans augmenter outre mesure les limites que nous nous sommes tracées.

M. Marsan naquit à Villeneuve-de-Marsan, le 14 janvier 1759. Arrivé à Mugron, comme vicaire, en 1787, il se déclara, dès les mauvais jours, antirévolutionnaire, refusant crânement le serment imposé. Saurine crut le casser aux gages, en lançant contre lui un de ses plus odieux interdits. Dès ce moment, le jeune vicaire devint, pour ainsi dire, l'idole de la population ; et le voilà, de concert avec les abbés Laporte, ancien curé de Caupenne, et Dominique Dupérier, curé de St-Aubin, opérant des prodiges de foi et de courage dans tous les environs. L'abbé Légé en a raconté un très grand nombre dans son livre (1), Mais que de traits ignorés! Tous les chemins cachés de la paroisse, les quartiers les plus retirés, les maisons les plus éloignées pourraient, seuls, raconter les faits qui, dépistant les patriotes, mettaient ironiquement les révolutionnaires aux abois. M. l'abbé Marsan avait des familles affidées. C'était chez elles que, tantôt dans des souterrains creusés avec une habileté que la foi seule pouvait inspirer, tantôt dans des doubles cloisons ménagées sous des soupentes exiguës, le courageux prêtre offrait le Saint Sacrifice ; *Estoupignan, Cante-Coucut, Choun de Haut* (2), *Boucosse, d'Antin* et *Mora* avaient leurs petits sanctuaires, que desservait, de nuit et de jour, l'intrépide confesseur de la Foi. M. l'abbé Marsan (nous tenons ces faits de témoins oculaires que, dans notre enfance, nous avons pu interroger), disait chaque jour la messe dans sa chapelle souterraine, creusée dans l'enfoncement du baradeau qui coupait en deux, au midi, les champs de *Cante-Coucut.* Tandis que la tourmente soufflait avec le plus de rage, le vicaire resta tapi dans ce sous-sol, pendant deux ou trois mois. C'est de là qu'il ira à plusieurs reprises braver la vigilance des persécuteurs. Que de fois il a senti le froid des lames de piques et de baïonnettes, que les émissaires de Dartigoeyte enfonçaient dans les parois par trop sonores des retraites qui le cachaient, effleurer son corps et caressser ses chairs !   .

Nous ne saurions passer sous silence ce voyage, presque fabuleux, tant il était hardi, qu'il fit, une nuit, aux alentours de la Noël, pour aller assister un malade :

Les patrouilles battaient les campagnes ; aux aguets sur tous les carrefours, les gens de Dartigoeyte veillaient aux aboutissants de tous les chemins. On savait qu'appelé par le devoir, le prêtre ne tarderait pas à passer. Cependant, la nuit était calme et la route déserte.

Vers deux ou trois heures du matin, un gai sifflet se fait entendre aux abords de la ville. Un homme apparaît, pliant sous le faix d'une gerbe de paille nouée sur une puissante fourche d'écurie.

---

(1) *Histoire de la Récol.*, II, p. 310.
(2) Maison natale de la mère de M. l'abbé Naves, curé du Vignau.

« Hé ! l'omi de la garbe ? arestat-bé ! » lui crie une première sentinelle, et l'hercule, courbé en deux, mais sifflant toujours, de continuer son chemin. Le *Coutuyot* est franchi, reste encore la *Place du Parisien.*

« Oun bam, ataü, Lalèye ? — Pourla estrami », répond le rusé paysan, et le voilà, reposant sa gerbe sur un piquet qui bordait la rue.

« E bos que t'éydi ? lui crie la sentinelle. — Toutun ! » Mais d'un puissant coup d'épaule, la paille est rechargée et l'abbé Marsan, déguisé en mannequin, à califourchon sur la fourche, arrive à la maison où le mourant l'attendait.

Le 8 fructidor an III, le vicaire de Mugron sort de ses cachettes, et, flanqué de plusieurs témoins, se présente à la mairie, déclarant qu'il n'a jamais quitté la paroisse. Cet acte de hardiesse ahurit ses ennemis, qui le forcent à disparaître de nouveau. Mais, le 4 vendémiaire de l'année suivante, il se rend à Villeneuve, sa ville natale ; il y fait platoniquement sa soumission aux lois et revient courageusement à Mugron, où les commissaires Domenger et Hiard le poursuivent à outrauce. A cette époque, c'était surtout la maison du citoyen Pierre d'Antin qui cachait le courageux confesseur (14 et 15 brumaire). L'an IV, Marsan parcourt encore la paroisse ; l'an V (28 nivose), il a le courage d'écrire au Département sur la triste situation des prêtres réfractaires. Le renégat Batbedat répond à cette lettre, se plaint des négligences, dont la municipalité use vis-à-vis des révoltés, fait allusion à une cérémonie célébrée à l'occasion des solennités de Noël dans l'église de Nerbis, cérémonie qui, par sa hardiesse, a jeté le ridicule sur tous les patriotes, et, finalement, obtient la suspension de tous les municipaux de Mugron.

Nous sommes au 8 vendémiaire an VI. Une détente s'opère dans l'esprit général de toute la population. Le 15 brumaire, l'agent national Hiard reçoit une requête de la majeure partie des Mugronais, réclamant l'usage de l'église : on veut y célébrer les *Actes d'adoration dûs à l'Être suprême,* et le temple est ouvert.

Sur ces entrefaites, l'abbé Marsan courait toujours la paroisse. L'an VIII, il reparaît publiquement, imprime, avec le concours des *presses clandestines* de l'abbé Lamarque, auxquelles son génie inventif avait fait de sérieux perfectionnements, plusieurs traités et opuscules sur toutes les questions agitées (1).

M. l'abbé Duviella, de précieuse mémoire au point de vue surtout des souvenirs de l'époque, nous a raconté un curieux système, que l'abbé Marsan avait inventé pour avertir la population de ses moments libres. Il publiait un almanach avec indication des jours de pluie et de beau temps. Les jours de pluie étaient les jours de travail intérieur, les jours beaux indiquaient que le prêtre pouvait sortir de sa cachette et se livrer aux exigences du ministère extérieur.

Nommé chanoine de la cathédrale de Bayonne, M. Marsan mourut le 6 janvier 1828, regretté et pleuré de tous. La municipalité lui fit élever un monument, sur lequel on lit :

CI-GIT

J.-B. MARSAN, CURÉ, CHANOINE HONORAIRE,

MORT LE 26 JANVIER 1828, AGÉ DE 68 ANS.

LONGTEMPS IL FUT NOTRE BON PASTEUR ;

SA PIÉTÉ, SA SCIENCE, SA DOUCEUR, SES AUMONES,

NOTRE AMOUR ET NOS REGRETS

RENDRONT SA MÉMOIRE ÉTERNELLE.

R. I. P.

Il fut remplacé par M. Liquet, ancien curé de Nerbis, et en dernier lieu curé de Samadet. M. Liquet vécut jusqu'en 1863. Devenu aveugle, il résigna ses fonctions de curé et se retira au collège de Dax, où il mourut.

M. l'abbé Bourrus lui succéda ; ancien missionnaire de N.-D. de Buglose, ce prêtre était aumônier des Lorettes, à Mont-de-Marsan, lorsqu'il fut nommé à la cure de Mugron. Il mourut le 12 février 1882.

---

(1) En 1821, parut un volume reproduisant ces divers articles.

Les yeux de l'administration se portèrent, pour le remplacer, sur M. le doyen d'Amou, l'abbé Lagoeyte, ex-professeur de rhétorique au Petit Séminaire d'Aire, ex-aumônier du Lycée de Mont-de-Marsan, qui gouverna l'église de Mugron pendant 24 ans.

Résignant ses fonctions, pour cause de mauvaise santé, M. Lagoeyte s'est retiré à Tartas comme prêtre habitué.

Le 25 mars 1906, M. l'abbé Larrède quitta Gamarde pour venir à Mugron. M. l'abbé Larrède est un ancien missionnaire de Buglose.

CHAPITRE VIII

———

Notice sur les Évêques issus de Mugron

BERNARD DE MUGRON (1068).

Mugron a eu la gloire de donner deux évêques et un archevêque à l'Église. Nous trouvons le premier dans le dyptique sacré de Dax, en l'année 1068. Il avait nom : Bernard, moine du monastère de Saint-Sever. Campaigne nous dit qu'il appartenait à l'ancienne maison de Mugron (1). Élu par le chapitre, à raison surtout de sa piété, il se montra, dans son administration, d'un tel désintéressement, que ses ennemis l'accusèrent de mollesse et de timidité.

L'église de Dax avait, alors, un grand procès à soutenir contre les évêques d'Oloron au sujet de la Soule et de deux quartiers de Sauveterre. Amat, l'évêque Béarnais tenait tête au timide pontife Mugronais ; mais, celui-ci ne recula point devant le droit ; et, malgré les complaisances de l'archevêque d'Auch, Bernard-Guilhomme de Montaut, l'évêque de Dax obtint gain de cause en faveur du monastère de Saint-Sever. Le chapitre de

———

(1) Voir aussi l'abbé DEGERT, *Borda* 1900, 1ᵉʳ trim., page 29.

Dax, mécontent de l'issue de cette affaire, porta la question devant la juridiction du concile de Poitiers (1078), et, de là, devant la Cour de Rome. Grâce à la ténacité de son archidiacre (1), le chapitre de Dax sortit vainqueur de la lutte, et les paroisses, soustraites à l'autorité de Bernard, furent rendues à son administration. Bientôt après cette victoire, un nouveau procès vint, pour la même cause, mettre l'évêque de Bazas en lutte avec l'église de Dax. Bernard laissa agir son archidiacre, et tandis que les juges agitaient les diocèses intéressés, il se donna tout entier au soin de son administration. M. Dompnier nous dit, dans sa *Chronique* (2), que l'évêque de Dax reçut à cette époque, à titre de don gratuit, pour lui et pour son église, de Bernard de Montaner, la tierce de Saint Jacques de Fore, prieuré de Pouillon.

Avec ces revenus et des secours du même bienfaiteur, Bernard fit bâtir, sur ce même terrain, une église, dota la villa, qui l'avoisinait, d'un jardin, avec toutes les plantes nécessaires ; et, l'affranchissant de tous droits, donna le tout à l'église et à la mense des chanoines de Dax.

Nous trouvons aussi, dans les annales du prieuré de Pontonx, Saint-Caprais (3), que l'évêque Bernard eut encore maille à partir avec Amat, passé du siège d'Oloron à celui de Bordeaux, au sujet de ce même prieuré. Une transaction fut conclue entre les deux prélats, et le prieuré fit retour à la mense du chapitre Daquois, moyenant une rente annuelle, qui fut allouée à l'abbaye de La Réole.

Bernard de Mugron mourut le 25 juillet, en 1097, âgé de 75 ans, après avoir occupé le siège de Dax 25 ans. On peut donc le compter avec raison, au nombre des célébrités Mugronaises.

---

(1) Arnaud Raymond.
(2) DOMPNIER, *Chronique* I, **142**, 146.
(3) Fondé en 960, par Retort, vicomte de Tartas.

MESSIRE JACQUES DESCLAUX.

Les archives du Grand Séminaire d'Aire (1), nous parlent de
cet évêque de la manière suivante :

« Jacques Desclaux, de Mugron, fut tiré de la paroisse d'Ygos,
» dont il estoit curé, pour estre pourvu de l'évêché de Dax. Les
» services rendus au grand Cardinal Richelieu, par le sieur
» Desclaux, son frère, quy estoit confesseur de son Éminence,
» luy procurèrent cette dignité ; il establit, du consentement de
» toute la ville, les religieuses de Ste Ursule en 1654, et, après
» avoir fondé un certain nombre de messes à perpétuité, il mou-
» rut, le 4 avril 1658. »

Cette biographie est trop courte pour un tel personnage, nos
recherches nous permettent de l'augmenter.

Jacques Desclaux naquit à Mugron, en 1593, d'une famille de
simples bourgeois, dont les derniers descendants ont été nos contemporains. D'abord curé d'Ygos, puis principal du collège
d'Aire, il fut compté, plus tard, au nombre des prêtres chargés
du service de la chapelle de N.-D. de Buglose. Grâce aux
influences de son frère, il fut, enfin, pourvu de l'évêché de Dax.
Son sacre se fit, à Paris, dans l'église de Saint Lazare de la Mission, le 2 juin 1639 (2).

L'humilité de sa naissance, dit M. de Cauna (3), et celle des
fonctions qu'il avait exercées, ne purent le maintenir dans la
modération. Il eut, presque en arrivant à Dax, des démêlés avec
son chapitre, auquel il disputait ses droits. Le temps ne fit
qu'accroître sa querelle ; mais enfin, les évêques d'Aire et de
Bazas interposèrent leur autorité, et firent accepter une
transaction, dans laquelle les droits des deux partis étaient

------

(1) Arch. du Grand Séminaire, A, 10ᵉ série, n° 64.
(2) DUFOURCET, *Histoire des Landes*, p. 474.
(3) DEGERT, *Bull. Borda*, 1902, page 53.

clairement définis. Durant ce déplorable procès, la cathédrale
de Dax croula, ce désastre hâta la réconciliation ; l'évêque et le
chapitre sentirent le besoin d'unir leurs efforts pour relever le
monument. Les troubles causés par la Fronde, les fléaux qui les
suivirent, donnèrent à Jacques Desclaux des préoccupations on
ne peut plus laborieuses (1). Pour parer à toutes ces difficultés,
l'évêque eut souvent recours à la sagesse et à la notoriété de Saint
Vincent de Paul. D'une piété aussi solide qu'éclairée, il signa avec
bonheur la condamnation des cinq propositions de ·l'*Augusti-
nus,* fonda à Dax un établissement d'Ursulines, pour l'éducation
des jeunes filles, fit prêcher plusieurs missions dans le diocèse,
et établit, dans son église, la Confrérie du Très Saint-Sacrement.
Chargé de mérites, plus encore que d'années, dit M. l'abbé
Degert (2), il mourut, le 4 avril 1658, à Dax. Il n'avait que 65 ans,
dont vingt avaient été consacrés au bien des âmes et aux intérêts de son église.

Monseigneur Hypolite Sarthou.

Le 3 avril 1899, s'éteignait pieusement, à Pékin, Mgr Sarthou,
vicaire apostolique du Tché-Ly septentrional. Né à Doazit, mais
élevé à Mugron où sa famille réside toujours, il fit ses premières
études au Petit Séminaire d'Aire, et, jeune encore, s'enrola dans
la Société de la Mission, ou des Lazaristes.

D'une petite taille, mais d'un esprit très alerte, Mgr Sarthou fut
d'abord employé à l'enseignement de la philosophie au Grand
Séminaire de La Rochelle ; il obtint, en 1872, d'être envoyé dans
la mission de Chine. En 1885, il fut nommé vicaire apostolique du
Tché-Ly méridional, en remplacement de Mgr Taglliabue, trans-

---

(1) *Les Évêques de Dax*, par l'abbé Degert. *Bull. Borda,* année 1902, page 53
et suiv.

(2) *Id.,*

féré à Pékin. Quand celui-ci mourut, en 1890, c'est encore Mgr Sarthou qui fut appelé à le remplacer dans la capitale de la Chine, et à la direction du Tché-Ly septentrional.

En outre des travaux habituels de cet important vicariat, la vie du courageux évêque fut agitée par les préoccupations des massacres et des incendies de la Mongolie, qui, en 1891, menacèrent de si près son vicariat, et, en 1894, par la guerre Sino-Japonaise et le désarroi qui se fit si vivement sentir à Pékin. Il était âgé de 59 ans, lorsque la mort vint le surprendre au milieu de ses travaux apostoliques. Ses forces étaient épuisées, le mal qui l'a emporté a donné à sa mort tous les caractères d'un martyre, prévu et souffert pour la défense et la diffusion de la foi (1).

---

(1) *Annales de la Prop. de la Foi*, juillet 1899, n⁰ 425, p. 318.

Lou Crabè dé Mugroun

Guillot, riche de trénte crabes,
 Tout lous matins bién à Mugroun,
Cassan deban él las mey brabes,
Déchan las aütes en présoun.
Ta lèou coum l'aübelle puntéye,
Aban lou crit de nat hasan,
Guillot, d'ab sa bouts qui trembléye,
Enchente tout d'ab akés cant :

ARRÉGAHADE :

K'in bo lèyt de crabe? K'in bo ?
P'en caü d'akés matin û tasse?
Nou la béni qu'un so;
Daünelle, lou crabè ké passe,
K'in bo lèyt de crabe ? K'in bo ?

Las cousinères déchudades
A la cansoun dou Guillot,
Biénen toutes espéluchades,
Pourtant chacü soun salerot.
Aüta lèou lou lèyt ke graméye
Debat lous dits dou nous crabè,
Et la crabe ke patientéye ·
D'inke k'éné plén lou salè.

K'in bo lèyt de crabe ? *(Arr.).*

Ataü toutyour, dé porte én porte,
Guillot hé courre lou troupét,
E dé la bile ét ke s'emporte
De dinés plein lou soun pouchét.
Mais, aban de gagna sa caze,
Un so de saü ke ba croumpa,
La crabe qui l'a sabut plaze
Sus la soü man la bien léka.

K'in bo lèyt. *(Arr.)*.

Mais sur la terre tout n'és pas heste,
Même en taü nous crabé Guillot,
E de ploura n'é pas lou meste,
K'en diout béne un petit crabot.
Labets ke bién aban l'aübette,
Hèy lou marcat, tourne aü troupét.
Enta counsoula sa crabette
K'en dèche ugnaüt crida pr'a d'ét.

K'in bo lèyt. *(Arr.)*.

MEYRANX.

Petit Séminaire, **24** mai **1854**.

ERRATA

Page	Ligne	Lire	Au lieu de
27	26	fut pris	fut exécuté
45	7	descendants	aïeux
45	7	avaient	avait
45	10	ces	ses
47	20	Aunard	Anard
74	14	La Salle	la salle
123	3	expédier	expédiert
147	15	publiques	publique
188	17	alguazils	alguasirs
188	22	sous la poussée	sur la poussée
191	7	du représentant	des représentants
200	25	trois pontifes	quatre pontifes
223	17	lieu	lleu
225	27	édiles	édits
228	21	revêtir	coiffer
242	19	bourgeois	bougeois
243	2	bêtes à corne	bêtes à laine
260	27	bijou	bijoux
284	12	leur haine	sa haine

TABLE DES MATIÈRES

PREMIÈRE PARTIE

Partie Civile

DEUXIÈME PARTIE

Partie Religieuse

TABLE DES VUES

BORDEAUX. — IMP. CATHOLIQUE JEANNE D'ARC, 247, RUE LECOCQ.

OUVRAGES DU MÊME AUTEUR

—

Le Monastère de Saint-Mont. — Auch, Imprimerie de *La Croix du Gers*.

L'abbé Latry, Missionnaire du Sud-Anen. Monographie. — Aire, Dehez.

Saint-Girons, sa Collégiale, sa Crypte. (Couronné par la Société des Archéologues de France). — Imprimerie Borda.

Cazères-sur-Adour, Bastide, Monographie. (Couronné par l'Académie de Bordeaux). — Imprimerie Borda.

Cazères-sur-Adour au point de vue Agricole. (Couronné par la Société des Agriculteurs de France).

Grenade, Bastide, Monographie. (Couronné par l'Académie de Bordeaux). — Galiax, Villeneuve.